═══ 한국어 ═══
질병 표현
어휘 사전
Ⅲ

한국어
질병 표현
어휘 사전
Ⅲ

한국인의 전염병

김양진·장미 엮음

도서
출판 모시는사람들

한국어 질병 표현 어휘 사전 III - 한국인의 전염병

등록 1994.7.1 제1-1071
1쇄 발행 2025년 4월 30일

엮은이   김양진, 장미
펴낸이   박길수
편집장   소경희
편집·디자인   조영준
관 리   위현정
펴낸곳   도서출판 모시는사람들
         03147 서울시 종로구 삼일대로 457(경운동 수운회관) 1306호
전 화   02-735-7173 / 팩스 02-730-7173
홈페이지   http://www.mosinsaram.com/

인 쇄   피오디북(031-955-8100)
배 본   문화유통북스(031-937-6100)

값은 뒤표지에 있습니다.
ISBN 979-11-6629-230-9   91710

이 저서는 2019년 대한민국 교육부와 한국연구재단의 지원을 받아 수행된
연구임(NRF-2019S1A6A3A04058286).

머리말

　이 사전은 경희대학교 인문학연구원의 인문한국플러스 HK+ 통합의료인 문학단의 사업의 〈한국인의 질병 어휘 사전 집성〉의 셋째 권으로 기획되었 다. 〈한국인의 질병 어휘 사전 집성〉의 연속적 사업은 1권『질병 표현 어휘 사전 I-한국인이 잘 걸리는 10대 질병을 중심으로』와 2권『질병 표현 어휘 사전 II-한국인이 자주 걸리는 질병을 중심으로』이 이미 출간되었고 이번 에 출간되는 3권『질병 표현 어휘 사전 III-한국인의 전염병』과 4권『질병 표 현 어휘 사전 IV-사용역에 따른 한국인의 질병』에 이어 5권『질병 표현 어휘 사전 V-방언에서의 질병 표현』이 준비 중에 있다.

　『한국어 질병 표현 어휘 사전 I』이 한국인의 주요 사망원인 질병 10가지 를 중심으로 2,600여 단어를 구축하였고『한국어 질병 표현 어휘 사전 II』가 한국인이 일상적으로 자주 걸리는 사소한 질병들, (1)신경외과1(두통 등), (2) 이비인후과(감기/몸살/세기관지염 등), (3)안과(눈병/안질 등), (4)치과(치통 등), (5) 내과(위염/위장병/신장병 등), (6)피부과(피부병), (7)신경외과2(척추/디스크 등), (8) 신경내과(우울증, 신경증), (9)섭식장애(먹기 장애, 거식증 등)의 9가지와 (10)일반 통증 관련 어휘 500여 단어를 포함하여 총 10개 부문 2,600여 단어를 대상 으로 하여 작성되었다면『한국어 질병 표현 어휘 사전 III-한국인의 전염병』 에서는 (1)홍역/수두, (2)마마(천연두), (3)결핵/나병, (4)장티프스/이질, 발진 티푸스, 콜레라/염병, (5)옴/종기, (6)학질, (7)간염, (8)일본뇌염/뎅기열, (9) 성병(매독/HIV) (10)사스, 메르스, 코로나19 등 신종 호흡기 전염 질환 총 10 개 부문 약 2,000단어를 대상으로 출판하였다.

　『한국어 질병 표현 어휘 사전 III-한국인의 전염병』에는 먼 삼국시대로부터 현대에 이르기까지 한국인이 고통 받아 온 전염병과 관련한 단어와 표현들을 모아 한 권의 사전으로 출간한 것이다. 전염병이라는 한정된 주제로 단어를 모았기 때문에 이전의 두 사전에 비해 어휘수가 상대적으로 적지만 코로나19로 팬데믹의 충격이 적지 않은 시점에 이러한 종류의 사전 편찬에 나름의 의의가 있다.

이 사전 집필의 전체 구성은 기존의 『한국어 질병 표현 어휘 사전 I~II』와 포맷을 같게 하였고, 용례의 개수를 한정하지 않고 다양하게 나타나는 사례들을 모두 폭넓게 반영하고자 하였으며 뜻풀이 역시 기존 국어사전의 전문적인 뜻풀이에 국한하지 않고 문맥적 용법에 따라 자연스럽고 일상적인 뜻풀이로 과감하게 수정하여 제시하였다.

이 사전의 구축의 초기 작업에는 경희대학교 국어국문학과 국어학 분야의 대학원생 장미(국문과 박사 수료), 응우옌 협 빗(석사 수료), 유완다(석사4기)가 함께하였다. 특히 한국어의 질병 표현의 전개 과정을 주제로 박사 논문을 준비하고 있는 장미 선생이 출간의 전 과정에서 이 사전의 공동 편집자로 참여하였다. 세 사람 모두에게 감사의 말을 남긴다.

첫 번째, 두 번째 사전에 이어 이 사전이 출간되는 데에는 경희대학교 HK+통합의료인문학단의 박윤재 단장 및 운영진과 까다로운 출판 조건을 탓하지 않고 상업성이 떨어지는 사전을 꼼꼼하게 출판해 주는 〈도서출판 모시는사람들〉의 박길수 대표와 편집실의 도움이 절대적이었다. 이 모든 분께 감사의 인사를 남긴다.

2025년 4월 편자 대표 김양진

한국어 질병 표현 어휘 사전 III

차례

일러두기

1. 사전의 거시구조 : 겉표지 - 내지 - 속표지 - 일러두기 - 사전본문(ㄱ~ㅎ) - 부록
1(출처) - 부록2(논저목록)
2. 사전의 미시구조 : 표제항(원어)[발음]「품사」《전문분야》〈질병종류〉 뜻풀이. ¶
용례. 〈관련어휘〉

Ⅰ. 표제항

1. 이 사전의 표제어는 역대 한국인을 휩쓴 대표적인 전염병 가운데 '(1)홍역/수두,
(2)마마(천연두), (3)결핵/나병, (4)장티프스/이질, 발진티푸스, 콜레라/염병, (5)옴/
종기, (6)학질, (7)간염, (8)일본뇌염/뎅기열, (9)성병(매독/HIV) (10)사스, 메르스,
코로나19 등 신종 호흡기 전염 질환 총 10개 부문 2,000여 단어를 대상으로 함. 여
기에 조선시대에 유행했던 전염병들을 별도의 항목으로 묶어서 포함하고 전염병을
포함한 다양한 질병 상황에서의 통증 표현을 표제어로 추가하였다.

   〈사례〉
   (1) **꽃** [꼳]「명」홍역 따위를 앓을 때 살갗에 좁쌀처럼 발갛게 돋아나는 것. ¶자고
   난 아이의 볼에 하나둘 꽃이 번지기 시작했다. 〈표준국어대사전 꽃(01)「6」〉
   (2) **우두** (牛痘)[우두]「명」《의학》천연두를 예방하기 위하여 소에서 뽑은 면역 물
   질. 영국의 의사 제너(E.Jenner)에 의해 처음 발견되었으며 우리나라에는 개화기
   에 지석영에 의해 도입되었다. ¶우두를 놓다 / 우두를 맞다. 〈표준국어대사전 우
   두(01)〉
   (3) **결핵** (結核)[결핵]「명」《의학》결핵균에 감염되어 일어나는 만성 전염병. 허파·
   콩팥·창자나 뼈·관절·피부·후두 따위에 침투하며 결핵 수막염, 흉막염, 복막염
   을 일으키고 온몸에 퍼지기도 한다. ¶결핵에 걸리다 / 결핵을 앓다. 〈표준국어대
   사전 결핵「1」〉

(4) **적리**(赤痢)[정니]**명**《한의》급성 전염병인 이질의 하나. 여름철에 많이 발생하며, 입을 통하여 전염하여 2~3일 동안의 잠복기가 지난 후, 발열과 복통이 따르고 피와 곱이 섞인 대변을 누게 된다. 세균성 적리와 아메바 적리로 나눈다. ¶감염자 또는 보균자가 배출한 대변을 통해 구강으로 감염되며, 매우 적은 양(10~100개)의 세균도 감염을 일으킨다. 대표적 증상이 피가 섞인 피똥을 싸는 것이므로 이질을 적리(赤痢) 라고도 일컫고 영어권에서는 피가 흐른다는 의미로 blood flux라고 불렀다. 〈나무위키〉

(5) **면종**(面腫)[면ː종]**명**《한의》1. 여러 원인으로 얼굴이 붓는 증상을 통틀어 이르는 말. 2. 얼굴에 난 종기. ¶얼굴에 고약을 붙였으니 면종이 나았소." 하고 물으니 군수는 구렁이 담 넘어가듯…. 〈표준국어대사전〉

(6) **당학**(唐瘧) [당학]**명**《한의》학질의 하나. 이틀을 걸러서 발작하며, 좀처럼 낫지 않는다. 〈유〉이틀거리. ¶날짜를 따져 보면 유복이가 당학 두 직째 앓던 날노 첨지는 취야정 앞을 지났을 것 같았다. 〈표준국어대사전〉

(7) **간경변-증**(肝硬變症)[간ː경변쯩]**명**《의학》간의 섬유 조직이 많이 자라 굳어지면서 오그라들고, 표면에 이상한 융기가 생겨 울퉁불퉁해지는 병. 바이러스 간염이나 알코올의 과다 섭취가 주된 원인이며, 복수(腹水)·황달·체중 감소·빈혈 따위의 증상이 나타난다. ¶간경변증을 극복하려면 간염 백신을 접종하고 정기적으로 간 기능 검사를 받는 것이 좋습니다. 〈표준국어대사전〉

(8) **뇌염-모기**(腦炎모기)[뇌염모기]/[눼염모기]**명**《동물》모깃과의 곤충. 집모기의 하나로 몸은 어두운 적갈색이며, 다리의 각 관절부, 주둥이에 흰색 띠가 있다. 알과 애벌레는 고인 물에서 사는데 한국, 일본 등지에 분포한다. 일본 뇌염을 전파하는 병원성 해충이다. 〈유〉작은빨간-집모기, 좀-홍모기(좀紅모기), 큘렉스-모기(culex모기) ¶뇌염모기에 물리다. 〈우리말샘〉

(9) **고무-종**(고무腫) [고무종]**명**《의학》제3기 매독 때에 나타나는 육아종(肉芽腫). 고무처럼 탄력이 있는 크고 작은 결절로, 내장·뼈·근육·피부 따위에 잘 생긴다. ¶최근 성관계가 있어서 성병 알아보던중 매독3기 고무종이란게 있더라구요. 〈표준국어대사전〉

(10) **코로나 바이러스 감염증 일구**(corona virus 感染症 一九)**명구**SARS-Co V-2 바이러스에 의해 발생하는 동물 기원의 바이러스성 호흡기 질환이다. ¶최근에는 홍콩에서 확진자의 반려견에게서 코로나바이러스 감염증-19의 양성 반응이 나와 논란이 되고 있습니다.

(11) **골증**(骨蒸) [골쯩]**명**《한의》뼈가 저릿저릿하고 지지는 것처럼 괴로운 병.

폐, 신장이 나빠지고, 음기(陰氣)와 혈기(血氣)가 부족하며 골수(骨髓)가 메마름
으로써 일어난다. 발열, 해수, 객담(客談), 요혼탁(尿混濁), 도한(盜汗)의 증세가
있으며, 정신이 흐려져 점점 쇠약해진다. 〈유〉골증열(骨蒸熱) ¶황금은 열독(熱
毒)과 골증(骨蒸)에 주로 쓰는 약재이다. 〈고려대한국어사전〉
(12) **무두질** [무:두질]图몹시 배가 고프거나 속병이 나서 속이 쓰리고 아픈 경우
를 비유적으로 이르는 말. ¶속은 때 없이 무두질을 해 쌓고. 어느새 또 밤눈까지
어두워 갖고…. 〈표준국어대사전〉

2. 표제어의 선택에는 명사, 동사, 형용사, 부사, 관형사, 명구(명사구), 동구(동사
구), 형구(형용사구), 부구(부사구), 속담 등 범주를 가리지 않는다.

　〈사례〉
　나병 (癩病)[나:병]图
　발진하다 (發疹하다)[발찐하다]图
　따끔하다 ( )[따끔하다]혱
　빡작지근히 ( )[빡짝찌근히]튀
　절망적 (絶望的)[절망적]관
　자연 면역 (自然免疫)명구
　신물이 넘어오다 ( )동구
　숨이 가쁘다 ( )형구
　홍역은 평생에 안 걸리면 무덤에서라도 앓는다 ( )속담

3. 표제어의 배열은 가나다순에 따르되, 동음이의어는 〈표준국어대사전〉의 배열
기준에 따른다.

　〈사례〉
　비통1 (鼻痛)[비:통]图《한의》감기 때문에 코가 막히고 아픈 병.
　비통2 (臀痛)[비:통]图《한의》팔이 저리거나 아픈 증상.
　산통1 (疝痛)[산통]图《의학》'급경련통'의 전 용어. 위·장·방광·자궁 등의 복부
의 강(腔)을 갖는 장기나, 담도·신우(腎盂)·요관 등 관상(管狀)을 이루는 장기의
벽으로 되어있는 평활관(平滑管)의 경련때문에 수분에서 수 시간의 간격을 두고
주기적으로 반복하는 복통. 통증의 강도는 심하고 당기는 듯하고 찌르는 듯한 통

증과 작열감(灼熱減)이다. 통증은 대체로 그의 장기의 위치에 일치하지만 일정한 방향으로 방사(放散)하는 일도 있다.

산통2(産痛)[산:통]團《의학》해산할 때에, 짧은 간격을 두고 주기적으로 반복되는 배의 통증. 분만을 위하여 자궁이 불수의적(不隨意的)으로 수축함으로써 일어난다.

온역1(瘟疫)[오녁]團《한의》급성 전염병의 하나. 사철의 고르지 못한 기후로 생기는데, 심하면 말을 못 하게 되고 뺨에 작은 부스럼이 나며 입이 헐고 기침이 난다.

온역2(溫疫)[오녁]團《한의》1.봄철에 유행하는 급성 돌림병. 2. 전염성 열병을 통틀어 이르는 말.

4. 표제항에 딸린 각 단어의 미시 정보는 "(1)표제항 (2)(원어) (3)[발음] (4)**품사** (5)《전문분야》(6)뜻풀이. (7)〈관련어휘〉. (8)¶용례"의 순서로 배열한다.

〈사례〉

나병(癩病)[나:병]團《의학》〈피부과〉나병균(癩病菌)에 의하여 감염되는 만성 전염병. 피부에 살점이 불거져 나오거나 반점 같은 것이 생기고 그 부분의 지각 (知覺)이 마비되며 눈썹이 빠지고 손발이나 얼굴이 변형되며 눈이 잘 보이지 않게 된다. 〈유〉나병환(癩病患) ¶나병 환자./생업에 대한 위협과 나병에 대한 원시적인 공포감이 인근 주민들의 처지를 그토록 절박하게 하고 있음이 틀림없었다.

5. 비표준어/방언의 경우 표준어 표제어와 형태가 현저히 다른 경우는 표제어에 포함시키되 비표준어 및 지역 방언임을 밝힌다.

〈사례〉

미식거리다( )[미식꺼리다]團'메슥거리다'의 비표준어.

우리하다( ) [우리하다]團신체의 일부가 몹시 아리고 욱신욱신한 느낌이 있다. 경상 지방의 방언이다. ¶침이 꽂히는 순간 허리가 뜨끔하며 우리하게 울려와 날카로운 통증을 희석시켰다.

6. 약재 관련 표제어는 해당 질병을 치료하는 데 주로 쓰는 약재로 한정하여 표제어로 선정하며 여러 병의 치료에 쓰는 약재를 표제어에 포함시키는 경우는 〈일반 통

중) 분야의 단어로 처리한다.

〈사례〉

구릿대-뿌리 ( )[구리때뿌리/구릳때뿌리] **명**《한의》구릿대의 뿌리. 감기로 인한 두통이나 요통, 비연(鼻淵) 따위에 쓰며 종기에 외과약으로도 쓴다.

클로로퀸 (chloroquine)[클로로퀸] **명**《약학》말라리아 치료제의 하나. 말라리아 병원충의 적혈구 속에 있는 번식체에 작용하며, 콩팥염·류머티즘 따위에도 쓴 다.

항체 치료제 (抗體治療劑) 「구명」《약학》세균이나 바이러스 등에 감염된 후 이에 대항하여 만들어낸 항체 중 특정 병원체를 가장 효과적으로 무력화 할 수 있는 것 을 선별하여 만든 치료제.

7. 해당 표제어가 『표준국어대사전』에서 동음이의어이거나 다의어인 경우, 그 내 용을 출처에서 밝힌다.

예) 표준국어대사전 꽃01 「6」

II. 원어

1. 원어는 표제어 뒤에 괄호 ( )를 열어 고유어의 경우는 비워 두되 한자어, 외래어, 혼종어의 경우는 해당 단어의 원래 언어에서의 표기를 밝혀 보인다.

〈사례〉

가슴앓이 ( )

검역 (檢疫)

덴탈 마스크 (dental mask)

뎅기열 (dengue熱)

2. 해당 표제어가 고유어와의 결합에 의한 혼종어의 경우는 원어에 고유어 부분도 한글로 제시한다.

〈사례〉
가래 검사 (가래檢査)
가래톳 페스트 (가래톳-pest)

3. 원어는 고유어, 한자, 로마자로 표기하고 그 밖의 문자는 로마자화하여 표기한다. 로마자의 경우 기본적으로 소문자로 표기하지만 고유 명사나 원래의 언어에서 대문자로 쓰는 경우는 대문자 그대로 표기한다. 문자별 표기가 달라질 때는 한 칸 띄어 구별한다.

〈사례〉
인플루엔자 (influenza)
뎅기열 (dengue 熱)

III. 발음

1. (원어)란 뒤의 한 칸을 띄고 [발음]란을 둔다. [발음]란에는 해당 표제어의 표준 발음을 밝혀 적는다. 표준 발음은 표제어의 표기와 일대일 대응이 되는 경우에도 모두 밝히는 것을 원칙으로 한다.

〈사례〉
가슴막-염 (가슴膜炎)[가슴망념]
가슴-앓이 ( )[가스마리]
간-염 (肝炎)[가:념]
구릿대-뿌리 ( )[구리때뿌리/구릳때뿌리]
삼일-열 (三日熱)[사밀렬]
손님-마마 (손님媽媽)[손님마마]

2. 단어가 아닌 구 및 외래어와 외래어가 포함된 복합어에서는 발음을 보이지 않는다.

〈사례〉
간염 바이러스 (肝炎 virus)[ ]

　　간염 항원 검사 (肝炎抗原檢査) [ ]
　　뉴노멀 시대 (newnormal 時代) [ ]
　　돌림 눈병 (돌림눈 病)

3. 표준어 규정에 따라, 발음이 둘 이상으로 될 경우에 '/'을 사용하여 병기한다. '/'
의 왼쪽에는 원칙적인 발음을, 오른쪽에는 허용되는 발음을 제시한다.

　　〈사례〉
　　계심통 (悸心痛) [계 : 심통/게 : 심통]
　　골-괴저 (骨壞疽) [골괴저/골궤저]
　　괴질 (怪疾) [괴 : 질/궤 : 질]

Ⅳ. 품사

1. [발음]란 뒤에는 한 칸을 띄고 (품사)란을 두되, 여기에는 품사에 따른 단어 범주
와 구 이상의 범주를 표시할 수 있다. 단어의 경우 각각 '명사 → (명), 동사 → (동),
형용사 → (형), 부사 → (부)' 등으로 표기한다.

　　〈사례〉
　　각혈 (咯血) [가켤] (명)
　　가렵다 [가렵따] (형)
　　발진-하다 (發疹하다) [발찐하다] (동)
　　따끔-따끔 ( ) [따끔따끔] (부)

2. '구'의 경우 각각 '명사구 → (명구), 동사구 → (동구), 형용사구 → (형구) 등으로 표기하고
관용구나 속담이 단어처럼 쓰이는 경우 표제어로 선택하여 (관용), (속담)으로 표시하여 구
분한다.

　　〈사례〉
　　가래톳 페스트 ( ) [가래톳 pest] (명구)
　　가슴을 앓다 ( ) [ ] (동구)

숨이 가쁘다 ( )[ ] 〔형구〕
마마 그릇되듯 ( )[ ] 〔관용〕
역질 흑함(黑陷) 되듯 한다 ( )[ ] 〔속담〕

3. 표제어가 둘 이상의 품사로 쓰이는 경우 표제어를 품사별로 따로 나누어 제시하지 않는다. 다만 단어의 성격에 따라 품사의 순서를 달리 제시할 수 있다.

　　〈사례〉
　간질간질하다 ( )[간질간질하다]〔동〕〔형〕
　저리다 ( )[저리다]〔형〕〔동〕

V.《전문분야》

1.《전문분야》는 『표준국어대사전』의 전문어 정보에 따라 《의학》, 《한의》, 《약학》, 《화학》, 《보건일반》, 《생명》, 《동물》, 《식물》, 《민속》 등 단어의 전문 분야 요건에 알맞은 것을 택하여 밝힌다.

　　〈사례〉
　가래 검사 (가래檢査)[ ]〔명구〕《의학》
　감저 (甘疽)[감저]〔명〕《한의》
　감유 (甘乳)[가뮤]〔명〕《약학》
　콜린 (choline)〔명〕《화학》
　간염 (肝炎)[가:념]〔명〕《보건일반》
　옴-진드기 ( )[옴:진드기]〔명〕《생명》
　관박쥐 (冠박쥐)[관박쮜]〔명〕《동물》
　금은-등 (金銀藤)[그믄등]〔명〕《식물》
　강남-별성 (江南別星)[강남별썽]〔명〕《민속》
※《생물(학)》과 《생명(과학)》은 《생명》으로 통일하되 '《생명》'과 '《동물》'의 공존을 허용함.
※『표준국어대사전』 및 『우리말샘』의 《보건일반》, 《공학일반》, 《자연일반》, 《고유명일반》 등은 《보건일반》으로 통일함.

2.《전문분야》의 하위 질병 종류로 (1)홍역/수두, (2)마마(천연두), (3)결핵/나병, (4) 장티프스/이질, 발진티푸스, 콜레라/염병, (5)옴/종기, (6)학질, (7)간염, (8)일본뇌 염/뎅기열, (9)성병(매독/HIV) (10)사스, 메르스, 코로나19 등이 포함되나 따로 표 기에 반영하지 않으며 필요에 따라 뜻풀이에서 구별한다.

〈사례〉
기창(起瘡)[기창]圐《한의》천연두를 앓을 때 부르터서 곪음.
결옹두(結癰頭)[겨롱두]圐《한의》종기에서 독이 제일 많이 몰린 곳. 염증으로 인한 부기(浮氣)와 국소의 열이 가장 심한 곳이다.
고주리(蠱疰痢)[고주리]圐《의학》이질의 하나. 설사가 오랫동안 낫지 아니하여 거무스름한 피고름이 섞인 대변을 보게 되는 병이다.
관박쥐(冠박쥐)[관박쮜]圐《동물》코로나19 초기에 코로나19의 매개 동물로 의 심 받은 동물 중 하나.
나균(癩菌)[나ː균]圐《보건일반》나병의 병원균. 결핵균과 유사한 그람 양성의 항산성 간균으로, 주로 피부와 점막을 통하여 몸속에 침투하며 전염력은 약한 편 이다.

VI. 뜻풀이

1. 뜻풀이는 표제어의 품사에 맞게 명사/명사구는 명사형으로, 동사/동사구는 동사 형으로, 형용사/형용사구는 형용사형으로, 부사/부사구는 부사형으로 풀이하되 정 보가 더 필요한 경우 자세한 설명을 덧붙일 수 있다. 단 관용구, 속담의 경우는 상위 어로 풀이한다.

〈사례〉
각기병(脚氣病)[각끼뼝]圐《의학》비타민 비 원(B1)의 결핍에 의해 발생하는 영 양실조 증세의 하나. 다발 근육염, 심장 질환, 부종 등이 나타난다. 주로 백미(白 米)를 주식으로 하는 한국, 일본, 중국 등과 동남아시아 등에서 발생한다.
뉘엿뉘엿하다( )[뉘연뉘여타다]圐(속이) 자꾸 토할 듯 메스껍다.
발진-하다(發疹하다)[발찐하다]圐《의학》피부 부위에 작은 종기가 광범위하게 돋다. 약물이나 감염으로 인해 발생한다.

개방성 폐결핵(開放性肺結核)[ ][명구]《의학》환자의 가래와 같은 배출물 속에 균이 섞여 있어 전염될 우려가 있는 결핵.

거위배를 앓다( )[ ][명구]《한의》협통(脇痛)의 하나. 간신(肝腎)의 기혈(氣穴)이 허(虛)해 간(肝)을 제대로 자양(滋養)하지 못해서 생기는데 갈빗대 사이의 신경통(神經痛), 가슴막염(—炎) 따위로 옆구리가 결리고 은근히 아프다.

마마 손님 배송하듯( )[ ][관용]전염병이 떨어지지 않을 것을 염려하는 마음에 빗대어, 떠났으면 하는 손님이 행여나 가지 아니할까 염려하여 그저 달래고 얼러서 잘 보내기만 함을 이르는 말.

부스럼이 살 될까( )[ ][속담]이미 그릇된 일이 다시 잘될 리 없다는 말.

2. 뜻풀이는 해당 표제어를 참고한 본래 출처에서의 뜻풀이를 존중하되 언중들이 이해하기 쉽게 가공하여 풀이할 수 있다.

〈사례〉

배통(背痛)[배:통][명]《한의》가슴막염, 폐결핵 따위로 등이 심하게 아픈 증상. 폐에 병이 생기면 숨이 차고 기침이 나며 기(氣)가 치밀어 오르고 어깨와 등이 아프며 땀이 난다. 또 사기(邪氣, **병이 나게 하는 나쁜 기**)가 신(腎, **신장**)에 있으면 어깨와 등과 목이 아프다.

3. 뜻풀이가 2 이상인 다의어의 경우, 해당 질병과 관련한 뜻만 제시한다.

〈사례〉

가통(加痛)[가통][명]1. 환자의 병이 심해져서 고통이 더함. 2. 열병이나 중병이 재발하거나 다른 증세가 생겨서 몹시 앓음.

감창(疳瘡)[감창][명]《한의》1. 매독으로 인해 음부에 부스럼이 생기고 허는 병. 2.어린아이의 피부에 병균이 옮아 부스럼이 생기는 병.

삽통(澁痛)[삽통][명]《한의》1. 눈병이 났을 때 눈알이 깔깔하면서 아픈 증상. 2. 오줌이 잘 나오지 아니하면서 아픈 증상.

VII. 용례

1. 용례는 실제 쓰임이 확인되는 서술형 문장을 용례 표시 '가¶'의 뒤에 제시하되 최대한 3개까지 '/'로 구분하여 제시한다.(용례의 사례가 다양한 경우, 3개가 넘어가는 것도 허용한다.)

〈사례〉
배앓이 ( )[배아리]**명**배를 앓는 병. 또는 배에 탈이 나서 아픔을 느끼는 일.〈유〉 복통 ¶배앓이는 음식물이 상하기 쉬운 여름철에 흔하다. / 사기그릇을 깨듯 난장질을 치며 쑤셔 대는 배앓이로 금세 눈앞이 캄캄했다. / 잠자던 아이가 배앓이를 하고 구역질을 하면서 쉴 새 없이 설사를 했다.

2. 용례를 제시하기 어려운 표제어는 굳이 용례를 제시하려고 하지 않았다.

〈사례〉
백교-향(白膠香)[백꾜향]**명**《한의》 단풍나무의 진을 한방에서 이르는 말. 지혈하는 작용이 있고, 종기나 피부병 따위에 쓰인다. ¶

3. 뜻풀이가 2이상인 경우, 해당 질병과 관련한 용례를 따로 구별하지 않고 용례를 보였다.

〈사례〉
면종(面腫)[면:종]**명**《한의》1.여러 원인으로 얼굴이 붓는 증상을 통틀어 이르는 말. 2.얼굴에 난 종기. ¶"얼굴에 고약을 붙였으니 면종이 나았소." 하고 물으니 군수는 구렁이 담 넘어가듯….

VIII. 관련 어휘

1. 뜻풀이의 뒤에는 '유의어, 본말, 준말, 참고어휘' 등의 관련 어휘를 각각 〈유〉, 〈본〉, 〈준〉, 〈참〉으로 표기한다.

〈사례〉

개선(疥癬)[개:선]**명**《한의》옴진드기가 기생하여 일으키는 전염 피부병. 손가락이나 발가락의 사이, 겨드랑이 따위의 연한 살에서부터 짓무르기 시작하여 온몸으로 퍼진다. 몹시 가렵고 헐기도 한다. 〈유〉옴

고환-염(睾丸炎)[고환념]**명**《의학》고환에 생기는 염증. 급성은 외상이나 급성 전염병으로 발생하는 경우가 있으며 아프고 발열 증상이 따른다. 만성은 주로 매독에 의하여 나타나며 자각 증상이 적다. 〈유〉정소염(精巢炎)

노학(老瘧)[노:학]**명**《의학》학질의 하나. 이틀을 걸러서 발작하며, 좀처럼 낫지 않는다. 〈유〉이틀거리.

늑하다( )[느카다]**형**(사람의 속이) 먹은 것이 내려가지 않아 느끼하다. 〈본〉느긋하다.

급성 간염(急性肝炎)[ ]**명구**《의학》 바이러스, 약물 따위로 생기는 간의 급성 염증. 보통 3~6개월 이내에 치유되며, 고열·식욕 부진·피로감·황달 따위의 증상이 나타난다. 〈참〉 만성 간염(慢性肝炎) 〈유〉급성 간장염(急性肝臟炎)

2. 큰말-작은말, 센말-거센말-여린말 등은 참고어휘에 포함시켜 〈참〉으로 표시한다.

〈사례〉

새큰하다[새큰하다]**형**(신체의 일부나 뼈마디가) 조금 쑤시고 저린 느낌이 있다. 〈참〉**시큰하다**(큰말), **새근하다**(여린말) ¶한의원에서 침을 맞았더니 손목의 새큰한 느낌이 사라졌다. / 다친 발목이 새큰하다.

쩌릿-하다[쩌리타다]**형**(몸이나 몸의 일부가) 피가 잘 돌지 못하거나 전기가 통하여 몹시 감각이 무디고 아린 느낌이 있다. 〈참〉**저릿하다**(여린 말), **짜릿하다**(작은 말) ¶무릎을 꿇고 오래 앉아 있었더니 종아리가 쩌릿하다.

IX. 출처

개별 표제항의 출처를 따로 인용하지 않은 것들은 사전의 끝부분에 참고한 자료 및 주요 사이트의 목록을 〈부록1〉로 따로 보인다.

한국어 질병 표현 어휘 사전 Ⅲ

ㄱ

가닐대다( )[가닐대다]**동**〈통증 일반〉(몸이나 그 일부가) 살갗이 간지럽고 자
릿한 느낌이 자꾸 나다. 〈유〉가닐가닐하다, 가닐거리다 〈참〉그닐대다

가래(가) 끓다( )[ ]**동구**〈통증 일반〉가래가 목구멍에 붙어서 숨 쉬는 대로 소리
가 나다.

가래^검사(가래檢查)[ ]**명구**《의학》〈결핵병〉폐암이나 폐결핵을 진단하기 위
하여 가래를 검사하여 병균이 있는지 살펴보는 일. ¶기침·가래 등 유증상
자와 유소견자는 가래 검사를 시행하고 결핵으로 최종 진단된 외국인은 완
치될 때까지 의료기관, 보건소 등과 협업해 복약관리한다.

가래톳^페스트(가래톳pest)[ ]**명구**《의학》〈간+염〉페스트균에 감염되어 림프
샘이 붓고 아픈 병. 페스트에 걸린 쥐나 페스트 환자를 물었던 일본쥐벼룩
에 물려서 옮는데, 균이 발생시킨 독소가 간이나 지라에 퍼져 의식 혼탁과
심장 쇠약 증상이 나타나며, 1주일 안에 사망한다. ¶가래톳페스트 또는 패
혈성 페스트 감염 후에 폐렴 형태의 증상이 나타날 수 있다.

가렵다( )[가렵따]**형**〈통증 일반〉(몸이) 근지러워 긁고 싶은 느낌이 있다. ¶
나는 모기한테 물린 곳이 가려워서 참을 수가 없었다. / 등 한가운데가 가려
운데 아무리 손을 비틀어도 닿지 않는다.

가성^결핵(假性結核)[ ]**명구**《의학》〈결핵병〉'거짓 결핵'의 전 용어.

가성^결핵증(假性結核症)[ ]**명구**《의학》〈결핵병〉'거짓 결핵'의 전 용어. ¶가
성결핵증은 정상적인 쥐 조직에 잠복 형태로 존재하는 디프테리아형 간균
의 무제한적인 증식으로 인해 발생합니다.

가성^석회(苛性石灰)[ ]**명구**《화학》산화 칼슘에 물을 가하여 얻는 흰색의 염
기성 가루. 물에 약간 녹아서 석회수가 생기며 소독제, 산성 토양의 중화제,
표백분의 원료, 회반죽, 모르타르의 재료 따위로 쓰인다. 화학식 Ca(OH)
〈유〉수산화 칼슘(水酸化calcium) ¶그리고 자연산 가성석회에 대한 논문을
작성해 연구 성과를 거두며 영국 과학계의 주목을 받기 시작했다.

가스가 차다( )[ ]**동구**〈통증 일반〉소화 기관 내에서 내용물이 부패·발효하여

기체가 발생하다 ¶소화가 안 되는지 배 속에 가스가 찼다.

가슴^고름( )[ ]⟨명구⟩《의학》〈전염병일반〉화농균의 전염으로 가슴막안에 고름이 괴는 병. 열이 나고 가슴이 아픈 증상이 있고, 폐 고름집의 합병증으로 발생하는 일이 많다.

가슴막-염(가슴膜炎)[가슴망념]⟨명⟩《의학》〈결핵병〉외상이나 결핵균의 감염 따위로 가슴막에 생기는 염증. 급성과 만성이 있으며 옆구리에 심한 통증을 느낀다. 열과 기침이 동반되며 심해지면 호흡이 어려워진다. ¶게다가 당시 나는 급성폐렴이 결핵성 가슴막염(늑막염)으로 번져 건강이 안 좋은 상태였다.

가슴쓰림( )[가슴쓰림]⟨명⟩《의학》〈통증 일반〉명치 부위가 화끈하고 쓰린 증상. 흔히 위의 신물이 식도로 역류할 때 생기며 신물이 입안으로 올라올 때도 있다 .〈유〉가슴앓이

가슴앓이( )[가스마리]⟨명⟩《의학》〈통증 일반〉위에서 식도에 이르는 상복부 및 인두 근처까지 고열이 나는 듯하거나 송곳으로 찌르는 것같이 아픈 증상. 식도 아래의 염증, 위액의 식도 안으로의 역류, 식도 아래쪽의 신전(伸展), 극도의 긴장감 등이 원인이 된다.〈유〉흉복통(胸腹痛), 가슴쓰림

가슴을 앓다( )[ ]⟨동구⟩〈통증 일반〉안달하여 마음의 고통을 느끼다. ¶그는 오랫동안 혼자 가슴을 앓으며 살아야 했다.

가슴이 쓰리다( )[ ]⟨동구⟩〈통증 일반〉가슴이 쑤시는 것같이 아프다.

가슴이 아리다( )[ ]⟨동구⟩〈통증 일반〉몹시 가엾거나 측은하여 마음이 알알하게 찌르는 것처럼 아프다. ¶아이들의 불쌍한 모습을 보자 가슴이 아렸다.

가슴이 오그라들다( )[ ]⟨동구⟩〈통증 일반〉가슴이 안으로 줄어드는 것처럼 아프다.

가슴이 찢어지다( )[ ]⟨동구⟩〈통증 일반〉슬픔이나 분함 때문에 가슴이 째지는 듯한 고통을 받다. ¶가슴이 찢어지는 고통을 참으며 걸어갔다.

가슴이 타다( )[ ]⟨동구⟩〈통증 일반〉마음속으로 고민하여 가슴이 뜨거워지는 것

같다. ¶가슴이 타서 견딜 수가 없다.

가짜^결핵(假짜結核)[ ]〔**명구**〕《의학》〈결핵병〉결핵균 이외의 세균에 감염되어 결핵과 비슷한 증상을 나타내는 병.

가통(加痛)[가통-]〔**명**〕〈통증 일반〉1. 환자의 병이 심해져서 고통이 더함. 2. 열병이나 중병이 재발하거나 다른 증세가 생겨서 몹시 앓음.

가통하다(加痛하다)[가통하다]〔**동**〕〈통증 일반〉1. 환자의 병이 심해져서 고통이 더하다. 2. 열병이나 중병이 재발하거나 다른 증세가 생겨서 몹시 앓다.

각골분한(刻骨憤恨)[각꼴분한]〔**명**〕〈통증 일반〉뼈에 사무칠 만큼 원통함. 또는 그런 일.〈유〉각골지통, 각골통한

각골지통(刻骨之痛)[각꼴지통-]〔**명**〕〈통증 일반〉뼈에 사무칠 만큼 원통함. 또는 그런 일.〈유〉각골분한(刻骨憤恨), 각골통한(刻骨痛恨)

각골통한(刻骨痛恨)[각꼴통한]〔**명**〕〈통증 일반〉뼈에 사무칠 만큼 원통함. 또는 그런 일.〈유〉각골분한, 각골지통

각기(脚氣)[각끼]〔**명**〕《의학》〈조선시대전염병〉비타민 비 원(B1)이 부족하여 일어나는 영양실조 증상. 말초 신경에 장애가 생겨 다리가 붓고 마비되며 전신 권태의 증상이 나타나기도 한다.〈유〉각기병, 각기증

각기병(脚氣病)[각끼뼝]〔**명**〕《의학》〈조선시대전염병〉비타민 비 원(B1)의 결핍에 의해 발생하는 영양실조 증세의 하나. 다발 근육염, 심장 질환, 부종 등이 나타난다. 주로 백미(白米)를 주식으로 하는 한국, 일본, 중국 등과 동남아시아 등에서 발생한다.〈약〉각기1(脚氣); 〈유〉각질2(脚疾)(2) ¶백미만 먹게 되면 각기병에 걸리기 쉽다.

각막^실질염(角膜實質炎)[ ]〔**명구**〕《의학》〈성병〉주로 선천 매독이 원인이 되어 각막의 속이 우윳빛 유리처럼 흐려지고 섬모체의 충혈과 홍채염을 수반하기도 하는 각막염. ¶각막실질염은 각막 깊속한 곳에 염증이 생긴 것을 말한다.

각막^연화증(角膜軟化症)[ ]〔**명구**〕《의학》〈소아피부병-홍역〉각막이 물러져서

차츰 허는 증상. 신생아나 유아가 홍역 따위로 건강 상태가 나빠졌을 때 비타민 에이(A)가 부족한 것이 원인이 되며, 눈에 심한 충혈과 부기(浮氣)가 일어나고 각막 궤양 따위가 생겨 실명하기도 한다. ¶어린아이들이 홍역을 앓은 후 각막연화증이 발생한다.

각발(脚發)[각빨][명]《한의》〈종기〉다리나 발에 생기는 큰 종기.

각심통(脚心痛)[각씸통][명]《한의》〈통증 일반〉발바닥의 한가운데가 아픈 증상.〈유〉족심통(足心痛)

각통1(脚痛)[각통][명]〈통증 일반〉다리의 아픔.

각통2(覺痛)[각통][명]〈통증 일반〉아픔을 느낌.

각혈(咯血)[가켤][명]《의학》〈결핵병〉혈액이나 혈액이 섞인 가래를 토함. 또는 그런 증상. 결핵, 암 따위로 인해 발생한다. ¶인순이 방에 제일 오래 있던 복실이란 처녀는 폐병으로 각혈이 심하여서 고향으로 병 치료 하러 돌아가고….

간^옹(肝癰)[ ][명]《한의》〈종기〉간에 종기가 생기는 병. 습열(濕熱)과 열독(熱毒)이 원인이며, 오른쪽 옆구리가 은근하게 아프고 오슬오슬 춥고 열이 난다.

간^위축증(肝萎縮症)[ ][명구]《의학》〈간염〉간의 조직이 갑자기 심하게 파괴되어 간의 용적(容積)이 줄어드는 병. 원인은 분명하지 않은데 중증(重症) 간염으로 이행하여 열이 몹시 오르며 황달이나 의식 혼탁(混濁)이 따르고 며칠 안에 죽는 수가 많다.

간경변-증(肝硬變症)[간:경변쯩][명]《의학》〈간염〉간의 섬유 조직이 많이 자라 굳어지면서 오그라들고, 표면에 이상한 융기가 생겨 울퉁불퉁해지는 병. 바이러스 간염이나 알코올의 과다 섭취가 주된 원인이며, 복수(腹水)·황달·체중 감소·빈혈 따위의 증상이 나타난다. ¶간경변증을 극복하려면 간염 백신을 접종하고 정기적으로 간 기능 검사를 받는 것이 좋습니다.

간심통(肝心痛)[간:심통][명]《한의》〈통증 일반〉간의 이상으로 생기는 가슴앓이. 얼굴빛이 퍼렇게 되고 숨을 제대로 쉬지 못한다.

간염 (肝炎)[가:념]**명**《보건 일반》간에 생기는 염증을 통틀어 이르는 말. 발
열·황달·전신 권태·소화 장애의 증상을 보이는데, 주된 원인은 음식물과
혈액을 통한 바이러스의 감염이며 그 밖에 약물, 알코올, 알레르기 따위가
원인인 것도 있다. ¶간염 백신.

간염^바이러스 (肝炎virus)[ ]**명**《보건 일반》〈간염〉바이러스 간염의 병원체.
에이(A)형, 비(B)형, 시(C)형이 있다. ¶국내에는 B형 간염 바이러스에 감염
된 산모가 아이를 출산할 때 전파될 수 있다.

간염^항원^검사 (肝炎抗原檢査)[ ]**명구**《생명》〈간염〉혈청 속에 간염을 일으키
는 바이러스 단백 성분이 있는지를 알아보는 검사. ¶B형간염표면항원 검
사의 이점은 감염 여부를 조기에 발견하여 적절한 치료를 시행할 수 있는
것입니다.

간유 (肝兪)[가:뉴]**명**《한의》〈간염〉방광경(膀胱經)에 속하는 혈(穴) 이름. 제
9등뼈 극상 돌기와 제10등뼈 극상 돌기 사이에서 양옆으로 각각 두 치 나간
곳으로, 간염·눈병 따위에 침을 놓는 자리이다. ¶건조한 공기는 간유를 악
화시킬 수 있으므로 적절한 습도를 유지하는 것이 도움이 될 수 있습니다.

간유 (肝兪)[가:뉴]**명**《한의》방광경(膀胱經)에 속하는 혈(穴) 이름. 제9등뼈
극상 돌기와 제10등뼈 극상 돌기 사이에서 양옆으로 각각 두 치 나간 곳으
로, 간염·눈병 따위에 침을 놓는 자리이다.

간지럽다 ( )[간지럽따]**형**〈통증 일반〉(사물이) 살갗에 살짝 닿거나 스칠 때처
럼 웃음이 나거나 견디기 어려운 느낌이 있다.〈참〉근지럽다 ¶아이는 모기
에 물린 데가 간지러운지 자꾸 긁어 댔다.

간질간질하다 ( )[간질간질하다]**동형**〈통증 일반〉자꾸 간지러운 느낌이 들다.
또는 자꾸 그런 느낌이 들게 하다. / 자꾸 또는 매우 간지럽다.〈유〉간질거
리다, 간질대다 〈참〉근질근질하다 ¶바람에 날린 머리카락이 얼굴을 간질
간질한다. / 코가 간질간질하여 재채기가 연거푸 났다.

간질거리다 ( )[간질거리다]통〈통증 일반〉(몸이나 그 일부가) 부드러운 물체가 살짝 닿거나 스칠 때처럼 웃음이 나거나 견디기 어려운 느낌이 나다.〈유〉간질간질하다, 간질대다〈참〉근질거리다 ¶가래가 걸려 목구멍이 간질거린다.

간질대다 ( )[간질대다]통〈통증 일반〉(몸이나 그 일부가) 부드러운 물체가 살짝 닿거나 스칠 때처럼 웃음이 나거나 견디기 어려운 느낌이 나다.〈유〉간질간질하다, 간질거리다〈참〉근질대다

갈비뼈^카리에스 (갈비뼈caries)[ ]명구《의학》〈결핵병〉갈비뼈에 생기는 카리에스. 결핵균이 퍼져 생기는 수가 많다.

감각^장애 (感覺障礙)[ ]명구《의학》〈성병〉신경염, 척수 매독 따위를 앓을 때 생기는 이상 감각. 지각 신경이 병적인 자극을 받아 일어나며, 뜨거운 느낌 또는 개미가 피부 위를 기어가는 듯한 스멀스멀한 느낌 따위가 느껴진다. ¶감각 장애는 감각이 둔해진 경우도 있지만 감각이 지나치게 예민해지는 경우도 있습니다.

감각이 둔하다 ( )[ ]형구〈통증 일반〉감각이 날카롭지 않고 몹시 무디다. ¶요즘 들어 잇몸 주위에 둔한 통증이 자주 느껴진다.

감감 (甘疳)[감감]명《한의》〈종기〉감병(疳病)의 하나. 눈이 깔깔하거나 흰 막이 덮이며, 찬 곳에 눕기를 좋아하고, 머리와 코에 종기가 잘 생긴다.

감로 (疳勞)[감노]명《한의》〈결핵병〉감병(疳病)의 하나. 소화 기능의 장애로 영양이 불량하고 심신이 극히 쇠약하여 기침과 식은땀이 나고 얼굴이 창백해지는 어린이의 폐결핵, 만성 기관지 카타르 따위를 이른다.

감리 (疳痢)[감니]명《의학》〈이질〉감사(疳瀉)로 인하여 생긴 이질(痢疾).

감염 위험군 (感染危險群)[ ]명구〈코로나19〉코로나19에 따른 의사 환자로 생각되는 사람들의 무리. ¶딱 2주전에 HIV 감염 위험군과 관계를 가졌습니다.

감염 재생산 지수 (感染再生産指數)[ ]명구〈코로나19〉감염자 한 명이 격리, 완

치, 사망할 때까지 다른 사람을 감염시키는 평균 사람 수. ¶감염재생산지수
로 코로나 확산을 예상하는 건 알겠는데 그걸로 어떻게 지수함수를 나타내
서 확인한다는 건가요?

감염^홍반 (感染紅斑)[ ] 명구 《의학》〈전염병일반〉 어린아이의 얼굴과 온몸에
붉은 반점이 생기는 전염 피부병. 갑자기 뺨에 경계가 선명한 붉은 반점이
생겨서 온몸으로 번진다. 자각 증상은 없고 미열이 있을 뿐으로 일주일 정
도 지나면 저절로 낫는다.

감염-되다 (感染되다)[가 : 몀 되다/가 : 몀 뒈다] 동 《생명》〈장티푸스/코로나19〉
병원체인 미생물이 동물이나 식물의 몸 안으로 들어와 증식되다. ¶병균에
감염되다.

감염병 경계 단계 ( )[ ] 명구 〈코로나19〉 감염병 경보 4단계 중, 세 번째 단계. 해
외 신종 감염병이 국내에 유입된 후 다른 지역으로 전파되거나, 국내 신종·
재출현 감염병이 다른 지역으로 확산됐을 때에 해당한다. ¶감염병 경계 단
계에서는 보건복지부에 중앙사고수습본부를 설치·운영하며, 전국에서 방
역요원들이 24시간 활동을 시작한다.

감염병 관심 단계 ( )[ ] 명구 〈코로나19〉 감염병 경보 4단계 중, 첫 번째 단계. 해
외에서 신종 감염병이 발생했거나 국내에서 원인을 알 수 없는 감염 환자가
발견됐을 때에 해당한다. ¶감염병 관심 단계에서는 질병관리본부와 지방
자치단체 수준의 방역대책반이, 주의 단계에서는 질병관리본부 중앙방역
대책본부를 구성해 24시간 동안 감염병 유행을 감시한다.

감염병 레드 단계 ( )[ ] 명구 〈코로나19〉 감염병 경보 4단계 중, 마지막 단계. 해
외나 국내 신종 감염병, 국내 재출현 감염병이 전국적으로 확산하는 징후가
나타나는 때에 해당한다.

감염병 블루 단계 ( )[ ] 명구 〈코로나19〉 감염병 경보 4단계 중, 첫 번째 단계. 해
외에서 신종 감염병이 발생했거나 국내에서 원인을 알 수 없는 감염 환자가
발견됐을 때에 해당한다.

감염병 심각 단계( )[ ] **명구** 〈코로나19〉 감염병 경보 4단계 중, 마지막 단계. 해
외나 국내 신종 감염병, 국내 재출현 감염병이 전국적으로 확산하는 징후가
나타나는 때에 해당한다. ¶감염병 심각 단계에서는 국가의 모든 자원을 총
동원해 감염병 확산을 막고, 경우에 따라 국무총리가 중앙재난안전대책본
부를 운영할 수 있다.

감염병 옐로우 단계( )[ ] **명구** 〈코로나19〉 감염병 경보 4단계 중, 두 번째 단계.
해외 신종 감염병 환자가 국내로 유입되거나 국내에서 신종·재출현 감염병
이 발생했을 때에 해당한다.

감염병 오렌지 단계( )[ ] **명구** 〈코로나19〉 감염병 경보 4단계 중, 세 번째 단계.
해외 신종 감염병이 국내에 유입된 후 다른 지역으로 전파되거나, 국내 신
종·재출현 감염병이 다른 지역으로 확산됐을 때에 해당한다.

감염병 유의 단계( )[ ] **명구** 〈코로나19〉 감염병 경보 4단계 중, 첫 번째 단계. 해
외에서 신종 감염병이 발생했거나 국내에서 원인을 알 수 없는 감염 환자가
발견됐을 때에 해당한다.

감염병 주의 단계( )[ ] **명구** 〈코로나19〉 감염병 경보 4단계 중, 두 번째 단계. 해
외 신종 감염병 환자가 국내로 유입되거나 국내에서 신종·재출현 감염병이
발생했을 때에 해당한다. ¶감염병 관심 단계에서는 질병관리본부와 지방
자치단체 수준의 방역대책반이, 주의 단계에서는 질병관리본부 중앙방역
대책본부를 구성해 24시간 동안 감염병 유행을 감시한다.

감염병 특별 관리 지역(感染病特別管理地域)[ ] **명구** 〈코로나19〉 감염병의 확산
을 막기 위해 통상적인 수준보다 더 강한 방역 조치와 관리가 이루어지는
지역. 코로나 일구가 확산되기 시작하던 단계에서 특정 지역을 중심으로 효
율적으로 방역 활동을 하기 위해 적용되었다. ¶감염병특별관리구역 지정
은 지난달 21일 대구와 경북 청도에 이어 세 번째입니다.

감염성^설사(感染性泄瀉)[ ] **명구** 《의학》 미생물 감염에 의한 설사. 액체가 섞인
배변을 하며, 급성 설사는 개발 도상국의 유아 사망률의 주된 원인이 되고

있다. ¶감염성 설사는 대부분 오염된 음식이나 물로 인해 발병하며 후진국
에서는 사망의 원인이 되기도 한다.

감염원 (感染源) [가며뭔] **명**《보건일반》〈코로나19〉 병을 옮기는 근원. 감염병
의 병원체나 기생충의 알, 애벌레 따위가 있다. ¶면역세포를 보조하면서 세
균 등 감염원을 공격하는 면역구성원을 무엇이라 하나요?

감염증 (感染症) [가몀쯩] **명**《의학》〈코로나19〉 병원체인 미생물이 생물체에
옮아 증식하여 일으키는 병을 통틀어 이르는 말 ¶충북에서 항생제 내성균
감염증 신고가 매년 증가해 주의가 요구된다.

감염하다 (感染하다) [가ː몀하다] **동**〈조선시대전염병〉 병원체인 미생물이 동
물이나 식물의 몸 안에 들어가 증식하다. ¶이 병은 가축에 감염하며 전염성
이 매우 높다.

감유 (甘乳) [가뮤] **명**《약학》〈소아피부병-천연두〉 두창에 걸린 소에서 뽑아낸
유백색의 우장(牛漿). 한때 천연두 백신의 원료로 썼다.

감저 (甘疽) [감저] **명**《한의》〈종기〉 가슴에 생기는 종기. 처음에는 쌀알만 하
고 푸르다가 점차 자주색으로 커지고 단단해지면서 아프다.

감창 (疳瘡) [감창] **명**《한의》〈성병/조선시대전염병〉 매독으로 음부(陰部)에
부스럼이 생기는 병. ¶매독, 감창, 부스럼에는 은행의 껍질이 좋다.

갑갑하다 ( ) [갑까파다] **형**〈통증 일반〉 가슴이나 배 속이 꽉 막힌 듯이 불편하
다. ¶소화가 안 돼서 속이 갑갑하다

강남-별성 (江南別星) [강남별썽] **명**《민속》〈소아피부병-천연두〉 집집마다 찾
아다니며 천연두를 앓게 한다는 여신. 강남에서 특별한 사명을 띠고 주기적
으로 찾아온다고 한다.

강제 격리 (強制隔離) [ ] **명구**《보건일반》〈코로나19〉 감염병 예방을 위하여 환
자를 강제로 병원이나 적당한 격리 시설에 수용하는 일. ¶결핵 환자로 의심
되면 경찰을 동원하여 무력으로라도 강제 격리를 시킨다는데 내성이 강하
고 전염성 판정이 확실히 있을 때만 그렇게 하는 것인지 아니면 무조건 저

처럼 결핵이라고 의심되면 격리 당할 수 있는 것인가요?

개(疥)[개:][명]《한의》〈옴〉‘옴’을 한방에서 이르는 말.

개방성^결핵(開放性結核)[ ][명구]《의학》〈결핵병〉환자의 가래와 같은 배출물 속에 균이 섞여 있어 전염될 우려가 있는 결핵.

개방성^폐결핵(開放性肺結核)[ ][명구]《의학》〈결핵병〉환자의 가래와 같은 배출물 속에 균이 섞여 있어 전염될 우려가 있는 결핵.

개선(疥癬)[개:선][명]《한의》〈옴〉옴진드기가 기생하여 일으키는 전염 피부병. 손가락이나 발가락의 사이, 겨드랑이 따위의 연한 살에서부터 짓무르기 시작하여 온몸으로 퍼진다. 몹시 가렵고 헐기도 한다.〈동〉옴

개창(疥瘡)[개:창][명]《한의》〈옴〉‘옴’을 한방에서 이르는 말.

객혈(喀血/略血)[개켤][명]《의학》〈결핵병〉혈액이나 혈액이 섞인 가래를 토함. 또는 그런 증상. 결핵, 암 따위로 인해 발생한다.¶역시 몸이? 아까 기침을 하실 때 객혈이 있으시기에….

거북하다( )[거:부카다][형]〈통증 일반〉몸이 찌뿌드드하고 괴로워 움직임이 자연스럽지 못하거나 자유롭지 못하다.¶나는 속이 거북해서 점심을 걸렀다.

거안(拒按)[거:안][명]《한의》〈통증 일반〉아픈 부위를 만져 주면 아픔이 더 심해져서 손을 대지 못하게 함.

거위배( )[거위배][명]《한의》〈통증 일반〉회충으로 인한 배앓이.〈유〉충복통(蟲腹痛), 회복통(蛔腹痛), 회통(蛔痛), 횟배(蛔배), 횟배앓이(蛔배앓이)¶저놈이 거위배를 앓느냐 왜 배를 문질러.《조성기, 통도사 가는 길》

거위배를 앓다( )[ ][동구]《한의》〈통증 일반〉협통(脇痛)의 하나. 간신(肝腎)의 기혈(氣穴)이 허(虛)해 간(肝)을 제대로 자양(滋養)하지 못해서 생기는데 갈빗대 사이의 신경통(神經痛), 가슴막염(--炎) 따위로 옆구리가 결리고 은근히 아프다.

거짓^결핵(거짓結核)[ ][명구]《의학》〈결핵병〉결핵과 비슷한 증상을 일으키는 병.

건습(蹇濕)[건습]**명**《한의》〈조선시대전염병〉몸의 한 부분이 거북하고 습함. ¶풍질은 언뜻 중풍과 관련이 있어 보이지만 세종 24년의 기록에 따르면 건습(蹇濕)으로 표현했다.

건유-자(乾乳子)[거뉴자]**명**《한의》〈정〉임신기나 수유기가 아닌 여자 또는 남자의 젖에 생기는 종기.

건초-염(腱鞘炎)[건:초염]**명**《의학》〈결핵병〉힘줄을 싸고 있는 막에 생기는 염증. 급성인 것은 붓고 고름이 생기며 몹시 아프고 만성인 것은 결핵성인 것이 많은데, 굴착기 작업자나 피아니스트처럼 힘줄에 마찰이 심한 일을 하는 사람에게 잘 걸리고 나은 뒤에도 운동 장애를 일으키는 수가 있다. ¶피아니스트 등 손을 많이 쓰는 직업과 취미를 가진 사람들에게도 자주 나타나는 손목 통증은 건초염일 가능성이 높다.

건협통(乾脇痛)[건협통-]**명**《한의》〈통증 일반〉옆구리 아래 한 부위가 끊임없이 아픈 것으로 매우 위중한 병증. [의초유편(醫鈔類編)]〈협통문(脇痛門)〉에서 '지나치게 허하여 손상됨으로써 옆구리 아래쪽이 끊임없이 아픈 것을 말한다. ¶건협통은 심히 위급한 증상으로 분류되는데, 육체적·정신적 피로가 너무 심해 기혈이 극도로 허약해진 결과로 보기 때문에 치료처방도 기혈을 보강하는 약재로 구성돼 있다.

검역(檢疫)[거:멱]**명**《보건 일반》〈코로나19〉외에서 감염병이나 해충이 들어오는 것을 막기 위하여 공항과 항구에서 하는 일들을 통틀어 이르는 말 ¶동남아 지역의 콜레라 발생에 따라 여행객에 대한 검역이 강화되었다.

검역관(檢疫官)[거:멱꽌]**명**《보건 일반》〈코로나19〉역에 관한 일을 맡아 처리하는 공무원. 항공기, 승객, 화물에 대하여 감염병 따위의 병원체 유무를 검사하는 일과 예방 조치에 관한 일을 담당한다. ¶여행 중에 설사, 복통, 구토 등의 증세가 있으면 입국 시 즉시 검역관에게 신고하여야 합니다.

검역법(檢疫法)[거:멱뻡]**명**《법률》〈코로나19〉국내 또는 국외로 감염병이 번지는 것을 막기 위하여 선박, 항공기, 승객, 승무원, 화물에 대한 검역 절차와 예방 조치에 관한 사항을 규정한 법률. 1954년에 제정되었다.

검역소(檢疫所)[거 : 멱쏘]圀《보건 일반》〈코로나19〉검역을 하기 위하여 주
요한 항구나 공항에 마련된 공공 기관.

검체(檢體)[검 : 체]圀《공학 일반》〈코로나19〉시험, 검사, 분석 따위에 쓰는
물질이나 생물.

격리 해제( )[ ]명구〈코로나19〉코로나19 확진환자의 격리치료 후, 기준에 따
라 바이러스 전파 우려가 없다고 판단되어 격리 종료 하는 것 ¶VRE 격리
해제는 어떻게 할 수 있나요?

격증-간염(激症肝炎)[격쯩가념]圀《의학》〈간염〉'전격간염'의 전 용어. ¶바이
러스성 간염의 대부분은 완치할 수 있지만, 환자의 극히 일부는 격증간염
(激症肝炎)으로 사망하고, 나머지 일부는 증세가 진행하여 괴사후성 간경화
증으로 진행하는 것으로 보고되어 있다.

격통1(膈痛)[격통-]圀《한의》〈통증 일반〉가슴과 명치 끝이 아픈 증상.

격통2(激痛)[격통-]圀〈통증 일반〉심한 아픔. ¶그는 격통에 온 미간을 찌푸렸
다.

견개(犬疥)[건개]圀《한의》〈종기〉종기가 벌겋게 달아오르면서 고름이 나오
고 가려운 증상. 피부 질환을 앓는 과정에서 풍열(風熱)이 살갗에 잠복하여
생긴다.

견배통(肩背痛)[견배통-]圀《한의》〈통증 일반〉어깨와 등의 근맥(筋脈)과 살
이 아픈 병증. 대부분 풍습(風濕)의 침입을 받아서 발생하는데, 장부(臟腑)
와 기혈(氣血)이 속에서 상하여 발생한다. ¶동의보감에서는 견비통의 원인
을 외상에 의해 발생하거나 축축하고 무거우며 찬 기운이 드는 풍한습이나
기혈 부족으로 발생한다고 본다.

견비통(肩臂痛)[견비통-]圀《한의》〈통증 일반〉신경통의 하나. 어깨에서 팔까
지 저리고 아파서 팔을 잘 움직이지 못한다. ¶일반적인 견비통, 즉 장시간
동일한 자세를 취해 근육의 긴장이 계속돼 혈류가 나빠진 단순 피로 견비통

라면 마늘 효과를 볼 수 있다.

견인증 (牽引症)[겨닌쯩]**명**《한의》〈통증 일반〉근육이 땅기고 쑤시고 아픈 증상.

견인통 (牽引痛)[겨닌통-]**명**《한의》〈통증 일반〉신경통의 하나. 근육이 땅겨서 쑤시고 아프다.

견종 (肩腫)[견종]**명**《한의》〈조선시대전염병〉어깨에 나는 종기. ¶견종(肩腫), 등창(背瘡), 둔종(臀腫)과 넙적다리와 장단지의 악창으로 위험할 때 독종과 악창은 암종이니 통증이 심하거든 동해산 명태의간을 뜨끈하게 해서 종처에 붙이면 통증도 빨리멎고 거악생신하는 힘이 강하여 효력이 신비하다.

견통 (肩痛)[견통]**명**《의학》〈통증 일반〉목덜미로부터 어깨에 걸쳐 일어나는 근육통을 통틀어 이르는 말. 피로가 주된 원인이며 대개 어깨에 둔한 통증이 있다. ¶전문 의약품은 견통을 어깨 통증으로 바꾸는 등 일반인들도 이해하기 쉬운 용어를 써야 한다. / 이 제품에 함유된 활성형 비타민은 신경 기능을 정상으로 유지시킴으로써 신경통, 요통, 견통(어깨 결림)을 완화시킨다.

결리다 ( )[결리다]**동**〈통증 일반〉(사람이 몸의 일부가) 숨을 쉬거나 움직일 때 당기거나 뻐근하여 아픔이 느껴지다. ¶어깨가 결리다. / 계속 앉아서 일했더니 허리가 결려. / 나는 구둣발에 채인 옆구리가 결려서 한동안 숨도 쉬지 못했다.

결옹두 (結癰頭)[겨롱두]**명**《한의》〈종기〉종기에서 독이 제일 많이 몰린 곳. 염증으로 인한 부기(浮氣)와 국소의 열이 가장 심한 곳이다.

결핵 (結核)[결핵]**명**《의학》〈결핵병〉결핵균에 감염되어 일어나는 만성 전염병. 허파·콩팥·창자나 뼈·관절·피부·후두 따위에 침투하며 결핵 수막염, 흉막염, 복막염을 일으키고 온몸에 퍼지기도 한다. ¶「1」결핵에 걸리다. 「1」결핵을 앓다.

결핵^가슴^고름(結核가슴고름)[ ] (명구)《의학》〈결핵병〉허파 따위에 침투한 결
핵균이 가슴막안에 퍼져 고름이 생기는 병.

결핵^관절염(結核關節炎)[ ] (명구)《의학》〈결핵병〉결핵균이 신체의 다른 부분
에서부터 이차적으로 관절에 침입하여 일으키는 병.

결핵^농흉(結核膿胸)[ ] (명구)《의학》〈결핵병〉허파 따위에 침투한 결핵균이 가
슴막안에 퍼져 고름이 생기는 병.

결핵^뇌막염(結核腦膜炎)[ ] (명구)《의학》〈결핵병/뇌+염〉결핵균의 감염으로
뇌막에 일어나는 염증. 젖먹이에게 많이 발생하며 구토, 발열, 불면 증상을
보인다. ¶특히 결핵뇌막염과 파종결핵 등을 예방하는 효과가 있다.

결핵^복막염(結核腹膜炎)[ ] (명구)《의학》〈결핵병〉결핵균이 혈액의 순환을 통
해서나 림프관을 따라 복막으로 들어가 일으키는 염증.

결핵^수막염(結核髓膜炎)[ ] (명구)《의학》〈결핵병〉결핵균의 감염으로 뇌막에
일어나는 염증. 젖먹이에게 많이 발생하며 구토, 발열, 불면 증상을 보인
다. ¶결핵수막염이 만성적으로 진행되면 뇌 신경을 침범하는 징후(눈운동
신경마비, 드물게 얼굴신경마비, 시야장애)가 나타날 수 있다.

결핵^예방법(結核豫防法)[ ] (명구)《법률》〈결핵병〉결핵의 예방 및 결핵 환자에
대한 적정한 의료를 실시함으로써 결핵으로 생기는 개인적·사회적 피해를
방지하기 위하여 제정한 법률. ¶이번 점검은 결핵예방법 제11조에 따라 북
구 지역 내 검진 의무 대상 452곳 중 기관별 20% 이상 무작위 표본점검으로
진행한다.

결핵-균(結核菌)[결핵균] (명)《보건 일반》〈결핵병〉1882년에 코흐가 발견한 결
핵의 원인이 되는 균. 길이 1~4마이크로미터(μm), 폭 0.3~0.5μm의 간균(杆
菌)으로 대개 가래나 침을 통하여 호흡 기관으로 감염한다. 저항력과 번식
력이 강하여 전염성이 높으나 건조, 열, 햇빛에는 약하다. ¶결핵균은 다른
병균들에 비해 증식 속도가 매우 느려 염증반응이 훨씬 약하게 서서히 일어
나고, 사람 면역세포의 공격에 대해 매우 잘 적응되어 있어서결핵균이 면역

세포 속에 들어가 활동을 멈추고 잠복하는 경우도 있다.

결핵병-학 (結核病學)[결핵뼝학] 몡 《의학》〈결핵병〉 결핵을 연구하는 학문. 의학의 한 분야이다. 결핵이 생기는 과정, 진단 방법과 장기에 생기는 결핵의 특성을 밝히며, 결핵의 예방 및 치료법을 연구한다.

결핵성^경부^림프선염 (結核性經部lymph腺炎)[ ] 몡구 《의학》〈결핵병〉'결핵목 림프샘염'의 전 용어. ¶가장 흔한 결핵성 경부 림프염의 경우 목 주위가 붓고 여러 개의 결절이 만져집니다.

결핵성^관절염 (結核性關節炎)[ ] 몡구 《의학》〈결핵병〉'결핵 관절염'의 전 용어. ¶보통 세균성 관절염이나 결핵성 관절염 후 관절 연골이 파괴된 경우, 심한 충격이나 반복적인 가벼운 외상 후에 나타난다.

결핵성^농흉 (結核性膿胸)[ ] 몡구 《의학》〈결핵병〉'결핵 농흉'의 전 용어. ¶폐의 결핵처럼 전염성은 없으나, 절반 가량은 치료 후에도 후유증을 겪게 되고 흉강 내 균이 침범한 경우 치료가 잘 되지 않는 결핵성농흉을 발생시키기도 합니다.

결핵성^뇌막염 (結核性腦膜炎)[ ] 몡구 《의학》〈결핵병〉'결핵 뇌막염'의 전 용어. ¶3살 때 결핵성뇌막염을 앓고 후유증으로 뇌병변 장애를 갖게 됐습니다.

결핵성^복막염 (結核性腹膜炎)[ ] 몡구 《의학》〈결핵병〉'결핵 복막염'의 전 용어. ¶예를 들어 폐결핵이 동반되어 있는 경우 기침, 가래, 호흡곤란 등의 증상이 동반될 수 있고 결핵성 복막염이 동반되어 있는 경우에는 복수에 의한 복부 팽만이 나타날 수 있다.

결핵성^수막염 (結核性髓膜炎)[ ] 몡구 《의학》〈결핵병〉'결핵 수막염'의 전 용어. ¶결핵 중 가장 위험한 것은 결핵성 수막염과 급성 속립성(혹은 좁쌀) 결핵이다.

결핵-종 (結核腫)[결핵쫑] 몡 《의학》〈결핵병〉 결핵균에 의하여 폐나 뇌에 생기는 커다란 결절(結節). 가슴 엑스선 사진으로 보면 윤곽이 뚜렷한 하나의 음영으로 나타나는데, 크기는 손가락만 한 것에서 달걀만 한 것까지 있으며 저절로 축소되는 경우와 연속적으로 확대되는 경우가 있다. ¶수개월 동안 병원을 전전하다가 결국 결핵종을 발견했다.

결핵-학(結核學)[결해칵]**명**《의학》〈결핵병〉결핵을 연구하는 학문. 의학의 한 분야이다. 결핵이 생기는 과정, 진단 방법과 장기에 생기는 결핵의 특성을 밝히며, 결핵의 예방 및 치료법을 연구한다. ¶지금은 고인이 되셨지만, 결핵학이 전공이었던 그분은 내가 대학을 졸업한 후에도 계속 내 병을 돌봐 주셨다.

경구 수액 요법(經□輸液療法)[ ]**명구**《약학》콜레라 환자에게 가장 효과적인 치료방법으로 물, 소금, 설탕을 혼합한 용액으로, 체내내서 손실된 수분과 전해질을 빠르게 보충할 수 있는 방법이다. 가벼운 탈수의 경우 이 방법만으로도 충분히 치료가 가능하다. ¶대부분의 콜레라 환자에게 가장 효과적인 치료법은 경구수액요법이다.

경부^림프절^결핵(頸部lymph節結核)[ ]**명구**《의학》〈결핵병〉'목 림프샘 결핵'의 전 용어. ¶결핵의 경우 폐뿐 아니라 몸의 어디라도 발생할 수 있고, 폐이외에서 발생하는 결핵 중 가장 많은 게 경부 림프절 결핵이다.

경분(輕粉)[경분]**명**《한의》〈성병〉'염화 수은'을 한방에서 이르는 말. 매독, 매독성 피부병, 변비 치료제 및 외과 살충제, 안정제로 쓰인다. 〈유〉수은분(水銀粉), 이분03(膩粉), 홍분01(汞粉) ¶경분 한 숟가락을 수세미 줄기에서 받은 물에 개어 발랐다.

경통(經痛)[경통-]**명**《한의》〈통증 일반〉월경 때에, 배와 허리 또는 온몸이 아픈 증상.〈유〉경통증(經痛症)

경통증(經痛症)[경통쯩]**명**《한의》〈통증 일반〉월경 때에, 배와 허리 또는 온몸이 아픈 증상.〈유〉경통(經痛)

경피^전염병(經皮傳染病)[ ]**명구**《의학》〈전염병일반〉병원체가 피부를 통하여 몸속으로 들어와 옮기는 전염병. ¶디프테리아(피부로도 감염되므로 경

비 전염병에도 속함)

경피용^비시지 (經皮用BCG) [ ] **명구** 《보건 일반》〈결핵병〉 피부를 통하여 투여하는 결핵 예방 백신. 희석된 결핵균을 팔의 피부에 바르고 약 9개의 얇은 침이 고정되어 있는 원통으로 이루어진 접종 침을 눌러 피부밑으로 들어가게 한다.

계뇨-등 (鷄尿藤) [계뇨등/계뇨등] **명** 《식물》〈간염〉 꼭두서닛과의 낙엽 활엽 덩굴성 식물. 줄기의 길이는 5~7미터이고 냄새가 나며, 7~8월에 꽃부리의 바깥은 흰빛, 안쪽은 자줏빛인 꽃이 원추(圓錐) 화서 또는 취산(聚繖) 화서로 핀다. 열매와 뿌리는 신경통, 위통, 간염, 기관지염의 치료에 쓴다. 한국, 인도, 일본, 중국 등지에 분포한다.〈유〉여청, 우피동. (Paederia scandens) ¶ 계뇨등은 냄새를 풍겨 자신을 지킨다.

계심통 (悸心痛) [계 : 심통/게 : 심통] **명** 《한의》〈통증 일반〉 심장이 두근거리고 가슴이 답답하며 명치 부위가 아픈 증세. ¶ 언젠가부터 할아버지는 계심통으로 인해 잠을 잘 주무시지 못한다.

계통1 (悸痛) [계 : 통/게 : 통] **명** 《한의》〈통증 일반〉 가슴이 두근거리면서 아픈 증상.

계통2 (繼痛) [계 : 통/게 : 통] **명** 〈통증 일반〉 병을 잇따라 앓음.

고강도 사회적 거리두기 ( ) [ ] **명구** 〈코로나19〉 학교, 공공시설 등 사회적으로 이용하는 시설에 대한 엄격한 제한이 있는 것 ¶ 정부가 지난달 22일부터 실시한 고강도 사회적 거리두기가 업장폐쇄나 이동제한 조치 없이도 코로나19 감염 확산을 막는 데 효과가 있다고 평가했다.

고관절^결핵 (股關節結核) [ ] **명구** 《의학》〈결핵병〉 엉덩 관절에 결핵균이 들어가서 생기는 염증. 어린아이에게 흔히 생기며, 처음에는 다리를 절다가 심해지면 휘어진다. ¶ 나는 이 약방으로 여명이 얼마 남지 않았다고 진단받은 자궁암 환자, 고관절결핵으로 한성농양이 있는 경우, 소아마비로 보행불능이었던 상태, 신장결핵으로 부고환결핵과 한성농양이 있었던 상황 등, 불치 또는 난치라고 여겨졌던 것을 보통의 일상생활이 가능할 만큼 호전시키는 데 성공하여…."

고금경험-활유방(古今經驗活幼方)[고:금경험화류방]**명**《책명》〈소아피부병-천연두〉조선 시대에, 유상(柳瑺)이 천연두 치료에 관하여 지은 책. 박진희(朴震禧)가 쓴『두창경험방』을 대부분 원용하였다. 1권 1책. ¶류상(柳瑺)은 당상관에 이르는 관직과 전답, 노비, 각종 현물을 포상으로 받았을 뿐만 아니라 두창 전문서『고금경험활유방(古今經驗活幼方)』을 남겨 치료술을 전수함으로써 아들 류중림, 손자 류원, 증손자 류중모, 류중모의 아들 류환익에 이르기까지 5대에 걸쳐 왕실 의료를 담당하는 한의사 가문을 이뤘다.

고령 확진자(高齡确诊者)[ ]**명구**〈코로나19〉확진자 가운데 나이가 많아서 위험도가 높아진 환자. 일반적으로 60세 이상의 경우를 말한다. ¶코로나19에 감염될 경우 상태가 악화할 가능성이 높은 60대 이상 고령 확진자 비율이 점차 늘고 있다.

고름^가슴( )[ ]**명구**《의학》〈전염병일반〉화농균의 전염으로 가슴막안에 고름이 괴는 병. 열이 나고 가슴이 아픈 증상이 있고, 폐 고름집의 합병증으로 발생하는 일이 많다.

고름^궤양증(고름潰瘍症)[ ]**명**《한의》〈종기〉종기 따위가 오래되어서 살 속 깊이 헐고 표면에는 고름이 고이거나 딱지가 앉는 부스럼. 〈유〉농창.

고름^수막염(고름髓膜炎)[ ]**명구**《의학》세균이 뇌 수막에 침범하여 생기는 염증. 〈유〉화농 수막염(化膿髓膜炎)

고름-균(고름菌)[고름균]**명**《보건 일반》〈결핵병〉화농성을 일으키는 세균들을 통틀어 이르는 말. 포도상 구균, 연쇄상 구균, 폐렴 쌍구균, 임균, 결핵균, 장티푸스균, 녹농균 따위가 있다. ¶푸시드산 및 그의 염에 과민반응의 병력이 있는 환자, 비감수성균인 푸른 고름균에 의한 감염 환자.

고름-염(고름炎)[고름념]**명**《한의》〈종기〉고름이 생기는 염증. 많은 양의 다핵(多核) 백혈구가 스며 나오는 염증인데 코곁굴염, 고름집, 연조직염, 종기, 큰종기 따위에서 볼 수 있다.〈유〉화농성염, 화농성 염증.

고무-종(고무腫)[고무종]圄《의학》〈성병〉제3기 매독 때에 나타나는 육아종
(肉芽腫). 고무처럼 탄력이 있는 크고 작은 결절로, 내장·뼈·근육·피부 따
위에 잘 생긴다.¶최근 성관계가 있어서 성병 알아보던중 매독3기 고무종
이란 게 있더라구요.

고미-제(苦味劑)[고미제]圄《약학》〈결핵병〉쓴맛을 가지고 있는 약물을 통틀
어 이르는 말. 위액의 분비를 많게 하여 소화 작용을 도우므로, 빈혈·결핵
따위의 회복기 환자에게도 쓰인다.¶가스안전공사는 부탄가스 용기에 흡
입방지물질 주입을 의무화하는 내용의 액화석유가스(LPG) 안전 및 사업관
리법 시행규칙에 따라 고미제를 첨가하지 않은 부탄가스캔의 생산행위에
대한 단속에 나설 계획이라고 밝히고 그러나 이전에 생산된 부탄가스캔은
계속 판매할 수 있다고 설명했다.

고열(高熱)[고열]圄〈장티푸스〉몸의 높은 열. 섭씨 39.6도에서 40.5도 사이
의 열을 이른다.〈유〉고람 ¶독감에 걸려 고열로 신음하다.

고종(高腫)[고종]圄《한의》〈종기〉살갗 표면이 도드라지게 부어 오르는 종기.

고주리(蠱疰痢)[고주리]圄《의학》〈이질〉이질의 하나. 설사가 오랫동안 낫지
아니하여 거무스름한 피고름이 섞인 대변을 보게 되는 병이다.

고창(蠱脹)[고창]圄〈통증 일반〉기생충 때문에 배가 불러 오면서 아픈 증상.

고통(苦痛)[고통]圄〈통증 일반〉몸이나 마음의 괴로움과 아픔.〈유〉고한(苦
恨)〈참〉통고(痛苦)

고통스럽다(苦痛스럽다)[고통스럽따]圊〈통증 일반〉몸이나 마음이 괴롭고
아픈 느낌이 있다.¶그는 말하는 것조차도 고통스러운 듯했다. / 보초는 언
제나 고된 임무이지만 특히 겨울밤의 보초는 고통스럽다. / 나는 목이 부어
밥을 넘기기가 고통스러웠다.

고한(苦恨)[고한]圄〈통증 일반〉몸이나 마음의 괴로움과 아픔.〈유〉고통(苦痛)

고환-염(睾丸炎)[고환념]圄《의학》〈성병〉고환에 생기는 염증. 급성은 외상

이나 급성 전염병으로 발생하는 경우가 있으며 아프고 발열 증상이 따른다. 만성은 주로 매독에 의하여 나타나며 자각 증상이 적다.〈유〉정소염(精巢炎)¶고환염 같은 경우 약먹고 치료하면 낫나요?

고환통(睾丸痛)[고환통-]**명**《의학》〈통증 일반〉고환이나 관련 부위에 일어나는 신경통.¶코로나19 감염의 특이 증상으로는 남성들에게서만 나타나는 고환통이 있다.

곡지통(哭之痛)[곡찌통-]**명**〈통증 일반〉목을 놓아 매우 슬프게 욺.¶덕령이 이 대목을 읽었을 때, 오천 장병들은 모두 다 흐느껴 곡지통을 아니 할 수 없었다.

곧창자^샛길( )[ ]**명구**《의학》〈결핵병〉급성 곧창자 주위염, 결핵 고름집 따위가 터져서 그 고름 구멍이 곧창자에서 열린 항문 샛길.

골-결핵(骨結核)[골결핵]**명**《의학》〈결핵병〉뼈의 조직 속에 결핵균이 들어가 생기는 병. 대개 신체의 다른 부위에 들어가 있던 결핵균이 옮아서 이차적으로 발생하며, 긴뼈의 끝이나 뼈 중간 부분에 흔히 나타난다. 골수성(骨髓性)과 뼈막성의 두 가지가 있다.¶골결핵(骨結核)에 걸렸을 때 민간요법

골관절^결핵(骨關節結核)[ ]**명구**《의학》〈결핵병〉결핵균이 신체의 다른 부분에서부터 이차적으로 관절에 침입하여 일으키는 병.¶전체 결핵 중 폐가 아닌 다른 장기에 발생하는 결핵은 10~15%로, 이 중 10% 정도가 골관절 결핵이다.

골-괴저(骨壞疽)[골괴저/골궤저]**명**《의학》〈결핵병〉만성의 골염으로 뼈가 썩어서 파괴되는 질환. 골질(骨質)이 석회 염분을 잃고 유기 성분을 액화하여, 뼈가 손상되고 고름이 나게 된다. 거의 결핵균에 의하여 늑골, 척추뼈 따위에서 일어난다.¶만성 골염으로 턱뼈까지 부패(골괴저)했고, 볼에 구멍이 나 식사도 제대로 못했고, 악취에 꼬여 드는 파리 때문에 모기장 속에서 지내야 했다. 하지만 그의 의식은, 진통제로 버티면서도, 마지막까지 명징했다고 한다.

골동(骨疼)[골똥]〖명〗《한의》〈성병〉매독(梅毒)이 골수에 스며들어 뼈에 통증을 느끼는 증상.

골막-염(骨膜炎)[골망념]〖명〗《의학》〈성병〉뼈막의 염증을 통틀어 이르는 말. 화농균의 감염이나 매독, 유행성 감기, 타박상에 의한 심한 자극 따위로 인하여 생기며 뼈조직의 곪음과 파괴를 일으킨다.〈유〉뼈막염(뼈膜炎)¶골막염, 골부종이 있는 상태에서 무리하게 활동할 경우 피로골절로 진행이 될 수 있습니다.

골수^섬유증(骨髓纖維症)[ ]〖명구〗《의학》〈결핵병/성병〉골수 조직의 섬유가 과잉 발육한 상태. 피를 만드는 기능이 낮아지며 적혈구와 백혈구의 수적·질적인 변화가 일어나는데, 백혈병·결핵·매독 따위의 질환과 관련하여 나타난다.¶의학전문 웹사이트 STAT는 29일(현지시간)모포시스가 희귀 혈액암인 골수섬유증을 치료하기 위해 개발 중인 시험용 약물 '펠라브레시브'(pelabresib)의 안전성 문제에 대해 보도했다.

골증(骨蒸)[골쯩]〖명〗《한의》〈결핵병/조선시대전염병〉음기(陰氣)와 혈기(血氣)가 부족하여 골수가 메말라서 뼛속이 후끈후끈 달아오르고 몹시 쑤시는 증상. 기침과 미열이 나고 식은땀이 많이 나며 마른다. 결핵 따위의 만성 소모성 질환에 나타난다.¶그는 농축이골증으로 팔과 다리뼈가 잘 부러졌고 특히 손가락 끝마디 뼈의 뼈세포가 융해(acroosteolysis)됐다.

골증-열(骨蒸熱)[골쯩녈]〖명〗《한의》〈결핵병〉음기(陰氣)와 혈기(血氣)가 부족하여 골수가 메말라서 뼛속이 후끈후끈 달아오르고 몹시 쑤시는 증상. 기침과 미열이 나고 식은땀이 많이 나며 마른다. 결핵 따위의 만성 소모성 질환에 나타난다.¶몸이 허약함에도 불구하고 정(精)을 보존하지 않고 과로를 하고 함부로 생활을 해서 마침내 골증열(骨蒸熱)이 생겼다.

골증-증(骨蒸症)[골쯩쯩]〖명〗《한의》〈결핵병/조선시대전염병〉뼈가 저릿저릿하고 지지는 것처럼 괴로운 병. 폐, 신장이 나빠지고, 음기(陰氣)와 혈기(血氣)가 부족하며 골수(骨髓)가 메마름으로써 일어난다. 발열, 해수, 객담(客

談), 요혼탁(尿混濁), 도한(盜汗)의 증세가 있으며, 정신이 흐려져 점점 쇠약해진다. 〈유〉 골증열(骨蒸熱)

골통(骨痛)[골통-]**명**《한의》〈통증 일반〉주로 과로 때문에 생기는 것으로, 뼈가 쑤시는 듯이 아프고 열이 오르내리는 병.

골-혹(骨혹)[골혹]**명**《한의》〈종기〉뼈에 생기는 혹. 가끔 뼈조직이 없는 데에 나거나 또는 다른 종기와 함께 나기도 하는데, 단단한 것과 연한 것이 있다.

곱다 ( )[곱따]**형**〈통증 일반〉(이가) 시거나 찬 음식을 먹어서 시큰시큰하다. ¶시큼한 오렌지를 연상하기만 해도 마치 이가 곱는 듯한 느낌이다.

공공 선별 진료소(公共選別診療所)[ ]**명구**《의학》〈코로나19〉정부에서 사람들이 감염 여부를 검사받을 수 있도록 마련한 진료소. 코로나19의 확산으로 인해, 증상 유무나 역학적 연관성에 관계없이 누구나 감염 여부를 검사받을 수 있도록 만든 의료 시설이다. ¶○○시는 감염병이 재확산되자 공공 선별 진료소를 마흔 개에서 백 개 이상으로 확대하였다.

공기^요법(空氣療法)[ ]**명구**《의학》〈결핵병〉신선한 공기를 마시게 함으로써 병을 치료하는 방법. 호흡 기관의 병, 특히 폐결핵의 치료에 쓰는 것으로, 화학 요법이 등장하기 전에 많이 이용하였으며 현재도 소아 천식의 치료에 쓰고 있다. ¶공기 요법의 치유력 수용

공기가슴-증(空氣가슴症)[공기가슴쯩]**명**《의학》〈결핵병〉가슴막안에 공기가 차 있는 상태. 흉부 부상 또는 결핵이나 폐렴 따위로 허파의 표면에 구멍이 생기는 것이 원인이며, 폐가 수축하여 호흡 곤란 증상이 나타난다.¶이와 관련, 한 병원 관계자는 언론에 보도된 내용을 종합해 보면 박주미씨는 사고 직후 '외상성 공기가슴증'을 잠시 겪었던 것으로 보인다며 가슴에 찬 공기를 모두 빼낸 지금쯤은 빠르게 안정을 되찾고 있을 것이라고 진단했다.

공동^결핵(空洞結核)[ ]**명구**《의학》〈결핵병〉가락지 모양의 공동이 있는 폐결핵.

공동성^결핵(空洞性結核)[ ]**명구**《의학》〈결핵병〉'공동 결핵'의 전 용어.

공막-염 (鞏膜炎)[공망념]**명**《의학》〈결핵병〉공막에 염증이 생겨 자홍색의 반
점이 나타나는 눈병. 결핵, 류머티즘, 아교질병 따위가 원인이며 공막 앞면
에 충혈·동통(疼痛) 따위를 일으킨다. ¶그러나 눈 속에서 이물감이 느껴지
면서 통증과 함께 눈물이 흐르고 흰자의 충혈이 심하다면 '공막염'을 의심해
볼 수 있다.

공복통 (空腹痛)[공복통]**명**《의학》〈통증 일반〉배 속이 비었을 때 윗배에서
느끼는 통증. ¶단식을 하며 공복통을 경험하는 사람들이 많다. 주로 시작
할 무렵에 느끼게 되는데, 우리 몸이 음식으로 섭취하는 포도당을 연료로
사용하는 데 익숙해져 있기 때문이다.

공적 마스크 (公的mask)[ ]**명구**《행정》〈코로나19〉정부가 수급을 관리하는 마
스크. 코로나19의 확산으로 마스크 품귀 현상이 발생함에 따라, 마스크 공
급 문제를 해결하기 위해 생산량의 대부분을 정부에서 구매하여 공적 판매
처를 통해 판매한 마스크이다. ¶정부가 약국·우체국 등을 통해 1개당 1500
원, 1인당 5장 한정으로 공적 마스크를 판매한다고 발표했다.

공적 마스크 제도 (公的mask制度)[ ]**명구**《행정》〈코로나19〉공적 마스크 보급
과 관련하여 만든 제도. 코로나19의 확산으로 마스크 품귀 현상이 발생함에
따라 정부에서 공적 마스크를 유통하기로 하고, 공적 마스크를 구매할 수
있는 날짜 및 장소, 구매량을 정한 제도이다. ¶공적 마스크 제도는 요일별
마스크 5부제를 적용해 인당 구매 수량을 정함으로써 수급을 안정하는 결
과를 낳았다.

공중 보건 의사 (公衆保健醫師)[ ]**명구**〈코로나19〉대한민국의 병역 제도 중 하
나로, 보충역의 한 종류이다. 병역법 규정에 의하여 군 복무 대신 의사가 없
는 마을(주로 낙도)이나 보건소에서 3년간 근무한다. 약어로 공보의(公保
醫)라고도 한다. ¶공중보건의사가 부동산을 경매로 낙찰받은 후 부동산 매
매 시 해당 행위가 공중보건의사제도 운영지침에 위반되는지 알고 싶습니
다.

공항 검역(空港檢疫)[ ]〔**명구**〕《보건 일반》〈코로나19〉외국에서 국내로 들어오는 항공기의 승무원과 승객에 대하여 공항에서 감염병의 유무를 검사하고 소독하는 일.

과(瘑)[과]〔**명**〕《한의》〈종기〉손과 발에 대칭적으로 나타나는 작은 종기.

과루-인(瓜蔞仁)[과루인]〔**명**〕《한의》〈종기〉하눌타리의 씨를 한방에서 이르는 말. 젖과 대소변을 잘 나오게 하거나 종기를 가라앉히는 데 쓰인다. ¶과루인은 담열 해수에 유효하며, 변비를 치료하고, 종기에 좋으며, 유즙분비 부족에 효과가 있다.

과립(顆粒)[과립]〔**명**〕《한의》〈소아피부병-홍역〉마마나 홍역 따위로 인하여 피부에 돋는 것. ¶홍역의 과립(顆粒)이 어제와 비교하여 불그스름한 윤기가 있습니다.

과민성 쇼크(過敏性shock)[ ]〔**명구**〕《의학》〈코로나19〉면역 글로불린이 항체에 의하여 매개되는 치명적인 쇼크. 급격한 호흡기 평활근의 수축 및 부종으로 호흡기 폐쇄가 나타난다.

관구-저(鸛口疽)[관:구저]〔**명**〕《한의》〈종기〉꼬리뼈의 끝에 난 종기.

관농(貫膿)[관:농]〔**명**〕《한의》〈소아피부병-천연두〉천연두를 앓을 때 부르터서 곪음. ¶증상으로는 초열(初熱), 출두(出痘), 기창(起脹), 관농(貫膿), 수엽(收靨), 낙가(落痂) 등의 단계가 3일씩 차례대로 진행되는 독특한 경과를 보였다.

관농-하다(貫膿하다)[관:농하다]〔**동**〕《한의》〈소아피부병-천연두〉천연두를 앓을 때 부르터서 곪다.

관박쥐(冠박쥐)[관박쥐]〔**명**〕《동물》〈코로나19〉코로나19 초기에 코로나19의 매개 동물로 의심 받은 동물 중 하나. ¶관박쥐가 저희집으로 날아들어 왔는데 날개가 찢어져 있어서 못 날고 있어서 불쌍해서 제가 키워 보려고 합니다.

관절^결핵(關節結核)[ ]〔**명구**〕《의학》〈결핵병〉결핵균이 신체의 다른 부분에서

부터 이차적으로 관절에 침입하여 일으키는 병. ¶관절결핵은 염증 증상에
따라서 수증형(水症型), 육아형, 화농형으로 나누고 또 최초의 병변소재에
따라 골형과 활막형으로 나눌 수가 있다.

관절통(關節痛)[관절통][명]《의학》〈통증 일반〉뼈마디가 쑤시면서 몹시 아픈
증상. ¶나이가 들면서 관절통이 심해져서 요즘은 운동도 못 하고 있습니
다.

관피-루(串皮漏)[관피루][명]《한의》〈종기〉종기가 오래되어 고름이 흐르면서
아물지 않는 증상.

괴질(怪疾)[괴ː질/궤ː질][명]《의학》〈조선시대전염병〉「1」원인을 알 수 없는
이상한 병.「2」'콜레라'를 속되게 이르는 말.「1」〈유〉괴병 ¶「1」괴질이 돌
다.

교통(絞痛)[교통][명]《한의》〈통증 일반〉비트는 것처럼 몹시 아픈 증상.

구강^건조증(口腔乾燥症)[ ][명구]《의학》〈결핵병〉침이 모자라 입안이 마르는
증상. 중추 신경 계통의 질병, 빈혈, 폐결핵 따위가 원인이다. ¶그러나 구강
건조증이 있는 사람이 구강청결제를 사용하면 오히려 입 냄새가 심해질 수
있다.

구담(狗膽)[구담][명]《한의》〈종기〉개의 쓸개를 한방에서 이르는 말. 고치기
힘든 종기를 치료하거나 시력 약화에 쓴다.

구라 주일(救癩主日)[구ː라주일][명]《한의》〈나병〉나병 환자를 위하여 특별히
하느님에게 기도하고, 그들을 도와주는 주일. 해마다 1월 마지막 주일이다.
¶나사업연합회의 설립과 함께 한국교회는 병고와 사회적 차별로 이중고를
겪는 한센병 환자들을 위해 매년 1월 넷째 주일을 구라주일로 제정해 2차
헌금을 모금해왔다.

구리(久痢)[구ː리][명]《한의》〈이질〉오랫동안 낫지 않고 있는 이질. ¶중기하
함(中氣下陷)으로 인한 구리(久痢), 탈항(脫肛)과 자궁하수(子宮下垂)에 임
상에서는 모두 똑같이 중기(中氣)를 승제(升提)하는 치료법을 사용한다.

구릿대-뿌리 ( )[구리때뿌리/구릳때뿌리]**명**《한의》〈종기〉구릿대의 뿌리. 감기로 인한 두통이나 요통, 비연(鼻淵) 따위에 쓰며 종기에 외과약으로도 쓴다.

구매(驅梅)[구매]**명**〈성병〉매독(梅毒)의 균을 없앰.〈유〉구미07(驅黴)

구매-제(驅梅劑)[구매제]**명**《약학》〈성병〉매독성(梅毒性) 질환을 치료하는 약. 페니실린, 창연제 따위가 있다.〈유〉구미제(驅黴劑)

구매-하다(驅梅하다)[구매하다]**동**〈성병〉매독(梅毒)의 균을 없애다.〈유〉구미하다(驅黴하다)

구문창(口吻瘡)[구:문창]**명**《한의》〈종기〉입술에 생긴 종기. 주로 입가가 헐며, 진물이 난다.

구미(驅黴)[구미]**명**〈성병〉매독(梅毒)의 균을 없앰.〈유〉구매03(驅梅) ¶혹시 이 글을 보시는 네이버사용자 학생 직장인 가정주부 등 중에 구미 매독 치료 잘하는 곳에 대한 정보가 있으시면 추천 기다립니다.

구미-제(驅黴劑)[구미제]**명**《약학》〈성병〉매독성(梅毒性) 질환을 치료하는 약. 페니실린, 창연제 따위가 있다.〈유〉구매제(驅梅劑)

구미-하다(驅黴하다)[구미하다]**동**〈성병〉매독(梅毒)의 균을 없애다.〈유〉구매하다03(驅梅하다)

구역질(嘔逆질)[구역찔]**명**〈통증 일반〉속이 메스꺼워 자꾸 토하려고 하는 짓.〈유〉욕지기질, 외욕질, 토역질(吐逆질) ¶그는 심한 악취를 맡자 웩웩 구역질을 시작하였다. / 이십 분쯤 지났을 때 구역질은 어느 정도 가라앉는 것 같았다.《하일지, 경마장에서 생긴 일》

구역질하다(嘔逆질하다)[구역찔하다]**동**〈통증 일반〉속이 메스꺼워 자꾸 토하다.

구인니(蚯蚓泥)[구안니]**명**〈이질〉지렁이의 똥을 한방에서 이르는 말. 이질의 만성열(漫性熱), 단독열(丹毒熱)의 치료에 약재로 쓴다.

구인-분(蚯蚓糞)[구인분]**명**《한의》〈이질〉지렁이의 똥을 한방에서 이르는 말. 이질의 만성열(漫性熱), 단독열(丹毒熱)의 치료에 약재로 쓴다.〈동〉구

인니

구중육구(口中肉球)[구ː중뉵꾸]🅜《한의》〈종기〉입안에 공 같은 둥근 종기가 생기는 병. 손으로 가볍게 당겨도 가슴까지 켕기면서 아프다.

구토(嘔吐)[구토]🅜콜레라의 주요 증상으로 먹은 음식물을 토하는 증상. ¶집을 나서기 전부터 구토가 올라온다./오한(惡寒)과 발열(發熱)이 심하고 또한 오심(惡心) 구토(嘔吐)가 뒤따른다.

구토-하다(嘔吐하다)[구토하다]🅔콜레라의 주요 증상. 먹은 음식물을 토하다. ¶뱃멀미로 심하게 구토하다. / 아이는 고기를 먹은 후 열이 나면서 구토하기 시작했다.

국가 돌봄 병원(國家돌봄病院)[ ]🅜🅖《의학》〈코로나19〉재난 및 공공 보건 위기에 대응하기 위해 국가 차원에서 설립 및 운영하는 병원. 국군 병원, 경찰 병원, 보호 병원 등 기준 공공 의료 시설과 연계 및 협력 체계를 중심으로 한다. ¶공공 의료 문제가 코로나19로 인해 다시 한번 화두로 떠오르며 문제를 해결하기 위한 한 방법으로 군, 소방, 경찰을 연결하는 국가 돌봄 병원을 구축하고자는 논의가 있었다.

국민 안심 마스크(國民安心mask)[ ]🅜🅖《보건 일반》〈코로나19〉정부가 주도로 하여 생산하고 보급한 필터 교체형 면 마스크.¶○○○위원장은 "국민 안심 마스크의 생산으로 국민은 불안감을 해소하고 지역 제조업자들은 일감을 창출하는 상생이 이루어지기를 바란다."라고 말했다.

국민 안심 병원(國民安心病院)[ ]🅜🅖〈코로나19〉코로나19에 대한 걱정없이 진료받을 수 있도록 나라에서 정한 병원. ¶국민 안심병원에서 진료 받으면 진료비가 더 나오나요?

국제 보건 기구(國際保健機構)[ ]🅜🅖《보건일반》〈코로나19〉보건 상태의 향상을 위하여 국제적으로 협력을 촉진하기 위하여 설립된 국제 연합의 전문 기구. 1948년에 설립된 것으로, 중앙 검역소 업무·유행병 및 감염병에 대한 대책·회원국의 공중 보건 행정 강화의 세 가지 업무를 맡고 있다. 본부는 제네바에 있다. 세계 보건 기구라고도 한다. 〈유〉 더블유에이치오 ¶스위스의 부분 봉쇄 갈등 속 국제 보건 기구도 집단 감염에 걸렸다고 한다.

국제^위생^조약 (國際衛生條約)[ ] **명구**《보건 일반》국가 간에 검역 감염병이 침입하지 못하도록 감염병 발생에 대한 상호 보고나 검역 따위의 의무를 부과하던 조약. 1926년에는 육운과 해운에서, 1933년에는 항공 관계에까지 여러 조치를 규정하였다. 1948년 세계 보건 기구가 설립되어 관련 업무를 맡아 하고 있다.

국제적 공중보건 비상사태 (國際的公衆保健非常事態)[ ] **명구**〈코로나19〉대규모 질병 발생 중 국제적인 대응을 특히 필요로하는 것을 의미하며, 세계보건기구(WHO)가 선언한다. ¶2020년 1월 세계보건기구가 코로나바이러스 감염증-19(COVID-19)에 대해 국제적 공중보건 비상사태를 선언한 후 대면 교육을 원칙으로 하던 태권도장은 직격탄을 맞았다.

굳은-궤양 (굳은潰瘍)[구든궤양]**명**《의학》〈성병〉매독균의 침입으로 주로 음부에 생기는 피부병 증상. 불결한 성관계로 인하여 접촉부에 아주 작은 흠집으로부터 병독이 옮아 단단하고 조그만 종기가 생겼다가 차차 헐게 된다. 〈유〉무른궤양(무른潰瘍) ¶매독 걸렸는데 굳은 궤양 3개 정도 생겼습니다.

굳은-궤양 (굳은潰瘍)[구든궤양]**명**《한의》〈종기〉매독균의 침입으로 주로 음부에 생기는 피부병 증상. 불결한 성관계로 인하여 접촉부에 아주 작은 흠집으로부터 병독이 옮아 단단하고 조그만 종기가 생겼다가 차차 헐게 된다. ¶굳은 궤양은 항문, 직장, 입술, 혀, 목, 자궁경부, 손가락 또는 신체 다른 부위에도 나타날 수 있다.

권설옹 (卷舌癰)[권:서롱]**명**《한의》〈종기〉혀 밑의 좌우나 가운데에 생긴 종기.

궐두통 (厥頭痛)[궐두통]**명**《한의》〈통증 일반〉찬 기운이 뇌에까지 미쳐 두통과 치통이 함께 나타나는 증상. 〈유〉궐역 두통((厥逆頭痛)

궐심통(厥心痛)[궐씸통][명]《한의》〈통증 일반〉사기(邪氣)가 심장을 둘러싸고 있는 막과 거기에 붙어 있는 낙맥(絡脈)을 침범하여 생긴 병. 심장이 바늘로 찌르는 것 같고 등까지 아프다. ¶한의학에서는 현대 협심증과 유사한 증상으로 흉비(胸痹), 심통(心痛), 궐심통(厥心痛)이 있다.

귀배-증(龜背症)[귀배쯩][명]《한의》〈결핵병〉척추 관절 부위에 생기는 결핵병. 취학기의 아동에게 주로 발생하며, 등뼈가 거북의 등처럼 구부러져서 펴지 못한다. ¶거의 60세인 한 남자가 귀배증(龜背證)을 앓으면서 고미(苦味)를 먹을 수 없었는데, 고미(苦味)를 먹기만 하면 흉중(胸中)이 찢어지는 것과 같기 때문이었고, 곧게 서 있더라도 신장(身長)이 평일의 반(半)밖에 되지 않았다.

귀앓이( )[귀아리][명]〈통증 일반〉귓속이 곪아 앓는 병. 또는 그런 증상.〈유〉귀통증 ¶귀앓이를 앓다.

귀통증(귀痛症)[귀통쯩][명]《의학》〈통증 일반〉귓속이 곪아 앓는 병. 또는 그런 증상.〈유〉귀앓이, 이통(耳痛) ¶코로나에 감염의 증상으로 심한 인후통이나 코막힘을 호소하는 아이들이 많으며, 귀통증은 코막힘과 연관되는 경우가 흔하다.

귀학(鬼瘧)[귀:학][명]《의학》〈학질〉학질의 하나. 놀라서 열이 나고 오한이 생기거나 정신이 흐려진다.

균교대-증(菌交代症)[균교대쯩][명]《의학》〈결핵병〉균의 교대 현상으로 서로 증식된 균에 의하여 생기는 질환. 교대하여 증식하는 균은 본래 약소 세력으로 존재하는 균인 경우와 새로 외부에서 침입한 균인 경우로 나뉜다. 결핵의 약물 치료에 의한 칸디다증이 대표적이다. ¶혼합감염시 하나의 항생제로 치료하게 되면 해당 항생제에 감수성이 있는 세균은 억제되지만 감수성이 없는 다른 세균은 증가하게 되어 균교대증이 발생하게 된다.

균약(菌藥)[규냑][명]《약학》〈전염병일반〉생체에 유해한 미생물이나 병원체를 사멸시켜 전염이나 감염 능력을 잃게 하는 외용약. 에탄올, 크레솔수, 요오드팅크 따위가 있다. ¶나무를 옮겨심고 가지치기를 했을 경우 위와 같이 절단면에 보호제를 발라야 하고 반드시 전착제를 섞어서 청약과 균약을 함께 섞어서 살포해 주서야 합니다.

균혈-증(菌血症)[균혈쯩] **명** 《의학》〈결핵병〉몸속에 들어온 병원균이 혈액의 흐름을 타고 몸의 다른 부위로 옮아가는 일. 결핵균, 살모넬라균, 연쇄상 구균, 임균, 폐렴 쌍구균, 포도상 구균 따위가 일으키는 증상이다. ¶일반적으로 혈액은 무균 상태를 유지해야 하지만 세균이 혈류에 들어가게 되면서 균혈증을 유발한 것이다.

그닐거리다( )[그닐거리다] **동** 〈통증 일반〉(몸이나 그 일부가) 살갗이 근지럽고 저린 느낌이 자꾸 나다. 〈유〉그닐그닐하다, 그닐대다 〈참〉가닐가닐하다 ¶손가락이 벌레에 물린 듯 그닐거렸다.

그닐그닐하다( )[그닐그닐하다] **동** 〈통증 일반〉(몸이나 그 일부가) 살갗이 근지럽고 저린 느낌이 자꾸 나다. 〈유〉그닐거리다, 그닐대다 〈참〉가닐가닐하다

그닐대다( )[그닐대다] **동** 〈통증 일반〉(몸이나 그 일부가) 살갗이 근지럽고 저린 느낌이 자꾸 나다. 〈유〉그닐거리다, 그닐그닐하다 〈참〉가닐대다

그람^양성균(Gram陽性菌)[ ] **명구** 《생명》〈결핵병〉그람 반응에서 짙은 자주색을 보이는 세균. 결핵균, 디프테리아균, 방선균, 파상풍균, 폐렴균, 포도상구균 따위가 있는데, 위액이나 소화 효소에 잘 견디며 페니실린에 민감하게 반응한다.¶연구팀의 크리스틴 무뇨스(Kristen A. Muñoz) 일리노이대 교수는 그람양성균에는 외막이 없기 때문에 롤 시스템도 없다고 말했다.

극통(極痛/劇痛)[극통] **명** 〈통증 일반〉매우 심한 아픔이나 고통. ¶기절 직전의 극통이 온몸을 휩쓸고 지나갔다.

근근하다( )[근근하다] **형** 〈통증 일반〉(몸이나 피부가) 좀 아픈 듯하면서도 가려운 느낌이 있다. ¶피부병이 났던 자리가 건조하고 근근하네요. / 부스럼 자리가 근근하면서 좀 쑤신다.

근막 동통 증후군(筋膜疼痛症候群)[ ] **명구**《의학》〈통증 일반〉근육의 탄력성이 떨어져 수축된 상태가 지속되어 통증을 느끼게 되는 가장 일반적인 만성 근육 장애. 근육이 수축된 상태가 지속되면 근육 내 신경이 눌리고 혈관이 압박되어 근육 내에서 생긴 통증 물질이 배출되지 못하고 근육 내에 축적된다. 그러면 근육이 부착된 골막이 자극을 받아 통증이 유발된다.〈유〉근막 통증 증후군(筋膜痛症症候群), 근막통 증후군(筋膜痛症候群)

근실거리다( )[근실거리다]**동**〈통증 일반〉(사람이나 그 몸이) 가려운 느낌이 자꾸 나다.〈유〉근실근실하다, 근실대다 ¶벌레가 기어가는 것처럼 몸이 자꾸 근실거린다.

근실근실하다( )[근실근실하다]**동**〈통증 일반〉(사람이나 그 몸이) 가려운 느낌이 자꾸 나다.〈유〉근실거리다, 근실대다 ¶송충이들이 무리 지어 기어가는 것을 보고 있으면 온몸이 근실근실하여 기분이 나쁘다.

근실대다( )[근실대다]**동**〈통증 일반〉(사람이나 그 몸이) 가려운 느낌이 자꾸 나다.〈유〉근실거리다, 근실근실하다

근염(筋炎)[그념]**명**《의학》〈전염병일반〉근육에 생기는 염증을 통틀어 이르는 말. 근육이 여러 가지 화농균의 전염을 받아 염증을 일으키며, 부기·발열 따위의 증상을 나타낸다. ¶자가면역질환성 근염이 의심되는 환자를 위해 11종의 자가항체를 동시 검출하여 진단을 보조하는 기술로, 라인면역분석법을 이용해 시행된다.

근육 통증(筋肉痛症)[그뉵통쯩]**명구**《의학》〈통증 일반〉근육이 쑤시고 아픈 증상.〈유〉근육통(筋肉痛), 근통(筋痛), 살몸살

근육-염(筋肉炎)[그늉념]**명**《의학》〈전염병일반〉근육에 생기는 염증을 통틀어 이르는 말. 근육이 여러 가지 화농균의 전염을 받아 염증을 일으키며, 부기·발열 따위의 증상을 나타낸다.¶연구팀은 체계적인 검토에서 약물 유발 피부근육염은 여러 유형의 약물과 관련이 있는 것으로 나타났다며 피부과 전문의는 광선과민증, 근력저하 등을 보이는 환자에서 약물 유발 피부근육

염을 신속하게 인지하고 진단해 관리해야 할 것이라고 했다.

근육이 뭉치다( )[ ]〔동구〕〈통증 일반〉근육이 덩어리져서 묵직한 느낌이 들다.

근육통(筋肉痛)[그뉵통]〔명〕《의학》〈통증 일반〉근육이 쑤시고 아픈 증상.〈유〉근통(筋痛), 살몸살 ¶근육에 피로 물질이 축적되면 근육통이 생긴다. / 운동을 심하게 했더니 온몸에 근육통이 생겼어. / 몸살감기로 인해 뼈마디가 쑤실 정도로 근육통이 심해졌다.

근지럽다( )[근지럽따]〔형〕〈통증 일반〉(몸이) 무언가 닿아 스치는 것처럼 가려운 느낌이 있다.〈참〉간지럽다 ¶몸이 너무 근지러워서 목욕을 좀 해야겠다.

근질거리다( )[근질거리다]〔동〕〈통증 일반〉(몸이나 그 일부가) 부드러운 물체가 닿을 때처럼 저릿저릿한 느낌이 자꾸 들다.〈유〉근질근질하다, 근질대다 〈참〉간질거리다

근질근질하다( )[근질근질하다]〔동〕〔형〕〈통증 일반〉(몸이) 자꾸 가려운 느낌이 들다. /(몸이) 매우 가렵다.〈유〉근질거리다, 근질대다 ¶왜 이리 등이 근질근질하는지 모르겠네. / 가을이 되니 피부가 건조해서 몸이 근질근질하다.

근질대다( )[근질대다]〔동〕〈통증 일반〉(몸이나 그 일부가) 부드러운 물체가 닿을 때처럼 저릿저릿한 느낌이 자꾸 들다.〈유〉근질거리다, 근질근질하다 〈참〉간질대다

근통(筋痛)[근통]〔명〕《의학》〈통증 일반〉근육이 쑤시고 아픈 증상. 심한 운동 뒤나, 각종 근염에 의한 충혈, 손상 따위가 원인이다.〈유〉근육통 ¶무리하게 마라톤을 완주한 후 근통이 생겼다.

글로브월(glove wall)[ ]〔명〕〈코로나19〉의료진과 검사자의 공간을 분리하고 의료진이 비닐장갑이 달린 구멍을 통해 검체를 채취할 수 있도록 제조된 투명 아크릴 벽을 가리키는 말. ¶서울대병원이 운영하는 서울시보라매병원은 코로나19 검사를 위한 검체 채취 과정에서 발생할 수 있는 의료진과 환자의 감염 위험을 최소화하는 새로운 방식의 '글로브-월(Glove-Wall)' 시스템을

도입했다.

금구리(噤口痢)[금:구리]**명**《한의》〈이질〉이질로 인해 입맛이 없어지고 욕지기가 나서 음식을 먹지 못하는 병. ¶금구리는 심한 설사로 탈수되어 음식이 당기지 않거나 구역질이 나서 음식을 먹지 못하는 상태의 이질이다.

금라(金癩)[금나]**명**《한의》〈나병〉나병의 하나. 병독이 폐경(肺經)으로 들어간 것으로, 초기 증상은 온몸에 흰색 반점이 나타나며 눈썹이 빠진다.

금은-등(金銀藤)[그믄등]**명**《식물》〈성병〉인동과의 반상록 덩굴성 식물. 잎은 마주나고 긴 타원형이다. 전체에 짧은 갈색 털이 나고 꽃은 초여름에 잎겨드랑이에서 피는데 흰색에서 노란색으로 변한다. 열매는 가을에 검은색으로 익으며 줄기·잎·꽃은 종기나 매독, 임질, 치질 치료의 약재로 쓰인다. 한국, 일본, 중국 등지에 분포한다.〈유〉인동01「1」(忍冬)

금은-목(金銀木)[그믄목]**명**《식물》〈성병〉인동과의 반상록 덩굴성 식물. 잎은 마주나고 긴 타원형이다. 전체에 짧은 갈색 털이 나고 꽃은 초여름에 잎겨드랑이에서 피는데 흰색에서 노란색으로 변한다. 열매는 가을에 검은색으로 익으며 줄기·잎·꽃은 종기나 매독, 임질, 치질 치료의 약재로 쓰인다. 한국, 일본, 중국 등지에 분포한다.〈유〉인동01「1」(忍冬)

금차-고(金釵股)[금차고]**명**《식물》〈성병〉인동과의 반상록 덩굴성 식물. 잎은 마주나고 긴 타원형이다. 전체에 짧은 갈색 털이 나고 꽃은 초여름에 잎겨드랑이에서 피는데 흰색에서 노란색으로 변한다. 열매는 가을에 검은색으로 익으며 줄기·잎·꽃은 종기나 매독, 임질, 치질 치료의 약재로 쓰인다. 한국, 일본, 중국 등지에 분포한다.〈유〉인동01「1」(忍冬)

급경련통(急痙攣痛)[급꼉년통]**명**《의학》〈통증 일반〉배가 꽉꽉 쑤시는 듯이 심하게 아픈 것이 간격을 두고 되풀이하여 일어나는 증상. 배 부위 내장의 여러 질환에 따르는 증후로 대개 콩팥돌증, 창자막힘증 따위의 경우에 나타난다. ¶급경련통은 속이 빈 모양의 내장기관, 즉 소장, 대장, 요관, 자궁, 나팔관 등이 비정상적으로 수축할 때 나타나며 심하게 쥐어짜는 듯한 통증이 온다.

급성 설사(急性泄瀉)[ ][**명구**]《의학》콜레라의 주요 증상 중 하나. 분변 중의 수분이 비정상적으로 증가하여 변이 콜레라의 주요 원인. 묽거나 물처럼 나오는 상태. 일반적으로 배변의 횟수가 많지만, 1일 1회의 설사도 있다.〈동〉급성^설사증(急性泄瀉症) ¶콜레라는 비브리오 콜레라 세균에 감염이되어 발생하는 질환으로 급성설사가 주 증상이다.

급성 장내성 전염병(急性腸內性傳染病)[ ][**명구**]장티푸스, 이질, 콜레라 등 주로 대변을 통해 감염된 병원체가 장의 점막에 붙어 여러 가지 질환을 일으키는 말. ¶북한 황해남도 해주시와 강령군 일대에 '급성 장내성 전염병'이 발생했다.

급성^간염(急性肝炎)[ ][**명구**]《의학》바이러스, 약물 따위로 생기는 간의 급성 염증. 보통 3~6개월 이내에 치유되며, 고열·식욕 부진·피로감·황달 따위의 증상이 나타난다.〈참〉만성 간염(慢性肝炎)〈유〉급성 간장염(急性肝臟炎) ¶급성 간염이 지속된다면 만성 간염, 간암으로 이어지는데 우리나라는 B형 간염이 가장 많으며 뒤이어 C형 간염과 알코올로 인한 발병이 흔하다.

급성^간장염(急性肝臟炎)[ ][**명구**]《의학》바이러스, 약물 따위로 생기는 간의 급성 염증. 보통 3~6개월 이내에 치유되며, 고열·식욕 부진·피로감·황달 따위의 증상이 나타난다.〈유〉급성 간염(急性肝炎) ¶간장염도는 급성과 만성으로 나뉘며, 급성 간장염도는 독성 물질에 노출되거나 바이러스 감염으로 인해 발생할 수 있다.

급성^누선염(急性淚腺炎)[ ][**명구**]《의학》〈전염병일반〉눈물샘에 생기는 급성 염증. 유행성 감기·성홍열·관절 류머티즘·귀밑샘염 따위의 전염병을 앓은 뒤 발생하는데, 위 눈꺼풀을 뒤집어 보면 결막 밑에 눈물샘이 비대해진 것을 볼 수 있다. ¶열럿 남성들이 가진 급성 눈선염에 관해 틈틈히도 여럿 궁금증을 보유하고 있는 상황이죠.

급성^눈물샘염(急性눈물샘炎)[ ][**명구**]《의학》〈전염병일반〉눈물샘에 생기는 급성 염증. 유행성 감기·성홍열·관절 류머티즘·귀밑샘염 따위의 전염병을 앓은 뒤 발생하는데, 위 눈꺼풀을 뒤집어 보면 결막 밑에 눈물샘이 비대해 진 것을 볼 수 있다. ¶급성 눈물샘염증은 내인성으로 전염병에 의해 발생하 곤 합니다.

급성^전염병(急性傳染病)[ ] **명구**《의학》〈전염병일반〉세균, 바이러스 따위의 감염으로 급속히 전염·유행하는 병. 장티푸스, 콜레라, 성홍열, 이질 따위 가 있다. ¶유행성출혈열과 쓰쓰가무시병 등 가을철에 주로 발생하는 급성 전염병에 대한 주의가 요망된다.

급성^출혈^결막염(急性出血結膜炎)[ ] **명구**《의학》〈전염병일반〉결막의 심한 충혈과 출혈 또는 눈의 통증을 동반하고 증상이 급격하게 진행되는 눈병. 24시간의 잠복기를 거치며 약 일주일이면 자연히 나으나, 전염성이 강하다. 1969년에 미국의 달 탐험 로켓인 아폴로 십일호가 달에 착륙한 해에 전 세 계에 유행하였다고 하여 '아폴로눈병'이라고도 이른다. ¶여름철에는 바이 러스에 의한 유행성결막염과 급성출혈결막염이 흔하게 보이는데, 증상과 유의사항에 대해 알아보려 한다.

급성^회백수염(急性灰白髓炎)[ ] **명구**《의학》〈전염병일반〉폴리오바이러스의 감염으로 인한 급성 전염병. 입을 통하여 바이러스가 들어가 척수에 침범하 여 손발의 마비를 일으키는데, 어린이에게 잘 발생한다. ¶연구실에 가기 위 해서는 매일 급성회백수염에 시달리는 아이들이 있는 병동을 지나서 가야 했다.

급통(急痛)[급통]**명**《한의》〈통증 일반〉1. 쬐어들거나 켕기면서 아픔. 2. 갑자 기 몹시 아픔. ¶항암치료는 불을 통과하는 극통(極痛)이었다.

급후비(急喉痺)[그푸비]**명**《한의》〈통증 일반〉갑자기 목구멍이 붓고 아픈 증 세.〈유〉졸후비

기갈통(飢渴痛)[기갈통]**명**《의학》〈통증 일반〉'빈속 통증'의 전 용어.

기관지^확장증(氣管支擴張症)[ ] **명구**《의학》〈소아피부병-홍역〉기관지의 내

강 일부가 확장되고 변형되는 병. 주머니 모양이나 원추 모양으로 확장된 내강에 가래가 고이기 쉽게 되고 거기에 세균이 감염되어 염증을 일으킨다. 선천적인 원인으로 발생하는 수도 있고 영아 또는 유아 무렵에 폐렴, 백일해, 홍역 따위에 걸린 뒤에 나타나기도 하며, 성인이 흉곽 성형술을 받은 뒤에 발생하기도 한다. ¶기관지확장증가래 증세일 수 있다며 추적 검진을 진행해 보자고 했어요.

기관지경^검사(氣管支鏡檢査)[ ]명구《의학》〈결핵병〉기관지경으로 기관이나 기관지를 들여다보며 진단이나 치료를 하는 일. 종전에는 주로 이물 제거에 사용하였으나 차차 폐결핵, 폐암 따위의 물리적 검사에 응용하고 있다. ¶기관지경 검사(Sleep FOB)와 내시경적 초음파 기관지경 검사(Sleep EBUS) 두 가지 검사 모두 '수면'으로 진행합니다.

기도^감염(氣道感染)[ ]명구《보건 일반》〈소아피부병-홍역〉기침·재채기·이야기 따위를 할 때 병원체가 침이나 가래와 섞여 공기 중에 날아 흩어져, 이것을 마신 사람의 코나 인두 따위의 상기도 점막이 감염되는 일. 홍역, 백일해, 유행성 감기, 디프테리아 따위가 이에 속한다. ¶기도 감염은 단순한 감기나 목감기를 넘어서 다양한 증상을 동반하며 삶의 질에 큰 영향을 미칠 수 있는 질병입니다.

기리(氣痢)[기리]명《한의》〈이질〉기가 허하거나 체하는 따위의 이상으로 생기는 이질.

기면성^뇌염(嗜眠性腦炎)[ ]명구《의학》열이 몹시 오르며 두통, 전신 권태, 구토, 운동 마비 따위가 일어나고 하루 종일 잠들어 있는 상태에 있는 뇌염.〈유〉졸림뇌염(졸림腦炎) ¶에코노모형 유행성 뇌염으로도 불리고 1917~1926년의 겨울철에 세계적으로 유행해 1917년 Economo에 의해 기면성뇌염으로 불렸다.

기비(肌痺)[기비]명《한의》〈통증 일반〉살가죽의 감각이 마비되고 저리거나 아픈 증상이 있는 병.

ー

기생성^배밀이^발진(寄生性배밀이發疹)[ ]**명구**《의학》〈전염병일반〉백선균 때문에 일어나는 전염 피부병을 통틀어 이르는 말. 피부가 벗겨져 떨어지는 증상을 보인다.

기심통(氣心痛)[기심통-]**명**《한의》〈통증 일반〉가슴속에 기(氣)가 몰려서 찌르는 듯이 아프거나 아픈 곳을 누르면 통증이 덜해지고 맥(脈)이 힘이 없는 병증.

기요통(氣腰痛)[기요통-]**명**《한의》〈통증 일반〉정신적인 원인으로 기혈이 잘 돌지 못하여 허리가 아픈 병. ¶기요통의 치료는 정신적 안정, 기혈 순화 개선 및 허리 강화가 기존 치료에 앞서 이루어져야 한다.

기저 질환(基底疾患)[ ]**명구**《의학》〈코로나19〉어떤 질병의 원인이나 밑바탕이 되는 질병. ¶저신장에 대한 치료는 기저 질환이 발견되는 경우에는 그 질환에 대한 치료가 우선이 된다.

기저 질환자( )[ ]**명구**《의학》〈코로나19〉기저 질환이 있는 환자. ¶코로나19 바이러스가 퍼지면서 기저 질환자의 사망이 급속도로 늘고 있다.

기질^뇌^증후군(器質腦症候群)[ ]**명구**《의학》〈성병〉뇌의 기질 장애로 일어나는 정신병. 노인성 치매, 뇌매독, 만성 알코올 의존증 따위가 있다. ¶기질성 뇌증후군인 경우에는 어떤식의 치료를 해야하는 건가요?

기창(起瘡)[기창]**명**《한의》〈소아피부병-천연두〉천연두를 앓을 때 부르터서 곪음. ¶돌기가 부풀어오르는 기창(起瘡), 고름이 맺히는 관농(貫膿), 검은 딱지가 만들어지는 수엽(收靨)의 과정이 각기 약 사흘씩 계속되어 대략 보름 만에 끝나서 약 3주 후면 딱지가 떨어져 완결되는 특이한 질병이다.

기창-하다(起瘡하다)[기창하다]**동**《한의》〈소아피부병-천연두〉천연두를 앓을 때 부르터서 곪다.

기체(氣滯)[기체]**명**《한의》〈통증 일반〉체내의 기(氣) 운행이 순조롭지 못하여 어느 한곳에 정체되어 막히는 병리 현상. 또는 그로 인하여 나타나는 증상. 배가 더부룩하거나 통증이 있다. 〈유〉기통(氣痛)

기침 ( )[기침]몡《의학》〈코로나19〉도의 점막이 자극을 받아 갑자기 숨소리
를 터트려 내는 일. 목감기의 주된 증상 가운데 하나로, 마른기침과 젖은기
침의 두 가지가 있다. ¶창순은 목소리를 가다듬기 위하여 기침을 가볍게 한
번 하고서….

기침 예절 ( )[ ]몡구〈코로나19〉기침을 할 때, 입을 가리거나 옷소매 등에 기침
을 함으로써 주변에 침방울이 날리지 않도록 하는 기본적인 예절.

기통(氣痛)[기통]몡《한의》〈통증 일반〉체내의 기(氣) 운행이 순조롭지 못하
여 어느 한곳에 정체되어 막히는 병리 현상. 또는 그로 인하여 나타나는 증
상. 배가 더부룩하거나 통증이 있다.〈유〉기체(氣滯) ¶기통이 발생하는 원
인으로는 정신적인 스트레스 이외에도 잘못된 생활습관, 기후나 환경적인
문제 등을 들 수 있다.

기학(氣瘧)[기학]몡《의학》〈학질〉심하지 않은 만성 학질의 하나. 늘 가벼운
오한과 신열이 있고 몸이 나른하다.〈유〉노학

기항리(奇恒痢)[기항니]몡《한의》〈이질〉이질의 하나. 경과가 빠르고 위중하
여 헛소리를 하거나 숨이 차는 증상이 나타난다.

기혈 응체 비통(氣血凝滯臂痛)[ ]몡구《한의》〈통증 일반〉기체(氣滯), 혈어(血
瘀)로 팔이 아픈 증상. 앉거나 누워 있을 때 풍습(風濕)이 경락을 침습해 혈
이 응결(凝結)하고 기가 몰리거나 잘 때 팔이 밖으로 나와 한사(寒邪)의 침
습을 받거나 노화(怒火)로 일어난다. 흔히 갱년기의 여성들에게 많아 오십
견(五十肩)이라고도 한다.

기후^요법(氣候療法)[ ]몡구《의학》〈결핵병〉날씨가 몸에 미치는 영향을 이용
하여 질병을 치료하는 방법. 일반적으로 산악 기후는 빈혈이나 결핵에 적합
하고, 해안 기후는 알레르기 질환·류머티즘성 질환·구루병 따위에 적합하
다고 한다. ¶기후 요법은 환경조건으로부터 인체부담의 경감 및 신체보호
와 자연환경 자극에의 적응이라는 두 가지 원리에 기초를 두고 있다.

기흉(氣胸)[기흉]몡《의학》〈결핵병〉가슴막안에 공기가 차 있는 상태. 흉부

부상 또는 결핵이나 폐렴 따위로 허파의 표면에 구멍이 생기는 것이 원인이
며, 폐가 수축하여 호흡 곤란 증상이 나타난다. ¶기흉이 왔다.

깔끄럽다( )[껄끄럽따]휑〈통증 일반〉(작은 알갱이가) 살에 닿아서 자꾸 따끔
거리는 듯하다.〈참〉껄끄럽다 ¶벼를 추수하고 왔더니 까끄라기가 붙어서
깔끄럽다.

깔끔거리다( )[깔끔거리다]동〈통증 일반〉(신체의 일부가) 매끄럽지 못한 것
이 살갗에 닿아 자꾸 따끔거리다.〈유〉깔끔깔끔하다, 깔끔대다 〈참〉껄끔거
리다 ¶눈 안에 먼지가 들어가 깔끔거렸다.

깔끔깔끔하다( )[깔끔깔끔하다]동〈통증 일반〉(신체의 일부가) 매끄럽지 못한
것이 살갗에 닿아 자꾸 따끔거리다.〈유〉깔끔거리다, 깔끔대다 〈참〉껄끔껄
끔하다 ¶어젯밤 마신 술 때문인지 혀가 깔끔깔끔하여 밥을 제대로 먹을 수
없다.

깔끔대다( )[깔끔대다]동〈통증 일반〉(신체의 일부가) 매끄럽지 못한 것이 살
갗에 닿아 자꾸 따끔거리다.〈유〉깔끔거리다, 깔끔깔끔하다 〈참〉껄끔대다

깜깜이 감염(깜깜이減染)[ ]명구《보건·의학》〈코로나19〉감염병 확진자 감염
경로나 원인 등이 파악되지 않는 감염. ¶개인 간의 접촉에 따른 코로나19
감염 비율이 높게 나타나는 상황에서 아파트 주민의 깜깜이 감염이 계속되
면서 시민들의 불안이 고조되고 있다.

껄끄럽다( )[깔끄럽따]휑〈통증 일반〉(작은 알갱이가) 살에 닿거나 붙어서 신
경이 쓰이게 자꾸 뜨끔거리는 듯하다.〈참〉깔끄럽다

껄끔거리다( )[껄끔거리다]동〈통증 일반〉(신체의 일부가) 거칠거나 날카로운
것이 살갗에 닿아 자꾸 뜨끔거리다.〈유〉껄끔껄끔하다, 껄끔대다 〈참〉깔끔
거리다

껄끔껄끔하다( )[껄끔껄끔하다]동〈통증 일반〉(신체의 일부가) 거칠거나 날카
로운 것이 살갗에 닿아 자꾸 뜨끔거리다.〈유〉껄끔거리다, 껄끔대다 〈참〉
깔끔깔끔하다

껄끔대다 ( )[껄끔대다]동〈통증 일반〉(신체의 일부가) 거칠거나 날카로운 것
이 살갗에 닿아 자꾸 뜨끔거리다. 〈유〉껄끔거리다, 껄끔껄끔하다 〈참〉깔끔
대다

꼰대 제거 감염병 (꼰대 除去感染病)[ ]명구〈코로나19〉1960년대 이전에 출생한
60대 이상의 고령자들을 베이비붐 시대 출생이라는 뜻으로 부머(baby
boomer)라고 하는데 이 병이 주로 60대 이상의 고령자들에게 치명적이라
는 점을 강조한 말.

꽃 ( )[꼳]명〈소아피부병–홍역〉홍역 따위를 앓을 때 살갗에 좁쌀처럼 발갛게
돋아나는 것. ¶자고 난 아이의 볼에 하나둘 꽃이 번지기 시작했다.

한국어 질병 표현 어휘 사전 Ⅲ

ㄴ

나균(癩菌)[나ː균]⑲《보건 일반》〈결핵병/나병〉나병의 병원균. 결핵균과 유사한 그람 양성의 항산성 간균으로, 주로 피부와 점막을 통하여 몸속에 침투하며 전염력은 약한 편이다. ¶그 열두 명의 아이들은 단지 문둥이의 자식들로, 오직 이유라면 그것일 뿐 손끝에도 발끝에도 나균을 가지고 있지 않은 미감아라는 것을….

나력(瘰癧)[나력]⑲《한의》〈결핵병〉'결핵 목 림프샘염'을 한방에서 이르는 말. ¶갑상선에 대한 한의학적인 고증은 나력(瘰癧)에서 찾아 볼 수 있다.

나-반응(癩反應)[나ː바능]⑲《의학》〈나병〉나병이 진행되는 과정에서 쇠퇴기에 갑자기 나타나는 증상의 변화. 고열, 신경통, 두통 따위의 증상을 보이면서 이미 있던 증상들이 심하여지는데 이때 기형이 유발되기도 한다.

나병(癩病)[나ː병]⑲《의학》〈나병〉나병균(癩病菌)에 의하여 감염되는 만성 전염병. 피부에 살점이 불거져 나오거나 반점 같은 것이 생기고 그 부분의 지각(知覺)이 마비되며 눈썹이 빠지고 손발이나 얼굴이 변형되며 눈이 잘 보이지 않게 된다.〈유〉나병환. ¶나병 환자.

나병^결절(癩病結節)[나ː병종]⑲《의학》〈나병〉나병 환자의 살갗에 생기는 부스럼 같은 멍울.〈동〉나병종.

나병^요양소(癩病療養所)[ ]⑲《보건 일반》〈나병〉나병 환자의 구호와 요양을 목적으로 국가에서 세운 의료 기관.〈유〉나요양소.

나병-균(癩病菌)[나ː병균]⑲《보건 일반》〈결핵병/나병〉나병의 병원균. 결핵균과 유사한 그람 양성의 항산성 간균으로, 주로 피부와 점막을 통하여 몸속에 침투하며 전염력은 약한 편이다.〈유〉나균 ¶잘 알려진 결핵균종과 나병균을 제외한 모든 마이코박테리아를 지칭하는 균이다.

나-병원(癩病院)[나ː병원]⑲〈나병〉나병 환자를 전문적으로 치료하는 의료 시설.

나병-자(癩病者)[나ː병자]⑲〈나병〉나병을 앓고 있는 사람

나병-종(癩病腫)[나ː병종]⑲《의학》〈나병〉나병 환자의 살갗에 생기는 부스

럼 같은 멍울〈유〉나병 결절, 나종, 나진, 나창.

나병-환(癩病患)[나ː병환] 명《의학》〈나병〉나병균(癩病菌)에 의하여 감염되는 만성 전염병. 피부에 살점이 불거져 나오거나 반점 같은 것이 생기고 그 부분의 지각(知覺)이 마비되며 눈썹이 빠지고 손발이나 얼굴이 변형되며 눈이 잘 보이지 않게 된다.〈동〉아병

나선-균(螺旋菌)[나선균] 명《보건 일반》〈성병〉에스(S) 자 모양 또는 나선 모양의 커다란 세균. 막대균으로서, 끝에 편모가 있어 활발하게 운동하는데, 병원성인 것은 바일병·매독·재귀열 따위를 일으킨다.〈참〉간균(杆菌), 구균(球菌)〈유〉나선상 균(螺旋狀菌) ¶나선균 및 비브리오 균속의 균들은 그람 음성인가여?

나선상^균(螺旋狀菌)[ ] 명구《보건 일반》〈성병〉에스(S) 자 모양 또는 나선 모양의 커다란 세균. 막대균으로서, 끝에 편모가 있어 활발하게 운동하는데, 병원성인 것은 바일병·매독·재귀열 따위를 일으킨다.〈유〉나선균(螺旋菌) ¶매독은 트레포네마·파리듐이라는 일종의 스피로헤타(나선상균)의 감염으로 일어나는 만성전염병을 말한다.

나-요양소(癩療養所)[나ː요양소] 명《보건 일반》〈나병〉나병 환자의 구호와 요양을 목적으로 국가에서 세운 의료 기관.〈동〉나병 요양소.

나이드라지드(nydrazid)[ ] 명《약학》〈결핵병〉결핵의 화학 요법제의 하나. 이소니코틴산 히드라지드의 상품명이다.

나이서(Neisser, Albert Ludwig Siegmund)[ ] 명《인명》〈나병/성병〉독일의 의사·세균학자(1855~1916). 임균을 발견하고, 나병균의 존재를 증명하였다. 매독 연구의 권위자로, 바서만과 공동으로 매독 혈청 진단법을 고안하였다.

나종(癩腫)[나ː종] 명《의학》〈나병〉나병 환자의 살갗에 생기는 부스럼 같은 멍울.〈동〉나병종.

나진(癩疹)[나ː진] 명《의학》〈나병〉나병 환자의 살갗에 생기는 부스럼 같은 멍울.〈동〉나병종.

나창(癩瘡)[나ː창]圀《의학》〈나병〉나병 환자의 살갗에 생기는 부스럼 같은 멍울.〈동〉나병종.

나팔관-염(喇叭管炎)[나팔관념]圀《의학》〈결핵병〉나팔관에 생기는 염증. 임균·화농균·결핵균 따위가 원인이며, 월경이 불순하고 유산·조산·나팔관 임신·불임의 원인이 된다. ¶난소염은 만성과 급성으로 나뉘는데, 급성 난소염은 고열과 구토를 수반하고 나팔관염을 유발하며 격렬한 동통이 뒤따른다. 만성 난소염의 경우는 하복부에 중압감 혹은 동통을 느끼며 불임의 원인이 되기도 한다.

나-환자(癩患者)[나ː환자]圀《의학》〈나병〉나병을 앓고 있는 사람.〈유〉≒나병자, 풍인. ¶나환자 요양소.

난형-열(卵形熱)[난ː형녈]圀《의학》〈학질〉열원충이 적혈구를 침습하여 적혈구가 팽대해져 계란형이 되고 열원충이 적혈구 내에서 48시간 동안 분화되어 열이 오르는 말라리아. ¶결론적으로 난형열말라리아 위험 지역으로의 해외 여행이나 체류가 최근 증가하고 있으므로 유입된 말라리아는 정확한 진단돠 치료를 위해 난형열말라리아가 확진되어야 한다.

날씨^요법(날씨療法)[ ]圀구《의학》〈결핵병〉날씨가 몸에 미치는 영향을 이용하여 질병을 치료하는 방법. 일반적으로 산악 기후는 빈혈이나 결핵에 적합하고, 해안 기후는 알레르기 질환·류머티즘성 질환·구루병 따위에 적합하다고 한다.

낭옹(囊癰)[낭옹]圀《한의》〈종기〉고환에 나는 종기.

낭창(狼瘡)[낭ː창]圀《의학》〈결핵병〉결핵성 피부병의 하나. 허약한 소년에게 많이 나타나는 병으로, 얼굴 특히 코를 중심으로 좌우에 대칭으로 생긴다. 몸통·목·사지(四肢)에도 발생하는데, 결절(結節)·궤양(潰瘍)·흉터 따위의 특이한 변화가 나타난다. ¶자가항체와 면역복합체에 의해 인체의 여러 장기, 조직, 및 세포가 손상을 받는 전신자가면역질환으로 라틴어로 '늑대'라는 의미로 피부의 염증이 늑대에게 물린 것과 비슷하다고 하여 붙여진

이름이다. 줄여서 루푸스라고 흔히 부르며, '낭창(狼瘡)'으로 번역되기도 한다.

내-발진(內發疹)[내ː발찐]명《의학》〈소아피부병-홍역〉점막에 생기는 발진. 홍역 초기에 입천장에 나는 붉은 반점 같은 것이 이에 속한다.〈유〉점막진

내안근^마비(內眼筋痲痹)[ ]명구《의학》〈성병〉한 눈 또는 두 눈의 섬모체근과 동공 조임근이 마비되어 조절 기능이 없어지고 동공이 확대되는 병. 육류의 중독이나 뇌매독이 원인이다.〈유〉외안근 마비(外眼筋痲痹)¶내안근마비의 경우는 극히 드물어서 본 저자들이 파악하기로 1례만이 보고되었다.

내이-염(內耳炎)[내ː이염]명《의학》〈성병〉내이에 염증이 생기는 병. 대개 가운데귀염을 앓은 후에 생기며 수막염, 매독, 귀의 외상(外傷)이 원인이 되기도 하는데, 난청·귀울림·현기증·구역질·구토 따위의 증상이 나타난다.〈유〉미로염(迷路炎)¶매독균이 내이로 침투하게 되면 내이염을 일으켜 구역, 구토, 반복성 현기증이 나타나며 이명과 감각 신경성 난청, 눈 떨림을 동반한 현기증, 균형 감각 저하 등의 청각 기능을 저하시킬 수 있습니다.

내장^리슈마니아증(內臟leishmania症)[ ]명구《의학》리슈마니아의 감염으로 열이 몹시 나고 지라와 간이 부으며 빈혈을 일으키고 살갗이 변하는 만성 질환.〈유〉내장 리슈만편모충증(內臟Leishman鞭毛蟲症)¶특히, 1992년부터는 WHO를 비롯한 민간단체에 암비솜을 기부하는 등 내장 리슈마니아증 퇴치에 적극적으로 앞장서고 있다.

내장^리슈만편모충증(內臟Leishman鞭毛蟲症)[ ]명구《의학》리슈마니아의 감염으로 열이 몹시 나고 지라와 간이 부으며 빈혈을 일으키고 살갗이 변하는 만성 질환.〈유〉내장 리슈마니아증(內臟leishmania症)¶아메리카 지역의 내장리슈만편모충증의 치명률이 7%인 것에 비해 피부리슈만편모충증은 치명적이진 않지만….

내탁(內托)[내ː탁]명《한의》〈종기〉큰 종기를 짼 뒤에 약을 먹어 쇠약한 몸을 보하는 일.

내탁하다(內托하다)[내:타카다]**명**《한의》〈종기〉큰 종기를 쨀 뒤에 약을 먹어 쇠약한 몸을 보하다. ¶종기를 세 개나 쨌으니 내탁하고 며칠을 쉬도록 하여라.

냅다( )[냅따]**형**〈통증 일반〉연기로 인해 눈이나 목구멍이 쓰라린 느낌이 있다. ¶"울기는 누가 울어요. 불을 피우느라고 내워서 그랬지." 하며, 눈물을 씻고 빙긋 웃는다.

냉감-증(冷感症)[냉:감쯩]**명**《의학》〈성병〉성교할 때에 쾌감을 느끼지 못하는 증상. 성병 따위의 병이 원인이 되기도 하고 악취·죄악감·임신 공포 따위가 원인이 되기도 하는데, 남자보다는 여자에게 더 많다.〈유〉불감증「2」(不感症) ¶강력한 릴렉스 특성이 있어 임포텐츠와 조루증 그리고 여성의 냉감증과 같은 성적장애에 효과적이라는 명성을 얻고 있다.

냉리(冷痢)[냉:니]**명**《한의》〈이질〉몸이 차고 습하여 생긴 이질. 배가 아프고 곱똥이 나오며 뒤가 땅긴다.〈유〉한리

냉습(冷濕)[냉습]**명**《한의》질병을 일으키는 차고 축축한 기운. 또는 냉기와 습기 때문에 생기는 병증.〈유〉습랭(濕冷), 한습(寒濕) ¶냉습(冷濕)으로 여러 가지 병을 일으키게 됩니다.

냉습증(冷濕症)[ ]**명**《한의》〈조선시대전염병〉냉증과 습증을 아울러 이르는 말.

냉심통(寒心痛)[냉:심통]**명**《한의》〈통증 일반〉명치 부위가 은은히 아프면서 그 통증이 등에까지 뻗치고 손발이 찬 병.〈유〉한심통(寒心痛)

넘어오다( )[너머오다]**동**〈통증 일반〉(음식물이나 울음 따위가 목구멍으로) 밖으로 나오다. ¶목구멍으로 신물이 넘어왔다. / 심한 뱃멀미로 인해 먹은 것이 모두 넘어왔다.

네오-살바르산(Neosalvarsan)[ ]**명**《약학》〈성병〉매독 치료에 쓰는 주사용의 비소제. 재귀열, 말라리아를 치료하는 데도 쓴다.〈유〉신육공육호(新六空六號)

노 마스크족(no mask族)[ ] 명구《사회생활》〈코로나19〉마스크를 쓰려고 하지
않는 사람. 또는 그런 무리.¶ ○○○ 씨는 "얼마 전 스터디 카페 휴게실에서
노 마스크족을 지적하는 사람들을 봤었다. 전에는 마스크 착용에 대해 지적
하는 사람이 많이 없었는데, 지금은 다들 예민해진 모습이다."라고 말했다.

노구치 히데요(Noguchi Hideyo[野口英世])[ ] 명구《인명》〈성병〉일본의 세균학
자(1876~1928). 매독 병원체 스피로헤타(spirochaeta)의 순수 배양에 성공하
였으며, 공수병·소아마비 따위의 연구에 공헌하였다.

노리(勞痢)[노리] 명《한의》〈이질〉허로(虛勞)와 관련된 이질. 이질이 오랫동
안 낫지 않은 경우에 정혈이 소모되어 생긴다.

노사-등(鷺鷥藤)[노사등] 명《식물》〈성병〉인동과의 반상록 덩굴성 식물. 잎
은 마주나고 긴 타원형이다. 전체에 짧은 갈색 털이 나고 꽃은 초여름에 잎
겨드랑이에서 피는데 흰색에서 노란색으로 변한다. 열매는 가을에 검은색
으로 익으며 줄기·잎·꽃은 종기나 매독, 임질, 치질 치료의 약재로 쓰인다.
한국, 일본, 중국 등지에 분포한다.〈유〉인동01「1」(忍冬)

노옹수(老翁鬚)[노:옹수] 명《식물》〈성병〉인동과의 반상록 덩굴성 식물. 잎
은 마주나고 긴 타원형이다. 전체에 짧은 갈색 털이 나고 꽃은 초여름에 잎
겨드랑이에서 피는데 흰색에서 노란색으로 변한다. 열매는 가을에 검은색
으로 익으며 줄기·잎·꽃은 종기나 매독, 임질, 치질 치료의 약재로 쓰인다.
한국, 일본, 중국 등지에 분포한다.〈유〉인동01「1」(忍冬)

노채(勞瘵)[노채] 명《한의》〈조선시대전염병〉말기에 이른 폐결핵〈유〉전시
5(傳尸), 전주13(傳注)¶우리의 의서(醫書)인 조선 중기 의관인 퇴사옹(退
思翁) 양예수(楊禮壽, 1530~1597)의 〈의림촬요(醫林撮要)〉제5권 노극문
30(勞極門 三十)에는 '비밀리에 전해오는 전시(傳尸)·노충(勞蟲, 노채(勞瘵)
를 일으키는 벌레)을 치료하는 귀곡음자(鬼哭飮子)에 아위가 들어간다고
나온다.

노책(努責)[노책] 명《한의》〈이질〉이질에 걸렸을 때 대변은 나오지 않고 안

간힘만 쓰는 일.

노학(老瘧)[노ː학]**명**《의학》〈학질〉학질의 하나. 이틀을 걸러서 발작하며, 좀처럼 낫지 않는다.〈동〉이틀거리.

노학-하다(勞瘧하다)[ ]**동**《약학》〈학질〉심하지 않은 만성 학질의 하나. 늘 가벼운 오한과 신열이 있고 몸이 나른하다.〈동〉기학

농구(膿垢)[농구]**명**《한의》〈이질〉이질에 걸렸을 때 변에 섞여 나오는 곱.

농독-증(膿毒症)[농독쯩]**명**《의학》〈전염병일반〉화농균이 핏속에 들어가서 번식하여 혈액의 흐름을 따라 온몸에 퍼져 부스럼이 생기는 병.¶갑자기 관절이 붓기도 하며, 심하면 전신에 농독증(膿毒症)이 퍼져 위험하다.

농림(膿淋/膿痳)[농님]**명**《한의》〈성병〉매독의 초기 궤양으로서 무통·경화성(硬化性)·부식성 구진이 감염 부위에 발생하는 것.〈유〉하감01(下疳)

농창(膿瘡)[농창]**명**《한의》〈종기〉종기 따위가 오래되어서 살 속 깊이 헐고 표면에는 고름이 고이거나 딱지가 앉는 부스럼.〈동〉고름 궤양증.¶오장육부가 농창이 나다.

농태(弄胎)[농ː태]**명**《한의》〈통증 일반〉해산달에 이르러 며칠 동안 진통하는 일. 또는 이미 양수가 터져 나와서 배가 아프지만 해산은 진행되지 않는 일.〈유〉농통(弄痛)

농통(弄痛)[농ː통]**명**《한의》〈통증 일반〉해산달에 이르러 며칠 동안 진통하는 일. 또는 이미 양수가 터져 나와서 배가 아프지만 해산은 진행되지 않는 일.〈유〉농태(弄胎)

농피증(膿皮症)[농피쯩]**명**《한의》〈종기〉화농균이 피부에 감염되어 고름이 생기는 병을 통틀어 이르는 말. 종기, 땀샘염, 단독(丹毒), 고름 딱지증 따위가 있다.

농흉(膿胸)[농흉]**명**《의학》〈전염병일반〉화농균의 전염으로 가슴막안에 고름이 괴는 병. 열이 나고 가슴이 아픈 증상이 있고, 폐 고름집의 합병증으로 발생하는 일이 많다.¶신종플루로 인해 흉막강에 고름이 고이는 증상인 농

홍을 앓는 아이들이 급격히 증가했다고 미국 솔트레이크시 프라이머리 어
린이병원센터 크로우 암포포(Krow Ampofo) 박사가 Pediatric Infectious
Disease Journal에 발표했다.

뇌^고름집 (腦고름집)[ ]〔명구〕《의학》뇌 안의 세균, 원생동물, 진균 따위가 뇌에
감염하여 곪는 병. 가운데귀염, 코곁굴염, 기관지염, 심장 속막염으로부터
염증이 파급되거나 머리 외상의 상처에서 세균이 감염되어 일어나며, 두
통·구토·언어 상실증·의식 장애 따위의 증상이 나타난다.〈유〉뇌농양(腦
膿瘍)¶드물긴 하지만 뇌고름집으로 발전할 수도 있습니다.

뇌^압박증 (腦壓迫症)[ ]〔명구〕《의학》머리 안이 좁아져서 뇌압이 높아지기 때문
에 일어나는 뇌의 기능 장애. 외상에 의한 출혈, 골절, 수액(髓液)의 증가,
뇌막의 염증 따위가 주요 원인이며, 두통·구토·현기증·불면·혼수상태·하
품 따위의 증상이 나타난다.¶뇌압박증을 일으키는 원인질환을 치료하면
증상을 낫게 할 수 있다.

뇌거미막-염 (腦거미膜炎)[뇌거미망념/눼거미망념]〔명〕《의학》뇌의 거미막에
생긴 비세균성 염증. 두통을 비롯한 뇌압 항진 증상과 마비 증상이 나타난
다.

뇌-농양 (腦膿瘍)[뇌농양/눼농양]〔명〕《의학》뇌 안의 세균, 원생동물, 진균 따
위가 뇌에 감염하여 곪는 병. 가운데귀염, 코곁굴염, 기관지염, 심장 속막염
으로부터 염증이 파급되거나 머리 외상의 상처에서 세균이 감염되어 일어
나며, 두통·구토·언어 상실증·의식 장애 따위의 증상이 나타난다.〈유〉뇌
고름집(腦고름집)¶뇌농양의 진단에는 컴퓨터단층촬영(CT)이나 자기공명
영상촬영(MRI)이 가장 정확하다.

뇌동맥-류 (腦動脈瘤)[뇌동맹뉴/눼동맹뉴]〔명〕《의학》뇌동맥의 일부가 혹처럼
불룩해진 것. 선천적으로 뇌동맥이 약하거나 뇌동맥 경화, 세균 감염, 머리
외상, 뇌매독 따위가 원인이 되며, 터지면 거미막밑 출혈이나 뇌출혈의 원
인이 된다.〈유〉뇌동맥 자루(腦動脈자루)¶뇌동맥류 파열의 주요 원인은 자

발성 지주막하 출혈입니다.

뇌두통(雷頭痛)[뇌두통/눼두통-]⑲《한의》〈통증 일반〉눈병의 하나. 눈에 열독(熱毒)이 들어가 눈이 아프고 부시며 눈물이 나고 눈동자가 커졌다 작아졌다 하여 잘 보이지 않으며 두통이 심하다.

뇌막-염(腦膜炎)[뇌망념/눼망념]⑲《의학》수막의 염증. 열이 나며, 뇌척수액의 압력이 올라가기 때문에, 심한 두통·구역질·목이 뻣뻣해지는 증상이 나타난다.〈유〉수막염(髓膜炎)¶뇌막염 증세.

뇌-매독(腦梅毒)[뇌매독/눼매독]⑲《의학》〈성병〉뇌수(腦髓)가 매독균의 침해를 받아 생기는 질환. 2기 매독이나 3기 매독에 나타나며, 대개 감염 후 3년 이내에 증상이 나타나는데, 정신 장애나 반신불수의 원인이 된다.¶심각한 인식 장애와 미약한 언어 장애도 발생하는데 만성적이고 진행적입니다. 일본뇌염, 뇌매독, 이산화탄소 중독, 망간 중독이나 윌슨병에 걸렸을 때도 나타날 수 있습니다.

뇌성^마비(腦性痲痹)[ ]⑲구《의학》뇌가 손상되어 운동 기능이 마비된 상태. 태아기의 감염, 발육 장애, 출생 시의 뇌 손상, 신생아의 중증 황달, 수막염 따위가 원인이다.〈유〉중추성 마비(中樞性痲痹)¶뇌성 마비 증세를 보이다.

뇌-심근염(腦心筋炎)[뇌심근념/눼심근념]⑲《의학》뇌염이나 심장 근육염의 염증을 수반하는 바이러스성 질병. 특히 어린이에게서 많이 볼 수 있다.¶뇌심근염은 심각한 심장 질환으로, 조기 발견과 치료가 중요합니다.

뇌염(腦炎)[뇌염/눼염]⑲《의학》바이러스 감염이나 물리적·화학적 자극에 의한 뇌의 염증을 통틀어 이르는 말. 두통, 의식 장애, 경련 같은 증상을 보인다.〈유〉일본 뇌염(日本腦炎)¶뇌염 예방 주사를 맞다.

뇌염-모기( )[뇌염모기/ 눼염모기]⑲《동물》〈일본뇌염〉모깃과의 곤충. 집모기의 하나로 몸은 어두운 적갈색이며, 다리의 각 관절부, 주둥이에 흰색 띠가 있다. 알과 애벌레는 고인 물에서 사는데 한국, 일본 등지에 분포한다. 일본 뇌염을 전파하는 병원성 해충이다.〈유〉작은빨간-집모기, 좀-홍모기

(좀紅모기), 쿨렉스-모기(culex모기) ¶뇌염모기에 물리다.

뇌정맥 혈전(腦靜脈血栓)[ ]**명구**《의학》〈코로나19〉뇌 정맥에 혈전이 생겨서
혈액 공급이 차단되어 일어나는 병.

뇌지주막-염(腦蜘蛛膜炎)[뇌지주망념/눼지주망념]**명**《의학》'뇌거미막염'의
전 용어. ¶초기에 유충이 맥락총을 뚫고 나와 뇌실을 통하여 기저조로 나오
게 되면 기저부(基底部) 뇌지주막염을 일으켜 뇌막 자극 증세와 뇌수종, 척
수염 증세를 일으킨다.

뇌척수^심근염(腦脊髓心筋炎)[ ]**명구**《의학》'뇌심근염'의 전 용어.

뇌척수막-염(腦脊髓膜炎)[뇌척쑤망념/눼척쑤망념]**명**《의학》수막의 염증. 열
이 나며, 뇌척수액의 압력이 올라가기 때문에, 심한 두통··구역질·목이 뻣
뻣해지는 증상이 나타난다.〈유〉수막염(髓膜炎) ¶뇌척수막염을 앓고 있는
성인 가운데 경부 강직은 30%에서, 커니그와 부르진스키 징후는 5%에서
나타나고 있습니다.

뇌척수막염-균(腦脊髓膜炎菌)[뇌척쑤망념균/눼척쑤망념균]**명**《보건 일반》
유행 뇌척수막염의 병원체. 홀씨와 편모(鞭毛)가 없는 호기성이나 그람 음
성(Gram陰性)의 쌍알균으로, 저항이나 증식력은 약하며, 건강한 사람의 코
나 인두에도 존재하는 수가 있다.〈유〉수막염균(髓膜炎菌) ¶B형 뇌척수막
염균의 뇌척수막염 환자는 항생제로 치료하지만 백신 접종이 확산 방지에
가장 효과적이다.

누낭-염(淚囊炎)[누:낭념]**명**《의학》〈성병〉눈물주머니에 생기는 염증. 트라
코마 결핵, 매독 따위로 눈물길이 막혀 눈물주머니에 눈물이 괸 상태에서
세균이 침입하여 발생한다.〈유〉눈물주머니염(눈물주머니炎) ¶만성적인
누낭염은 대개 비루관의 폐쇄로 오는 경우가 많습니다.

누라(瘰癧)[누라]**명**《의학》〈나병〉목 부분에 생기는 림프샘 부기(浮氣)와 나
병을 아울러 이르는 말.

누런풀모기( )[ ]**명**《동물》〈일본뇌염〉모깃과의 곤충. 몸의 길이는 5.4mm 정

도이며, 검은 밤색이고 누런빛 무늬가 있으며 날개의 비늘털은 어두운 밤색
이다. 알로 겨울을 나고 성충은 낮에 활동하면서 집짐승의 피를 빨아 먹는
다. 한 해에 네다섯 번 나타나고 일본 뇌염균을 퍼뜨린다.

누로(淚路)[누ː로]**명**《한의》〈종기〉눈물샘에서 분비된 눈물이 눈의 안쪽 눈
구석으로 흐르는 통로.〈동〉눈물길.

눈물주머니-염(눈물주머니炎)[눈물쭈머니염]**명**《의학》〈성병〉눈물주머니에
생기는 염증. 트라코마 결핵, 매독 따위로 눈물길이 막혀 눈물주머니에 눈
물이 괸 상태에서 세균이 침입하여 발생한다.〈유〉누낭염(淚囊炎)¶성인
역시 눈물이 빠져나가지 못하고 눈물주머니에 옴으로 인해 급성 또는 만성
눈물주머니염이 생길 수 있습니다.

눌리다( )[눌리다]**동**〈통증 일반〉표면 전체나 부분에 힘이나 무게가 가해지
다.

뉘엿거리다( )[뉘엳꺼리다]**동**〈통증 일반〉(속이) 메스꺼워 자꾸 토할 듯하
다.〈유〉뉘엿대다¶재운은 가슴이 답답하고 뉘엿거린다며 두 손으로 가슴
을 쥐어뜯었다.

뉘엿뉘엿하다( )[뉘연뉘여타다]**형**〈통증 일반〉(속이) 자꾸 토할 듯 메스껍
다.¶속이 몹시 뉘엿뉘엿하다.

뉘엿대다( )[뉘엳때다]**동**〈통증 일반〉(속이) 메스꺼워 자꾸 토할 듯하다.〈유〉
뉘엿거리다.

뉴노멀 시대(newnormal 時代)[ ]**명구**〈코로나19〉코로나19 이후 새롭게 맞이
하게 된, 혹은 앞으로 맞이하게 될 시대를 가리키는 말.¶코로나로 인해 뉴
노멀의 시대가 됐다고 하잖아요.

느근거리다( )[느근거리다]**동**〈통증 일반〉(사람이나 그 속이) 먹은 것이 잘 내
려가지 않아 자꾸 느끼해지다.〈유〉느근느근하다, 느근대다¶나는 속이 느
근거려서 버스에서 내렸다. / 어제 과식을 했더니 기름기 있는 음식은 이제
쳐다보기만 해도 속이 느근거린다.

느근느근하다( )[느근느근하다]**동**〈통증 일반〉(사람이나 그 속이) 먹은 것이 잘 내려가지 않아 자꾸 느끼해지다. ¶저녁 먹은 것이 체했는지 속이 계속 느근느근하다.

느근대다( )[느근대다]**동**〈통증 일반〉(사람이나 그 속이) 먹은 것이 잘 내려가지 않아 자꾸 느끼해지다. 〈유〉느근거리다, 느근느근하다

느근하다( )[느근하다]**형**〈통증 일반〉먹은 것이 내려가지 아니하여 속이 느끼하다. 〈유〉느근거리다, 느근대다

느글거리다( )[느글거리다]**동**〈통증 일반〉(사람의 속이) 자꾸 메스꺼워 곧 토할 듯하다. 〈유〉느글느글하다, 느글대다 ¶뚫린 구멍에다 수류탄을 까 넣어 기분 나쁜 금속성 폭음이 바위 밑을 흔들었고 들큼한 화약 냄새에 배 속이 느글거렸다.

느글느글하다( )[느글느글하다]**동형**〈통증 일반〉(사람의 속이) 자꾸 메스꺼워 곧 토할 듯하다. /(사람의 속이나 기분 또는 어떤 냄새나 맛이) 먹은 것이 잘 내려가지 않아서 곧 토할 듯이 아주 메스껍다. 〈유〉느글거리다, 느글대다 ¶빈속에 기름기 있는 음식을 먹었더니 뱃속이 느글느글했다. / 한동안 느글느글한 양식만 먹다 보니 김치 생각이 간절하였다.

느글대다( )[느글대다]**동**〈통증 일반〉(사람의 속이) 자꾸 메스꺼워 곧 토할 듯하다. 〈유〉느글거리다, 느글느글하다 ¶속이 비계 덩어리를 삼킨 것처럼 느글대서 견디기 힘들었다.

느긋거리다( )[느귿꺼리다]**동**〈통증 일반〉(사람이) 먹은 것이 내려가지 않아 속이 자꾸 느끼하게 되다. 〈유〉느긋느긋하다, 느긋대다

느긋느긋하다( )[느근느그타다]**동형**〈통증 일반〉(사람이) 먹은 것이 내려가지 않아 속이 자꾸 느끼하게 되다. /(사람의 속이) 먹은 것이 내려가지 않아 매우 느끼하다. 〈유〉느긋거리다, 느긋대다

느긋대다( )[느귿때다]**동**〈통증 일반〉(사람이) 먹은 것이 내려가지 않아 속이 자꾸 느끼하게 되다. 〈유〉느긋거리다, 느긋느긋하다

느긋하다 ( )[느그타다][형]〈통증 일반〉(사람의 속이) 먹은 것이 내려가지 않아 느끼하다. 〈준〉늑하다

느끼하다 ( )[느끼하다][형]〈통증 일반〉(속이) 기름기 많은 음식을 많이 먹어서 메스껍다. ¶튀김을 많이 먹었더니 속이 느끼하다.

느른하다 ( )[느른하다][형]〈통증 일반〉(사람이나 그 몸이) 피곤하여 맥이 풀리고 몹시 기운이 없다. 〈유〉따분하다, 맥없다(脈없다) ¶삭신이 느른하다.

늑하다 ( )[느카다][형]〈통증 일반〉(사람의 속이) 먹은 것이 내려가지 않아 느끼하다. 〈본〉느긋하다

능동 감시 ( )[ ][명구]〈코로나19〉국가에 의해 시설에 격리되지 않은 상태에서 지역 보건소로부터 상태 등을 확인받는 것이다 ¶우선 수동감시 대상자, 능동감시 대상자는 모두 자가격리에 해당하지 않는다.

니글거리다 ( )[니글거리다][동]〈통증 일반〉(사람의 속이) 먹은 것이 내려가지 않고 자꾸 메스꺼워 곧 토할 듯하다. 〈유〉니글니글하다, 니글대다 ¶어제 과음을 해서 아직도 속이 니글거린다. / 기름 냄새를 계속 맡았더니 속이 니글거린다.

니글니글하다 ( )[니글니글하다][동][형]〈통증 일반〉(사람의 속이) 먹은 것이 내려가지 않고 자꾸 메스꺼워 곧 토할 듯하다./ (사람의 속이나 기분 또는 어떤 냄새나 맛이) 먹은 것이 잘 내려가지 않아서 곧 토할 듯이 아주 메스껍다. 〈유〉니글거리다, 니글대다 ¶입덧이 심한 지애는 상대방이 먹는 모습을 보니 금세 속이 니글니글했다. / 아버지는 버터 냄새가 니글니글하다며 고개를 저으셨다.

니글대다 ( )[니글대다][동]〈통증 일반〉(사람의 속이) 먹은 것이 내려가지 않고 자꾸 메스꺼워 곧 토할 듯하다. 〈유〉니글거리다, 니글니글하다 ¶밥을 허둥지둥 급하게 먹었더니 속이 니글대서 참을 수가 없었다.

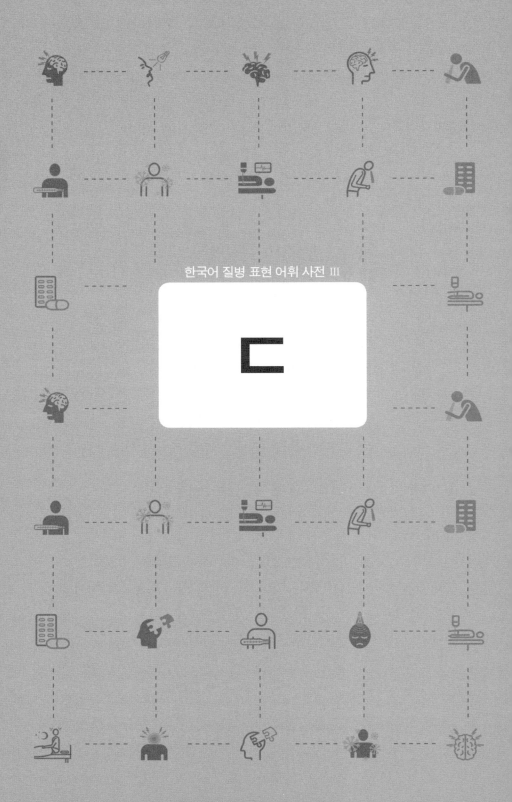

한국어 질병 표현 어휘 사전 III

ㄷ

다릿병(다릿病)[다릳뼝/다리뼝]**명**〈통증 일반〉다리가 아픈 병.〈유〉각질02 ¶ 어멈은 본래 어린애가 딸려서 일을 잘 못하는 데다가, 다릿병이 있어 다리 를 잘 못 쓰고….

다이나이트로-레조시놀(dinitroresorcinol)[ ]**명**《화학》벤젠핵에 두 개의 나이트 로기와 두 개의 하이드록시기가 결합한 방향족 화합물. 섬유 염색이나 뇌관 과 폭약을 만드는 데 쓰인다.〈유〉다이나이트로레조신(dinitroresorcine)

다이나이트로-레조신(dinitroresorcine)[ ]**명**《화학》벤젠핵에 두 개의 나이트로 기와 두 개의 하이드록시기가 결합한 방향족 화합물. 섬유 염색이나 뇌관과 폭약을 만드는 데 쓰인다.〈유〉다이나이트로레조시놀(dinitroresorcinol)

다이아이오딘화^수은(diiodine化水銀)[ ]**명구**《화학》〈성병〉수은과 아이오딘 을 직접 작용시켜 얻는 아이오딘화 수은. 붉은색 결정으로 상온에서는 안정 되지만 가열하면 노란색으로 변한다. 연고로 만들어 매독성 궤양을 치료하 는 데 쓴다. 화학식은 HgI_2.〈유〉옥화 제이수은(沃化第二水銀), 요오드화 제 이수은(Jod化第二水銀)

단귀( )[단귀]**명**《한의》〈종기〉구릿대의 뿌리. 감기로 인한 두통이나 요통, 비연(鼻淵) 따위에 쓰며 종기에 외과약으로도 쓴다.〈동〉백지

단독(丹毒)[단독]**명**《한의》〈소아피부병-홍역〉피부의 헌데나 다친 곳으로 세균이 들어가서 열이 높아지고 얼굴이 붉어지며 붓게 되어 부기(浮氣), 동 통을 일으키는 전염병.〈유〉단진(丹疹)「001」, 단표(丹瘭)「001」, 얕은^연조 직염(얕은軟組織炎)「001」, 적유-풍(赤遊風)「001」, 풍단(風丹)「001」, 홍사-창 (紅絲瘡)「001」, 화단(火丹)「003」

단일-학(單日瘧)[다닐학]**명**《의학》〈학질〉날마다 일정한 시각에 발작을 일 으키는 학질〈동〉일일학

단중저(膻中疽)[단중저]**명**《한의》〈종기〉양쪽 젖꼭지를 잇는 선의 가운데 부 위에 생기는 종기.

단진(丹疹)[단진]**명**《한의》〈소아피부병-홍역〉「1」피부의 헌데나 다친 곳으

로 세균이 들어가서 열이 높아지고 얼굴이 붉어지며 붓게 되어 부기(浮氣), 동통을 일으키는 전염병. 「2」홍역과 단독을 아울러 이르는 말.

단표(丹熛)[단표]**명**《한의》〈전염병일반〉피부의 헌데나 다친 곳으로 세균이 들어가서 열이 높아지고 얼굴이 붉어지며 붓게 되어 부기(浮氣), 동통을 일으키는 전염병. ¶서병으로 폐(肺)에 병이 들었을 때는 몸의 양기(人氣)가 가슴에 있으나, 어린이의 창진(瘡疹)과 단표(丹熛)에 있어서만은 몸의 양기가 배로 나오는 것이다.

단학(癉瘧)[단학]**명**《의학》〈학질〉더위가 심하여 몸에 열이 심하게 나고 가슴이 답답한 학질. 갈증이 심하게 난다. 〈동〉열학

달-거리( )[달거리]**명**《의학》〈전염병일반〉한 달에 한 번씩 앓는 전염성 열병.

담( )[담:]**명**《의학》〈성병〉매독 스피로헤타라는 나선균(螺旋菌)에 의하여 감염되는 성병. 태아기에 감염되는 선천적인 경우와 성행위로 인하여 옮는 후천적인 경우가 있는데, 제1기에는 음부에 궤양이 생기고, 제2기에는 피부에 발진이 생기며, 제3기에는 피부와 장기(臟器)에 고무종이 생기고, 제4기에는 신경 계통이 손상된다. 〈유〉매독(梅毒)

담 걸리다( )[ ]**동구**〈통증 일반〉일시적으로 근육이 경직되거나 기혈순환이 막혀 생기는 병증 ¶목에서는 담이나 걸린 듯이 가랑가랑하는 소리가 모기소리만큼 났다.

담궐 두통(痰厥頭痛)[ ]**명구**《한의》〈통증 일반〉담(痰)으로 인하여 생기는 두통. 기운이 없고 어질어질하며 속이 메스껍다. ¶위장 운동성이 저하되면서 발생하는 위장 담적병 증상 중 하나로 담궐 두통이 나타날 수 있다.

담음 요통(痰飮腰痛)[ ]**명구**《한의》〈통증 일반〉담음(痰飮)이 원인이 되어 허리나 등 쪽에 체액이 저류함으로써 생기는 요통. ¶뚱뚱한 사람들이 여기저기가 쑤시면서 허리가 아프다면 담음요통일 가능성이 높다.

담주-발(痰注發)[담:주발]**명**《한의》〈종기〉담(痰)으로 인하여 등에 생기는

종기.

담포(痰包)[담:포]圐《한의》〈종기〉혀 밑에 생기는 조롱박 모양의 종기. 커
지면 국소에 통증과 마비가 오고 음식을 먹을 때나 말할 때 장애가 된다.

답답하다( )[답따파다]혱〈통증 일반〉숨이 막힐 듯이 갑갑하다. ¶소화가 되
지 않아 속이 답답하게 느껴졌다.

당-고금(唐고금)[당고금]圐《의학》〈학질〉학질의 하나. 이틀을 걸러서 발작
하며, 좀처럼 낫지 않는다. 〈동〉이틀거리.

장기설(瘴氣說)[장기설]〈이질〉圐《전염병일반》전염병을 일으키는 원인으로
'나쁜 기운' 또는 '더러운 기체'가 존재한다고 믿었던 신념 및 그러한 신념을
토대로 연구되던 가설. 마아즈마(miasma) 가설 혹은 독기설(毒氣說)이라고
도 한다. 고대에서부터 근세에 이르기까지 지속되었지만 생물학과 현대 의
학의 발전으로 기생충, 세균 등 미생물과 바이러스가 병원체라는 사실이 발
견되며 폐기되었다. ¶중세 시대에는 미야즈마라는 나쁜 기운이 흑사병 등
의 전염병을 일으킨다는 장기설이 난무하였다.

당질^코르티코이드(糖質corticoid)[ ]圐구《생명》간(肝)에서의 당질 대사에 관
여하는 스테로이드 호르몬을 통틀어 이르는 말. 당을 새로 만들거나, 혈당
값을 올리며, 염증이나 알레르기에 대한 저항성을 높이기도 한다. ¶부신부
전은 주로 당질코르티코이드와 미네랄코르티코이드의 분비 능력이 감소된
상태로 만성피로, 쇠약감, 무력증, 오심, 구토, 식욕감소, 체중감소, 저혈압
등 심각한 증상을 유발해 호르몬 수치 검사 등을 통한 전문적인 치료가 필
요하다.

당학(唐瘧)[당학]圐《의학》〈학질〉학질의 하나. 이틀을 걸러서 발작하며, 좀
처럼 낫지 않는다. 〈동〉이틀거리. ¶날짜를 따져 보면 유복이가 당학 두 직
째 앓던 날 노 첨지는 취야정 앞을 지났을 것 같았다.

대두창 바이러스(大豆瘡 virus)[ ]圐구《의학》'천연두'의 변종의 하나. 심각한 형
태의 천연두를 일으켜서 심하면 죽음에 이르게 된다.

대력-자 (大力子)[대 : 력짜] **명** 《한의》〈소아피부병-홍역〉우엉의 씨를 한방에
　서 이르는 말. 열을 내리고 독을 푸는 작용을 하여 인후염, 홍역 초기, 해수
　(咳嗽) 따위에 쓰인다. 〈유〉서점-자(鼠黏子), 악실(惡實), 야차-두(夜叉頭),
　우방-자(牛蒡子)¶먹고 난 뒤 힘이 난다고 해서 대력자(大力子)라고도 한
　다.

대-소변 (大小便)[대 : 소변] **명** 〈장티푸스〉대변과 소변을 아울러 이르는 말. ¶
　대소변을 가리다.

대-소역 (大小疫)[대 : 소역] **명** 〈소아피부병-홍역/소아피부병-천연두〉「1」마마
　와 홍역을 아울러 이르는 말. 「2」살아가면서 겪는 크고 작은 어려운 일을
　비유적으로 이르는 말.

대역 (大疫)[대 : 역] **명** 《한의》〈조선시대전염병〉전염병이 크게 유행함. 또는
　그 전염병. ¶그는 "17세기 런던 시민이 흑사병을 겪으며 위생 개념이 등장
　했고, 결국 산업혁명으로 이어진 사실을 떠올릴 필요가 있다"며 "1665년 무
　렵 대역(大疫), 즉 흑사병이 창궐했을 때 영국 런던은 아수라장이 됐다.

대쟁 (大爭)[대 : 쟁] **명** 《의학》〈학질〉학질 때 오한과 열이 몹시 심한 증상.

대지 (代指)[대 : 지] **명** 《한의》〈종기〉손가락 끝에 종기가 나서 곪는 병. 〈동〉
　생인손

대풍 (大風)[대 : 풍] **명** 《한의》〈나병〉1.'나병'을 한방에서 이르는 말. ≒대풍질,
　대풍창, 풍병. 2.몹시 심한 풍사(風邪)를 이르는 말.

대풍자 (大風子/大楓子)[대 : 풍자] **명** 《의학/한의》〈나병/성병/종기〉대풍수 열
　매의 씨. 맛은 달고 성질은 따뜻하며 풍습(風濕)을 없애 준다. 짜서 나오는
　기름은 나병, 매독, 옴, 종기 따위에 쓴다. ¶여성청결제, Y존케어~힐랜드
　비전궁. 주 원료를 살펴 봅시다. 이게 바로 대풍자예요.

대풍-창 (大風瘡)[대 : 풍창] **명** 《의학》〈나병〉'나병'을 한방에서 이르는
　말.〈동〉대풍

대한 진단 검사 의학회 ( )[ ] **명구** 〈코로나19〉보건 의료에서 중요한 역할을 하고

있는 진단검사의학 분야의 각종 검사정보에 대하여 환자 및 그 보호자들도 쉽게 이해할 수 있도록 기초적 정보를 제공할 뿐만 아니라 임상의들을 포함한 의료 전문가들도 간편하고 신속하게 검사의 해석이나 적응증 등을 검색하여 진료에 활용할 수 있도록 하는 목적으로 만들어졌으며, 이를 통하여 진단검사의학 길라잡이 역할을 하게 될 것 ¶대한진단검사의학회가 서울 스위스 그랜드 호텔에서 2024년 춘계 심포지엄을 개최한다고 밝혔다.

더부룩하다 ( )[더부루카다]⟨형⟩〈통증 일반〉소화가 잘 안 되어 배 속이 거북하다. ¶이것저것 너무 많이 먹었더니 배가 더부룩하다.

더블유에이치오 (WHO)[ ]⟨명구⟩〈코로나19〉세계 보건 기구(世界保健機構)의 영어 원어명인 'World Health Organization'의 두음절 약자. 국제 보건 기구라고도 한다. ¶WHO를 비롯해 대부분의 전문가들은 개나 그 외 반려동물의 감염이나 그로 인한 인간의 감염 가능성을 매우 낮다고 추측하고 있다.

덴탈 마스크 (dental mask)[ ]⟨명구⟩〈코로나19〉일반적으로 치과용 마스크, 즉 의료진들이 주로 사용하는 수술용 마스크를 뜻 ¶덴탈 마스크는 미세먼지가 많을 때 미세먼지를 막는 효과가 없나요?

뎅기-열 (dengue熱)[ ]⟨명⟩《의학》〈뎅기열〉열대나 아열대 지방에서 많이 볼 수 있는 바이러스로 인한 전염병. 모기를 통하여 전염되며, 발열, 심한 두통, 결막 충혈, 관절통, 근육통, 백혈구 감소 따위의 증상이 나타난다. ¶니클로사마이드를 나노공학적으로 설계하면 글로벌 뎅기열 문제를 해결하는 솔루션이 될 수 있다는 내용의 논문이 세계적 학술지에 실렸다.

도심 (悼心)[도심]⟨명⟩〈통증 일반〉비통한 마음. 또는 아픈 마음.

도압 (倒壓)[도:압]⟨명⟩《한의》〈소아피부병-천연두〉천연두에 탈이 생겨서 잘 곪지 않는 증상.

독 (毒)[독]⟨명⟩《의학》〈조선시대전염병〉사납고 모진 기운이나 기색. 〈원〉독기1(毒氣)(2), 독살1(毒殺), 독살2(毒煞) ¶1.채원이는 독을 품고 악다구니를 써 댔다.

독담통(毒痰痛)[독땀통]명《한의》〈통증 일반〉치통의 하나. 열이 나고 잇몸이 몹시 아프면서 가래와 기침이 나온다.

독리(毒痢)[농니]명《한의》〈이질〉열독(熱毒)으로 피고름이 섞인 설사를 하는 이질.

독습(毒濕)[독씁]명《한의》〈성병〉'성병02'을 한방에서 이르는 말.

독종(毒腫)[독쫑]명《한의》〈조선시대전염병〉독성이 있어 고통도 심하고 잘 치유되지도 않는 독한 종기. ¶선방활명음은 일체의 옹저(癰疽)와 독종(毒腫)에 효과적이며 열독(熱毒)을 푸는 데 특효라고 합니다.

독통(毒痛)[독통]명〈통증 일반〉독으로 인하여 생긴 아픔. ¶이른 새벽 병원에서 전갈이 왔다. 종일 독통(毒痛)에 시달리다 자정쯤에야 그가 먼 잠에 들었다고.《서상만, 문상》

돌림^눈병(돌림눈病)[ ]명구《의학》〈전염병일반〉눈두덩이 붓고 눈곱이 많이 끼는 눈병의 하나. 흰자위에 핏발이 서서 벌겋게 되고 눈이 시어서 제대로 뜨지 못한다. 수건이나 물건, 세숫대야 따위를 통해 전염된다. ¶컴퓨터 웹 디자이너 이수미(30) 씨는 열흘 전 3살 난 아들이 유행성 눈병 일명 돌림눈병에 걸리는 바람에 일상생활에 큰 지장을 받고 있다.

돌림병(돌림病)[돌림뼝]명《의학》〈조선시대전염병〉어떤 지역에 널리 퍼져 여러 사람이 잇따라 돌아가며 옮아 앓는 병. 또는 같은 원인으로 보통 병보다 많이 발생하는 병.〈유〉돌림, 시역(時疫), 시체병(時體病), 염병(染病), 요려(夭厲), 운기(運氣), 유행병(流行病), 윤증(輪症), 윤질(輪疾), 전염병(傳染病), 행역(行疫) ¶1.돌림병이 돌다.

돌파 감염(突破感染)[ ]명구〈코로나19〉코로나19 완치 판정 후 다시 감염되는 일을 가리키는 말. ¶요양시설 돌파감염에도 백신중증 예방효과 75% 있다

동결견(凍結肩)[동:결견]명《의학》〈통증 일반〉어깨에 심한 통증과 경직 증상을 동반한 유착 관절낭염.〈유〉굳은-어깨, 동결 어깨(凍結어깨), 오십견(五十肩)

동공^강직(瞳孔強直)[ ] 명구《의학》〈성병〉눈동자의 반사 신경이 굳어서 빛에 따른 조절이 잘 안 되는 상태. 홍채의 질병이나 신경 매독, 당뇨병 따위가 원인이다.〈유〉동공 경직(瞳孔硬直) ¶동공 강직은 많은 사람들에게 흥미로운 경험으로 여겨집니다.

동공^경직(瞳孔硬直)[ ] 명구《의학》〈성병〉눈동자의 반사 신경이 굳어서 빛에 따른 조절이 잘 안 되는 상태. 홍채의 질병이나 신경 매독, 당뇨병 따위가 원인이다.〈유〉동공 강직(瞳孔強直)

동맥^자루(動脈자루)[ ] 명구《의학》〈성병〉동맥벽이 손상되거나 이상을 일으켜 동맥 내부 공간의 일부분이 늘어나 혹처럼 불룩해지는 병. 동맥 경화증, 매독, 외상 따위가 원인이 되는데 가슴의 대동맥에서 가장 흔히 볼 수 있다.〈참〉정맥 자루(靜脈자루)〈유〉동맥류(動脈瘤) ¶이렇게 형성된 주머니 동맥자루는 점점 그 혈관벽이 얇아지고 약해지기 때문에 파열될 수 있고 이로 인해 출혈이 발생하면 사망에 이를 수 있는 치명적인 병이다.

동맥-염(動脈炎)[동ː맹념] 명《의학》〈성병〉동맥이나 동맥 주위의 염증. 티푸스균, 인플루엔자균, 매독균 따위가 온몸에 퍼지거나 내분비 장애, 알레르기 따위가 원인이 되었을 때 일어난다. ¶2기 매독은 다시 3기 매독으로 악화하거나 잠복매독 상태에서 수년, 수십 년간 증상이 없다가 동맥염, 뇌신경매독 등으로 나타난다.

동물성^전염병(動物性傳染病)[ ] 명구《의학》〈일본뇌염〉동물이 감염원이 되어 사람에게 옮는 전염병. 일본 뇌염, 진드기 뇌염, 페스트, 광견병 따위가 있다. ¶모든 증거를 조사한 결과 COVID-19의 기원이 동물성 전염병일 가능성이 가장 높다는 결론을 내렸다.

동양인 포비아(東洋人phobia)[ ] 명구《삶》〈코로나19〉동양 사람에 대하여 불안감과 거부감을 느끼는 증세. ¶중국 우한에서 발병한 코로나19에 대한 공포감이 전 세계로 퍼져 나가며 서구권에서 동양인 포비아가 확산되고 있다.

동일 집단 격리( )[ ] 명구〈코로나19〉동일한 병원체에 노출되거나 감염을 가진 환자군(코호트)이 함께 배치되는 병실, 병동의 개념이며, 감염원의 역학 및 전파 방식에 따라 임상 진단, 미생물학적 검사 결과를 바탕으로 설정. ¶방역당국은 현재 집단감염이 발생한 요양병원 등에 대해 확진자, 밀접접촉자 등을 나눠 시설 전체를 격리하는 동일집단격리를 진행하고 있다.

동통(疼痛)[동:통][명]〈통증 일반〉신경에 가해지는 어떤 자극으로 인해 몸이 쑤시고 아픔. ¶어깨에 동통이 오고 온몸에 열이 납니다. / 무서운 아픔이 아버지를 괴롭혔다. 모르핀 주사도 아버지의 동통을 덜어 주지 못했다.

동통기(疼痛期)[동:통기][명]〈통증 일반〉몸이 몹시 쑤시고 아픈 때. ¶오십견은 크게 동통기-동결기-해동기로 나뉘는데, 동통기는 통증이 심한 시기다.

돼지^일본^뇌염(돼지日本腦炎)[ ][명구]《수의》〈일본뇌염〉돼지의 바이러스성 전염병의 하나. 작은빨간집모기가 옮기는데, 일본 뇌염과 동일한 병원체이다. 인수 공통 전염병으로 분류되는 제2종 법정 가축 전염병이다. ¶돼지 일본뇌염의 진단은 임신 기간 중 유산 및 사산의 유무를 확인하고 종부 전, 임신 중 및 분만 후에 채혈한 혈청에 대하여 거위 적혈구를 이용한 적혈구응집억제시험(HI)을 실시하여 임신기간 중의 항체양성화 여부를 검사한다.

두가(痘痂)[두가][명]〈소아피부병-천연두〉천연두를 앓을 때 헌 자리에 앉는 딱지. ¶두가(痘痂)를 간 가루를 물에 녹인 다음 솜에 적셔 콧구멍에 넣는다.

두과(痘科)[두꽈][명]《한의》〈소아피부병-천연두〉예전에, 두진·두창·천연두 따위를 치료하던 의학. ¶조선시대 두창은 1418년~1910년의 전시기에 걸쳐서 계속 유행하였으며, 숙종~영조 시대에는 두과(痘科)의 전문의를 내의원에 두었다.

두독(痘毒)[두독][명]〈소아피부병-천연두〉천연두를 일으키는 독. ¶열(熱)을 식혀 주고 갈증을 풀어 주며 두독(痘毒)을 해소하고 진액(津液)이 말라 붙은것을 치료하는 처방임.

두면(痘面)[두면][명]〈소아피부병-천연두〉천연두를 앓아서 얽은 얼굴.

두묘(痘苗)[두묘]閔《약학》〈소아피부병-천연두〉두창에 걸린 소에서 뽑아낸 유백색의 우장(牛漿). 한때 천연두 백신의 원료로 썼다. ¶특히 제너의 종두 법에 주목하여 일본수신사 수행원으로 동행, 종두기술과 두묘(痘苗)제조법 을 익히고 돌아와 한국에서 우두법을 전하였으며, 의학교를 설립, 의료인을 양성했기에 한국에 서양의학을 도입한 선각자로 각인되었다.

두문-옹(肚門癰)[두무농]閔《한의》〈종기〉넓적다리 뒤의 살이 많은 데에 나 는 종기.

두신(痘神)[두신]閔《민속》〈소아피부병-천연두〉집집마다 찾아다니며 천연 두를 앓게 한다는 여신. 강남(즉 중국)에서 특별한 사명을 띠고 주기적으로 찾아온다고 한다. ¶'별신'은 홍역을 담당하는 천연두, 곧 두신(痘神) 존재이 며 이를 손님이라고도 한다.

두신-호귀(痘神胡鬼)[두신호귀]閔《민속》〈소아피부병-천연두〉집집마다 찾 아다니며 천연두를 앓게 한다는 여신. 강남(즉 중국)에서 특별한 사명을 띠 고 주기적으로 찾아온다고 한다.

두역(痘疫)[두역]閔《한의》〈소아피부병-천연두/조선시대전염병〉'천연두'를 한방에서 이르는 말.〈유〉역신, 역질 ¶『언해두창집요(諺解痘瘡集要)』는 국 왕의 명으로 1601년(선조 34) 허준(許浚)이 편찬한 두역(痘疫) 처방에 관한 전문의서다.

두옹(肚癰)[두옹]閔《한의》〈종기〉배꼽에 생긴 종기.

두자(痘子)[두자]閔《한의》〈소아피부병-수두〉수두나 두창을 앓을 때 피부 에 돋는 물집. ¶민간에 수포를 수두(水痘)라 하고 농포는 두자(痘子)라고 한다.

두장(痘漿)[두장]閔《한의》〈소아피부병-천연두〉천연두의 고름. ¶이에 대해 (미세)혈관에서 두장(痘漿)을 흡수해서 전신에 퍼지게 되는 것이니 오직 팔 뚝 위에 접종하는 것은 다른 이유가 아니라 접종한 흔적을 가리고 소매를 걷어 팔을 드러내기 용이하기에 편리함을 취한 것일 뿐이라고 보충해서 설명하였다.

두증1(痘症)[두쯩]명〈소아피부병-천연두〉천연두의 증세. ¶두증이 발반하다.

두증2(痘證)[두쯩]명《한의》〈조선시대전염병〉천연두의 증세. ¶두증이 발반하다.

두진(痘疹)[두진]명《한의》〈소아피부병-홍역/조선시대전염병〉「1」천연두의 증상. 춥고 열이 나며 얼굴부터 전신에 붉은 점이 생기는 것이 홍역과 비슷하다.「2」천연두와 홍역 따위의 발진성 질병을 통틀어 이르는 말. ¶1699년(숙종 25) 1월 14일의『숙종실록』은 "왕세자가 두진(痘疹)을 앓았으므로, 의약청(醫藥廳)을 사옹원(司饔院)에 설치하였는데, 제조 등이 아울러 숙직하였다.

두창(痘瘡/痘瘡)[두창]명《한의》〈소아피부병-천연두/조선시대전염병〉'천연두'를 한방에서 이르는 말.〈유〉천행두 ¶우두법은 한국에서 근대 과학기술 정착의 대표적 사례로 19세기에 두창 예방에 크게 기여하였다.

두창-경험방(痘瘡經驗方)[두창경험방]명《책명》〈소아피부병-천연두〉조선 현종 4년(1663)에 박진희가 편찬한 의서. 천연두 치료법을 적은 것으로, 내용은 희두방(稀痘方)·탄생 제일방(誕生第一方)·음식·금기·발열 삼조(發熱三朝) 및 약방 따위로 되어 있으며, 각 조문에 국역이 삽입되어 있어 국어학 연구에 귀중한 문헌이다. 1권 1책. ¶『두창경험방(痘瘡經驗方)』은 조선 중기 박진희(朴震禧)가 지은 두창에 관한 전문의서다.

두창-집요(痘瘡集要)[두창지뵤]명《책명》〈소아피부병-천연두〉조선 선조 41년(1608)에 허준이 편찬한 의서. 천연두 치료법을 모아 엮었다. 2권 2책. ¶본격적으로 두창이라는 말을 쓴 것은 조선 후기 허준이〈의학정전〉이나〈두창접요〉를 쓴 후부터이다.

두통(頭痛)[두통]명〈통증 일반〉머리가 아픈 증세.〈유〉머리앓이 ¶혜린이는 심한 두통에 얼굴을 찡그렸다. / 동영이는 온종일 두통으로 힘들어했다.

두통고(頭痛膏)[두통고]명〈통증 일반〉두통이 날 때 붙이는 고약.

두통약(頭痛藥)[두통냑]명〈통증 일반〉머리가 아픈 증세에 먹는 약. ¶사무직 근로자들의 책상 서랍 속에도 위장약과 두통약이 항상 비치되어 있어 자주 복용된다.《김찬호, 사회를 보는 논리》

두풍-창(痘風瘡)[두풍창]명《한의》〈소아피부병-천연두〉천연두를 앓은 뒤에 살갗에 염증이 생겨서 가렵고 진물이 흐르는 병.

두항강통(頭項強痛)[두항강통]명《한의》〈통증 일반〉목덜미가 뻣뻣하고 아픈 증상.

두화(痘禍)[두화]명〈소아피부병-천연두〉천연두가 유행하는 재앙과 환난. ¶두화로 해서 세상이 떠들썩하자 나는 갑자기 건강 씨가 아쉬워진다.

두환(痘患)[ ]명《한의》〈조선시대전염병〉천연두를 달리 이르는 말. ¶그는 숙종 9년 임금의 두환을 치료하여 명성을 떨쳤으며 그 공으로 인해 자급이 보국에 이르렀다.

두후-잡증(痘後雜症)[두후잡쯩]명《한의》〈소아피부병-천연두〉천연두를 앓고 난 후에 몸조리를 잘못하여 생기는 여러 가지 병증. ¶두후잡증(痘後雜症)에서 두창에 병발하여 생기는 다양한 질병 증상들이 열거되어 있다.

두흔(痘痕)[두흔]명〈소아피부병-천연두〉천연두를 앓고 난 후 딱지가 떨어진 자리에 생긴 얽은 자국. ¶검은 사마귀인 흑자(黑子)는 검정색의 수기(水氣)이므로 탕화살(湯火殺)에 상응할 수 있는 힘을 가지고 있음이고, 곰보자국인 두흔(痘痕)도 움푹움푹 파인 형태이기에 이런 탕화살(湯火殺)의 성분을 음쇠(陰衰)시키는 힘을 가졌기에 가능함이다.

둔종(臀腫)[둔종]명《한의》〈조선시대전염병〉볼기짝이나 그 근처에 나는 종기.〈유〉둔옹 ¶사무사(思無邪)한 『시경(詩經)』을 다시 보며 우리들의 국풍 민속과 어음이 모두 시경에서 비롯됨을 새삼 깨닫고 용운(韻)과 평측(平仄)을 익히기에 둔종(臀腫)을 몇 번 앓고서야 오언(五言), 칠언(七言), 장시(長詩), 가(歌), 사(辭)를 짜맞추다 보니 2천여 편을 몇 권에 묶어 펴내게 되었다.

둔통(鈍痛)[둔:통][명]〈통증 일반〉둔하고 무지근하게 느끼는 아픔. ¶심장을 멎게 하는 둔통이 가슴에서부터 전신으로 전이되었다. / 방송국 원고지 메우기에 피로했던 어깨와 팔꿈치의 둔통이 일시에 가시는 듯했다.

뒤틀리다( )[뒤틀리다][동]〈통증 일반〉(몸이나 물건이) 이리저리 꼬여서 비틀어지다. ¶무엇을 잘못 먹었는지 창자가 뒤틀리는 듯이 아프다.

드라이브 스루(drive through)[ ][명구]〈코로나19〉자동차에 탄 채 검사를 받을 수 있는 '드라이브 스루' 방식의 신종 코로나바이러스 감염증(코로나19) 검사 방식. ¶어제 두시간 기다려서 드라이브스루에서 코로나 검사했어요.

드라이브 스루 검사(drive through test)[ ][명구]〈코로나19〉차에서 하차하지 않고 검사를 받는 방식 ¶평택 성모병원에 드라이브 스루 검사하려 하는데 확진자인 저와 함께 가도 괜찮을까요?

드라이브스루 선별 진료소(drive-through選別診療所)[ ][명구]《보건 일반》〈코로나19〉자동차에 탄 채로 감염병의 감염 여부를 검사받을 수 있도록 마련한 곳.¶○○시 관계자는 "차를 타고 와서 바로 검사하는 드라이브스루 선별 진료소를 도입하면서 코로나19 검사 시간을 획기적으로 단축했다."라고 말했다.

들먹거리다( )[들먹꺼리다][동]〈통증 일반〉다친 데나 헌데가 곪느라고 자꾸 쑤시다.〈유〉들먹대다

들먹대다( )[들먹때다][동]〈통증 일반〉다친 데나 헌데가 곪느라고 자꾸 쑤시다.〈유〉들먹거리다

들이쑤시다( )[드리쑤시다][동]〈통증 일반〉(몸의 일부 혹은 전체가) 쿡쿡 찌르듯이 몹시 아픈 느낌이 들다. ¶감기가 들었는지 골이 들이쑤신다.

디스토마-증(distoma症)[ ][명]《의학》디스토마가 들어 있는 민물고기를 먹었을 때 생기는 기생충 감염증. 주로 간, 폐, 뇌 따위에서 일어난다.〈유〉흡충증(吸蟲症)

디스토마-증(distoma症)[ ][명]《의학》디스토마가 들어 있는 민물고기를 먹었을

때 생기는 기생충 감염증. 주로 간, 폐, 뇌 따위에서 일어난다.〈유〉흡충증
(吸蟲症)

디프테리아^결막염(diphtheria結膜炎)[ ][**명구**]《의학》〈전염병 일반〉디프테리아
균이 침입하여 일어나는 전염성 결막염. 눈꺼풀이 붉게 부어 눈이 가렵고
결막은 황색으로 변하여 실명하게 된다.

따갑다( )[따갑따][**형**]〈통증 일반〉살을 찌르는 듯이 아픈 느낌이 있다. ¶가시
에 찔린 손가락이 따갑다. / 매연으로 눈이 아프고 목이 따갑다.

따끔( )[따끔][**부**]〈통증 일반〉찔리거나 꼬집히는 것처럼 아픈 느낌.〈유〉따끔
히 ¶모기가 따끔 무는 통에 잠을 깨고 말았다.

따끔거리다( )[따끔거리다][**동**]〈통증 일반〉(신체 일부가) 뾰족한 것에 찔리거
나 살짝 꼬집히는 것처럼 자꾸 아픈 느낌이 든다.〈유〉따끔대다, 따끔따끔
하다 ¶눈이 따끔거리다. / 어제부터 자꾸 피부가 따끔거려. / 왼쪽 아랫배
가 벌레가 깨무는 것처럼 따끔거린다.

따끔대다( )[따끔대다][**동**]〈통증 일반〉(신체 일부가) 뾰족한 것에 찔리거나 살
짝 꼬집히는 것처럼 자꾸 아픈 느낌이 든다.〈유〉따끔거리다, 따끔따끔하
다 〈참〉뜨끔대다(1) ¶손끝이 따끔대는 걸 보니 가시에 찔린 것 같다.

따끔따끔( )[따끔따끔][**부**]〈통증 일반〉찔리거나 꼬집히는 것처럼 자꾸 아픈
느낌.〈유〉따끔따끔히 ¶벌레 물린 곳이 따끔따끔 아프다. / 그는 숨을 내쉴
때마다 가슴에 따끔따끔 통증이 왔다.

따끔따끔하다( )[따끔따끔하다][**동**][**형**]〈통증 일반〉(신체 일부가) 뾰족한 것에
찔리거나 살짝 꼬집히는 것처럼 자꾸 아픈 느낌이 든다. /(신체 일부가) 뾰
족한 것에 찔리거나 살짝 꼬집힌 것처럼 자꾸 아프다.〈유〉따끔거리다, 따
끔대다 〈참〉뜨끔뜨끔하다 ¶해변가에 갔다 온 이후 햇볕에 익은 피부가 따
끔따끔한다. / 가시나무에 긁힌 자리가 따끔따끔하게 아프다.

따끔따끔히( )[따끔따끔히][**부**]〈통증 일반〉찔리거나 꼬집히는 것처럼 자꾸 아
픈 느낌.〈유〉따끔따끔 ¶벌레 물린 곳이 따끔따끔 아프다. / 그는 숨을 내쉴

때마다 가슴에 따끔따끔 통증이 왔다.

따끔하다( )[따끔하다]〔형〕〈통증 일반〉(신체 일부가) 데거나 뾰족한 것에 찔리거나 꼬집힌 것처럼 아프다. 〈참〉뜨끔뜨끔하다 ¶준하는 바늘에 찔려 손가락이 따끔했다.

따끔히( )[따끔히]〔부〕〈통증 일반〉찔리거나 꼬집히는 것처럼 아픈 느낌. 〈유〉따끔 ¶모기가 따끔 무는 통에 잠을 깨고 말았다.

따분하다( )[따분하다]〔형〕〈통증 일반〉(사람이) 착 까부라져서 맥이 없다. 〈유〉느른하다, 맥없다(脈없다)

땅기다( )[땅기다]〔동〕〈통증 일반〉(피부나 근육의 힘줄이) 몹시 팽팽해지거나 긴장되어 뭉치다. ¶수술 자리가 움직일 때마다 땅긴다. / 나는 겨울만 되면 얼굴이 땅기고 튼다.

땡기다( )[땡기다]〔동〕〈통증 일반〉'땅기다'의 경남 방언.

뜨끔( )[뜨끔]〔부〕〈통증 일반〉찔리거나 언어맞은 것처럼 아픈 느낌. 〈유〉뜨끔히 ¶복부와 앙버틴 다리에 한 줄기 불끈 힘이 뻗자, 또 오른쪽 갈비뼈 아래가 뜨끔 쑤셨다.

뜨끔거리다( )[뜨끔거리다]〔동〕〈통증 일반〉(신체 부위가) 뾰족한 것에 찔리거나 꼬집힌 것처럼 아픈 느낌이 자꾸 들다. 〈유〉뜨끔대다, 뜨끔뜨끔하다 〈참〉따끔거리다 ¶현우는 깡패에게 맞은 허리가 뜨끔거려서 도저히 일어날 수가 없었다.

뜨끔대다( )[뜨끔대다]〔동〕〈통증 일반〉(신체 부위가) 뾰족한 것에 찔리거나 꼬집힌 것처럼 아픈 느낌이 자꾸 들다. 〈유〉뜨끔거리다, 뜨끔뜨끔하다 〈참〉따끔대다 ¶명수는 그날의 사고를 떠올리자 아물었던 상처가 다시금 뜨끔댔다.

뜨끔뜨끔( )[뜨끔뜨끔]〔부〕〈통증 일반〉찔리거나 언어맞은 것처럼 자꾸 아픈 느낌. 〈유〉뜨끔뜨끔히 ¶허리 삔 데가 뜨끔뜨끔 결려 왔다. / 감기에 걸렸는지 저녁나절 내내 목이 뜨끔뜨끔 아팠다.

뜨끔뜨끔하다 ( )[뜨끔뜨끔하다][동]〈통증 일반〉(신체 부위가) 뾰족한 것에 찔리거나 꼬집힌 것처럼 아픈 느낌이 자꾸 들다. 〈유〉뜨끔거리다, 뜨끔대다 〈참〉따끔따끔하다 ¶화상은 그 정도에 따라 1도, 2도, 3도로 나누며 제1도 화상은 피부가 붉어지면서 붓고, 아프면서 뜨끔뜨끔한 감이 있다.

뜨끔뜨끔히 ( )[뜨끔뜨끔히][부]〈통증 일반〉찔리거나 얻어맞은 것처럼 자꾸 아픈 느낌. 〈유〉뜨끔뜨끔

뜨끔하다 ( )[뜨끔하다][형]〈통증 일반〉(신체 부위가) 불에 데거나 뾰족한 것에 찔리는 것처럼 아프다. 〈참〉따끔하다 ¶주사 맞을 때 살짝 뜨끔할 거예요.

뜨끔히 ( )[뜨끔히][부]〈통증 일반〉찔리거나 얻어맞은 것처럼 아픈 느낌. 〈유〉뜨끔 ¶날카로운 송곳이 찌르는 듯 머리 속이 뜨끔히 쑤셨다.

띵하다 ( )[띵하다][형]〈통증 일반〉(머리가) 울리듯 아프면서 정신이 맑지 못하고 멍하다. ¶김 대리는 아침이 되자 머리가 띵하게 아파 왔다. / 덕기는 그녀의 끝없는 수다를 듣다 보니 머릿속이 띵한 것 같았다.

한국어 질병 표현 어휘 사전 Ⅲ

ㄹ

라이^증후군 (Reye症候群)[ ] **명구** 《의학》〈소아피부병-수두〉 뇌압이 올라가고 간에 장애가 생겨 갑자기 심한 구토를 하며 혼수상태에 빠져 생명이 위험한 병. 유행성 감기나 수두(水痘)를 앓을 때 아스피린과 같은 해열 진통제를 사용해서 발생하는 일이 많으며 16세 이하의 아동에게서 많이 볼 수 있다. ¶ 아스피린은 라이 증후군(Reye's Syndrome)을 유발할 수 있어 아기에게 위험하다.

라임-병 (lyme病)[ ] **명** 《의학》〈전염병일반〉 피부에 빨간 반점이 생기는 피부병. 두통, 한기(寒氣), 발열, 권태감 따위의 증상을 보이며 수막염(髓膜炎), 관절염, 신경 계통이나 순환 계통의 장애를 동반하기도 한다. 진드기에 의하여 전염된다. 원인균은 스피로헤타의 일종으로 미국 라임(Lyme) 지방에서 발견되었다. ¶대구 북구와 달서구 도시공원 2곳에서 채집한 진드기에서 라임병을 매개하는 병원체가 확인된 것이다.

란트슈타이너 (Landsteiner, Karl)[ ] **명** 《인명》〈성병〉 오스트리아의 병리학자 (1868~1943). 1901년에 에이비오식(ABO式) 혈액형(血液型)을 발견하였으며, 후에 엠엔식(MN式) 혈액형과 아르에이치식(Rh式) 혈액형을 발견하였다. 또한 소아마비 초기에 유효한 혈청을 개발하고, 매독에 대해서도 연구하였다. 1930년에 노벨 생리·의학상을 수상하였다.

레벨 디 보호구 (level D 補護具)[ ] **명구** 〈코로나19〉 코로나19 사태에 투입된 의료진들이 입는 피부 보호 장치. 공기 오염 가능성이 떨어지고 예상치 못한 경로로 피부 및 호흡기계 감염이 될 가능성이 낮은 보호 장치이다. 보통 레벨 디 방호복에 N95 마스크, 고글, 덧신, 이중 장갑을 함께 사용한다. ¶수많은 간호 처치를 하고 병실 안과 복도를 뛰어다닌 후 교대시간이 되어 레벨D 보호구를 탈의할 때 거울을 보면, 나의 옷은 땀에 흠뻑 젖어 진한 색으로 변해 있다.

렘데시비르 ( )[ ] **명** 《약학》〈코로나19〉 신종 코로나19 바이러스 감염증 치료제의 하나. 미국의 길리어드 사이언스사에서 제조하여 FDA에서 가장 먼저 승인을 받은 약제이다.

로키산^홍반열 (Rocky山紅斑熱) [ ] 〔**명구**〕《의학》〈전염병일반〉발진 티푸스와 비슷한 급성 발진 전염병. 미국의 로키산맥 지방에서 처음 보고되었으며, 진드기가 옮기는 것으로 황달·점막 출혈을 일으키고 구토를 수반하기도 한다. ¶진드기의 타액이 박테리아를 옮겨 라임병(Lyme disease)이나 로키산홍반열(Rocky Mountain Spotted Fever)을 유발할 수 있다.

로키산-열 (Rocky山熱) [ ] 〔**명**〕《의학》〈전염병일반〉발진 티푸스와 비슷한 급성 발진 전염병. 미국의 로키산맥 지방에서 처음 보고되었으며, 진드기가 옮기는 것으로 황달·점막 출혈을 일으키고 구토를 수반하기도 한다. ¶또 개의 몸에 붙어 있는 진드기는 로키산열로 불리는 급성발진성 전염병의 원인이 되기도 한다.

로타바이러스^위장염 (rota virus胃腸炎) [ ] 〔**명구**〕《의학》〈전염병일반〉로타바이러스의 감염으로 생기는 전염병. 주로 젖먹이 어린아이들에게 많이 나타나는 것으로, 메스꺼움·구토·설사·복통 따위의 위장 장애 증상이 나타난다. ¶전국 8곳의 병원에 급성설사로 입원한 5세 미만 소아 1만 1199명을 대상으로 한 후향적 연구 결과에 따르면 매년 로타바이러스 위장염으로 입원한 환자수가 감소했다.

리노바이러스^감염증 (rhinovirus感染症) [ ] 〔**명구**〕《의학》〈전염병일반〉리노바이러스의 감염으로 생기는 전염병. 가벼운 발열과 두통·콧물·코 막힘·재채기·기침·목 아픔 따위의 증상이 있으며, 목이 쉬고 눈물이 나며 결막이 충혈되고 때로는 기관지염이나 폐렴과 같은 증상도 있다. ¶고양시 일산서구 보건소는 겨울철 호흡기 감염병 발생이 증가함에 따라 그중 하나인 '리노바이러스 감염증'에 대해 시민들에게 주의를 당부했다.

리케차-증 (rickettsia症) [ ] 〔**명**〕《의학》〈전염병일반〉리케차 병원체의 감염으로 생기는 발진 티푸스, 발진열과 홍반열, 큐 열 따위의 전염병을 통틀어 이르는 말. ¶진드기 매개 질병은 미국에서 흔합니다. 이러한 질병에는 라임병,

아나플라즈마증, 바베시아증 및 리케차증이 포함됩니다.

림프구^증가증 (lymph球增加症)[ ] 명구 《의학》〈전염병일반〉 혈중에서, 단위 체적당 림프구의 수가 많아지는 증상. 급성 림프 백혈병, 전염 단핵구증, 결핵, 매독, 급성 전염병의 회복기에서 볼 수 있다. ¶초기 혈액 검사에서 림프구 증가증으로 의심되는 사람에게서 만성 림프구성 백혈병으로 진행되는 사람이 있는데 이때는 특별한 치료를 시도하지 않는다.

림프구^증가증 (lymph球增加症)[ ] 명구 《의학》〈성병〉 혈중에서, 단위 체적당 림프구의 수가 많아지는 증상. 급성 림프 백혈병, 전염 단핵구증, 결핵, 매독, 급성 전염병의 회복기에서 볼 수 있다. ¶림프구증가증의 원인을 정확히 파악하기 위해 추가적인 검사가 필요할 수 있습니다.

림프샘-종 (lymph샘腫)[ ] 명 《의학》〈성병〉 결핵균이나 매독균이 침입하여 림프샘이 부어오르는 병. ¶대부분은, 악성 종양과 관련된 림프샘종의 경우, 체중 감량 종은 매우 세게 만져도 통증이 없습니다.

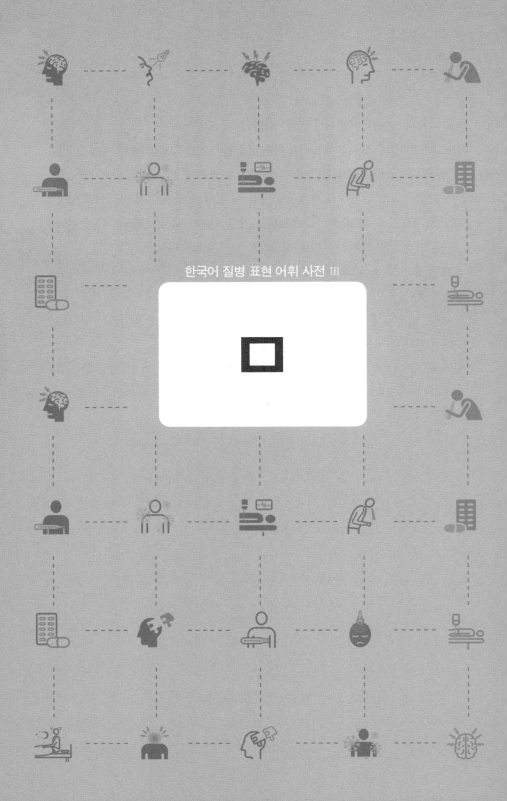

한국어 질병 표현 어휘 사전 Ⅲ

마과-회통(麻科會通)[마과회통/마과훼통-]**명**《책명》〈소아피부병-홍역〉조선 정조 22년(1798)에 정약용이 편찬한 홍역에 관한 의학서. 부록에서 제너의 우두 종두법을 소개하였다. 6권 3책. ¶'마과회통'은 전염병 치료를 위해 분투했던 의학자 모습이 잘 드러나 있는 책이다. '마과회통'이란, 마과(麻科), 즉 마진(痲疹·홍역) 계통 병과 그 치료법을 모두 모아(會) 잘 통(通)하도록 정리했다는 뜻이다.

마구-정(馬口疔)[마:구정]**명**《한의》〈종기〉입술 아래에 생기는 종기.

마근(麻根)[마근]**명**《의학》〈학질〉삼의 뿌리를 한방에서 이르는 말. 오래된 학질에 쓴다.

마마(媽媽)[마:마]**명**〈소아피부병-천연두〉'천연두'를 일상적으로 이르는 말. ¶마마를 앓았는지 얼굴이 얽었다.

마마 그릇되듯( )[ ]**관용**〈소아피부병-마마〉좋지 않은 징조가 보임을 이르는 말.

마마 손님 배송하듯( )[ ]**관용**〈소아피부병-마마〉전염병이 떨어지지 않을 것을 염려하는 마음에 빗대어, 떠났으면 하는 손님이 행여나 가지 아니할까 염려하여 그저 달래고 얼러서 잘 보내기만 함을 이르는 말.

마마^바이러스(媽媽virus)[ ]**명구**《보건 일반》〈소아피부병-천연두〉우두, 점액종, 천연두 따위를 일으키는 병원성 바이러스를 통틀어 이르는 말. 열과 직사광선에 약하며 건조에 강하다.

마마-꽃(媽媽꽃)[마:마꼳]**명**〈소아피부병-천연두〉천연두를 앓을 때 살갗에 부스럼처럼 불긋불긋하게 돋는 것. ¶마마꽃이 돋아나다.

마마-딱지(媽媽딱지)[마:마딱찌]**명**〈소아피부병-천연두〉천연두를 앓은 자리에 말라붙은 딱지. ¶그는 얼굴이 온통 마마딱지로 덮여 있다.

마마-떡(媽媽떡)[마:마떡]**명**《민속》〈소아피부병-천연두〉천연두를 앓을 때에 마마꽃이 잘 피라고 해 먹는 떡. 흰무리떡(켜 없이 만든 시루떡)에 소금을 치지 않고 붉은팥을 넣어 만든다.

마마-병 (媽媽餠)[마 : 마병]**명**《민속》〈소아피부병-천연두〉천연두를 앓을 때
에 마마꽃이 잘 피라고 해 먹는 떡. 흰무리떡(켜 없이 만든 시루떡)에 소금
을 치지 않고 붉은팥을 넣어 만든다.

마마-하다 (媽媽하다)[마 : 마하다]**동**〈소아피부병-천연두〉천연두를 앓다.

마맛-자국 (媽媽자국)[마 : 마짜국/마 : 맏짜국]**명**〈소아피부병-천연두〉천연두
를 앓고 난 후 딱지가 떨어진 자리에 생긴 얽은 자국. ¶마맛자국은 대단히
심하게 얽은 박(縛)에서부터 잠박(暫縛), 마(麻), 잠마(暫麻), 철(鐵) 등으로
구분했다.

마비저 (馬鼻疽)[마 : 비저]**명**《의학》〈전염병일반〉말이나 당나귀에 유행하며
사람에게도 감염되는 전염성 질환. 마비저균이 코의 점막(粘膜)에 염증을
일으켜 온몸의 림프샘에 퍼지면서 병이 진행되는데, 콧물을 많이 흘리고 폐
가 약해진다. ¶갈홍(葛洪)은 마비저(馬鼻疽)가 전염병이라는 것도 발견했
다.

마스크 공적 판매처 (mask公的販賣處)[ ]**명구**《보건 일반》〈코로나19〉공적 마
스크를 판매하는 장소. 또 는 그 기관. ¶공적 마스크가 출시됨에 따라 앞으
로 마스크 공적 판매처에서 비교적 저렴한 가격으로 보건 마스크를 구입할
수 있게 되었다.

마스크 대란 ( )[ ]**명구**〈코로나19〉신종 코로나 바이러스 감염증(코로나19)로
인해 감염병이 급속도로 확산되면서 방역 마스크 등이 품귀 현상을 빚게 되
어 벌어진 소동. ¶이번 업무협약을 통해 제2의 마스크 대란은 일어나지 않
을 것으로 기대해 봐도 되겠죠?

마스크 오부제 (mask五部制)[ ]**명구**《보건 일반》〈코로나19〉일주일을 출생 연
도별로 구분하여 지정 요일에만 마스크를 구입할 수 있게 한 제도. ¶정부는
마스크 수급의 안정화를 위하여 공적 마스크를 공급하는 한편, 마스크 오부
제를 시행하였다.

마스크 의무제 (mask義務制)[ ]**명구**《보건 일반》〈코로나19〉실내와 실외에서

식사를 하는 등의 불가피한 경우를 제외하고 마스크의 착용을 의무화하는 제도. ¶마스크 의무제의 시행으로 대중교통 이용 시 마스크를 착용하지 않으면 과태료가 부가된다.

마스크 프루프(mask proof)[ ] **명구** 《의생활》〈코로나19〉장시간 마스크를 착용해도 화장이 지워지거나 묻어나지 않도록 하는 일. ¶마스크 착용으로 화장이 잘 무너지자, 워터프루프에 이어 마스크 프루프라는 단어가 생겼다.

마엽 (麻葉)[마엽] **명** 《의학》〈학질〉삼의 잎. 오래된 학질의 치료에 쓴다.

마진 (痲疹)[마진] **명** 《의학》〈소아피부병-홍역〉'홍역'의 전 용어. ¶1668년, 1680년, 1690년 홍역이 전국에 창궐하자 홍역 치료에 나섰고, 수많은 환자를 치료했으며, 1696년 조선인 최초로 홍역 전문 치료 의서 마진편을 저술하여 홍역 퇴치에 큰 공을 세웠다.

마진^백신(痲疹vaccine)[ ] **명구** 《약학》〈소아피부병-홍역〉홍역을 예방하기 위한 백신. 예방 접종은 제1회에 불활성화(不活性化) 백신을 근육 또는 피부 밑에, 제2회는 4~6주 후 약독(弱毒) 생균(生菌) 백신을 피부밑에 접종하는데, 주로 1~3세의 아이에게 행한다.

만성^간염 (慢性肝炎)[ ] **명** 《보건 일반》〈간염〉6개월 이상 지속되는 간염. ¶만성간염이 왔을 때 생각보다 무증상인 경우가 많습니다.

만성^전염병 (慢性傳染病)[ ] **명구** 《의학》〈성병〉병균이 옮은 뒤 잠복기가 길고 증상이 천천히 나타나면서 몸의 각 기관으로 침범하여 잘 낫지 아니하는 전염병을 통틀어 이르는 말. 결핵, 매독, 나병, 임질, 만성 피부염 따위가 있다. ¶만성전염병을 대표하는 질병으로는 결핵, 성병, 나병 등이 있다.

말라리아 (malaria)[ ] **명** 《의학》〈학질〉말라리아 병원충을 가진 학질모기에게 물려서 감염되는 법정 감염병. 갑자기 고열이 나며 설사와 구토·발작을 일으키고 비장이 부으면서 빈혈 증상을 보인다. 〈유〉말라리아열, 학, 학질. ¶월남에 온 지 보름밖에 안 되는 박홍태 일병은 말라리아에 걸려 사흘이나 앓는데도 후송을 시키지 않았는데….

말라라아열(malaria熱)[말라리아열]**명**《약학》〈학질〉말라리아 병원충을 가진 학질모기에게 물려서 감염되는 법정 감염병. 갑자기 고열이 나며 설사와 구토·발작을 일으키고 비장이 부으면서 빈혈 증상을 보인다.〈유〉말라리아, 학, 학질.

말라리아^요법(malaria療法)[ ]**명구**《의학》〈성병/이질〉말라리아의 열성(熱性)을 이용한 치료법. 독성이 약한 말라리아 병원충을 주사하여 40℃의 열을 10회 이상 오르게 만듦으로써 신경 계통의 매독을 치료하고, 나중에 키니네로 말라리아를 치료한다.〈유〉발열 요법(發熱療法)

망막-염(網膜炎)[망망념]**명**《의학》〈성병〉망막에 생기는 염증. 콩팥병, 당뇨병, 매독, 결핵 따위가 원인으로, 시력이 약해지고 망막이 흐려지며 출혈이 있기도 한데, 대개 맥락막염이 있을 때에 뒤따라 생기는 수가 많다. ¶매독성 망막염에서는 시력저하와 그 밖에 색맹·야맹·시야협착(視野狹窄)·비문증도 나타난다. 결핵이 원인이 되는 약년재발성(若年再發性) 망막초자체출혈(결핵성 망막정맥주위염)은 젊은 남자에게 잘 일어나며, 망막 정맥벽에 처음에 염증이 생기고, 혈관벽이 파열되어 망막이나 초자체 안에 큰 출혈이 일어나 시력이 나빠진다.

매독(梅毒)[매독]**명**《의학》〈성병〉매독 스피로헤타라는 나선균(螺旋菌)에 의하여 감염되는 성병. 태아기에 감염되는 선천적인 경우와 성행위로 인하여 옮는 후천적인 경우가 있는데, 제1기에는 음부에 궤양이 생기고, 제2기에는 피부에 발진이 생기며, 제3기에는 피부와 장기(臟器)에 고무종이 생기고, 제4기에는 신경 계통이 손상된다.〈유〉담04 ¶~매독에 걸리다.

매독^스피로헤타(梅毒spirochaeta)[ ]**명구**《보건 일방》〈성병〉매독을 일으키는 병원균. 8~14개의 가느다란 나선으로 된 미생물이다. ¶처음에는 매독 스피로헤타(Spirochaeta pallida)로 명명했다가 나중에 매독 트레포네마로 부르게 되었다.

매독-균(梅毒菌)[매독꾼]**명**《생명》〈성병〉매독의 병원체.〈유〉트레포네마 팔리덤(Treponema pallidum) ¶매독에 감염되었을 때 적절한 치료를 받으면 몸속의 매독균이 모두 없어집니다.

매독-쟁이 (梅毒쟁이)[매독쟁이]**명**〈성병〉매독을 앓는 사람을 낮잡아 이르는 말.

매독-진 (梅毒疹)[매독찐]**명**《의학》〈성병〉매독의 제2기와 제3기에 나타나는 피부나 점막의 발진. ¶피부와 점막에 다양한 증세가 발생하며, 특히 손바닥 과 발바닥에 반점양 매독진, 구진양 매독진 등이 생깁니다.

매맛 ( )[매맏]**명**〈통증 일반〉매를 맞아 아픈 느낌. ¶너 이놈, 어디 매맛 좀 볼 래? / 매맛이 어떠냐?

매스껍다 ( )[매스껍따]**형**〈통증 일반〉(속이) 역겨운 냄새나 흔들림 따위로 먹 은 것이 되넘어올 듯이 거북하거나 울렁거리는 느낌이 있다. 〈참〉메스껍 다 ¶뱃멀미가 나서 속이 매스껍다.

매슥거리다 ( )[매슥꺼리다]**동**〈통증 일반〉(속이) 먹은 것을 토할 것처럼 자꾸 울렁거리다. 〈유〉매슥대다, 매슥매슥하다 〈참〉메슥거리다

매슥대다 ( )[매슥때다]**동**〈통증 일반〉(속이) 먹은 것을 토할 것처럼 자꾸 울 렁거리다. 〈유〉매슥거리다, 매슥매슥하다 〈참〉메슥대다 ¶아직도 속이 매 슥대는 걸 보니 숙취가 덜 풀린 모양이다.

매슥매슥하다 ( )[매승매스카다]**동**〈통증 일반〉(속이) 먹은 것을 토할 것처럼 자꾸 울렁거리다. 〈유〉매슥거리다, 매슥대다 〈참〉메슥메슥하다 ¶속이 매 슥매슥하고 몸이 차가워진 것을 보니 체한 모양이로구나.

매시근하다 ( )[매시근하다]**형**〈통증 일반〉(사람이) 몸에 기운이 없고 나른하 다. ¶몸살이 나서 온몸이 매시근했다.

맥락막-염 (脈絡膜炎)[맹낭망념]**명**《의학》〈성병〉맥락막에 염증이 생겨 망막 과 유리체가 상하고 시력이 나빠지는 눈병. 결핵, 근시(近視), 당뇨병, 매독, 콩팥염 따위가 원인으로 시력, 색각(色覺), 광각(光覺) 따위의 이상이 나타 난다. ¶맥락막염을 진단하는 것은 일반적으로 시력 검사, 확장 안저 검사

및 광학 일관성 단층 촬영(OCT) 또는 혈관 조영술과 같은 영상 검사를 포함
할 수 있는 포괄적인 눈 검사를 포함합니다.

맥맥하다 ( )[맹매카다]휑〈통증 일반〉(코가) 막혀서 숨쉬기가 힘들고 갑갑하
다. ¶감기에 걸려서 코가 맥맥하고 머리가 띵하다.

맥없다(脈없다)[매겁따]휑〈통증 일반〉(사람이나 사물이) 기운이 없다.〈유〉
따분하다, 느른하다 ¶아침 일찍 나갔다가 저녁 늦게야 돌아오곤 하는 그녀
는 피곤한 탓인지 항상 맥없는 모습이었다.

머리앓이 ( )[머리아리]똉〈통증 일반〉머리가 아픈 증세.〈유〉두통

먹먹하다 ( )[멍머카다]휑〈통증 일반〉(귀가) 막힌 듯이 소리가 잘 들리지 않
다. ¶시끄럽던 기계음이 일시에 멈추자 귀가 먹먹했다.

먼지^감염(먼지感染)[ ]명구《의학》〈전염병일반〉공기 속의 먼지에 묻은 병원
체가 숨 쉴 때 흡입되거나 피부에 닿아서 일어나는 감염. 이 방법으로 전염
되는 병으로는 두창(痘瘡), 결핵, 탄저병, 성홍열, 단독(丹毒) 따위가 있다.

멍하다 ( )[멍하다]휑〈통증 일반〉(귀가) 잘 들리지 않는 느낌이 있다. ¶나는
대포 소리를 듣고 귀가 멍했다.

메스껍다 ( )[메스껍따]휑〈통증 일반〉(사람의 속이) 구역질이 날 것처럼 울렁
이는 느낌이 있다.〈유〉구역나다(嘔逆나다), 욕지기나다, 구역질나다(嘔逆
질나다)〈참〉매스껍다 ¶나는 밀가루 음식만 보면 속이 메스껍다. / 어머니
는 버스를 오래 타고 오셔서 속이 메스껍다고 말씀하셨다.

메슥거리다 ( )[메슥꺼리다]휑〈통증 일반〉(속이) 토할 것처럼 자꾸 심하게 울
렁거리다.〈유〉메슥대다, 메슥메슥하다 ¶오랫동안 차를 탔더니 속이 메슥
거리고 머리가 아팠다.

메슥대다 ( )[메슥때다]통〈통증 일반〉(속이) 토할 것처럼 자꾸 심하게 울렁거
리다.〈유〉메슥거리다, 메슥메슥하다〈참〉매슥대다 ¶오랫동안 배를 타고
있었더니 속이 메슥대어서 견딜 수가 없었다.

메슥메슥하다 ( )[메승메스카다]통〈통증 일반〉(속이) 토할 것처럼 자꾸 심하

게 울렁거리다. 〈유〉메슥거리다, 메슥대다 〈참〉매슥매슥하다 ¶점심 먹은
게 안 좋았는지 아까부터 속이 메슥메슥하다.

멘탈데믹 (mental-demic)[ ] 명 〈코로나19〉심리를 뜻하는 'mental'과 팬데믹
(pandemic)이 합쳐진 말로, 코로나19로 사회 구성원의 우울감이 확산하면
서 공동체 전체에 정신적 트라우마가 전염병처럼 번지는 상황을 이르는
말. ¶팬데믹 이후, 우리는 정신적 트라우마가 전염병처럼 유행하는 멘탈데
믹에 대비가 필요하다.

면역^글로불린 (免疫globulin)[ ] 명구 《의학》〈간염〉감마 글로불린을 구성하는
주요 단백질. 항체의 본체로, 모든 척추동물의 혈청과 체액 속에 들어 있다.
성상(性狀)에 따라 다섯 가지로 분류하며 각각 특이한 기능이 있어 어떤 것
은 에이(A)형 간염 예방용으로 주사하기도 한다. ¶면역글로불린의 특성에
따라 다른 효과를 나타내며, 같은 성분이라도 제품과 투여 경로에 따라 다
른 목적으로 사용되기도 한다.

면역^혈청 (免疫血清)[ ] 명구 《의학》〈전염병일반〉어떤 병원체에 대응하는 항
체가 들어 있는 혈청. 이 혈청을 주사하면 몸속에 항체가 생겨 인공 면역이
형성되므로 전염병, 세균병의 예방에 널리 사용한다.

면역-어 (免疫魚)[며:녀거] 명 《수의》전염병 예방 접종을 한 물고기. 백신 접
종으로 양어(養魚) 기간 중의 전염병을 예방한다.

면종 (面腫)[면:종] 명 《한의》〈종기〉1.여러 원인으로 얼굴이 붓는 증상을 통
틀어 이르는 말. 2.얼굴에 난 종기. ¶"얼굴에 고약을 붙였으니 면종이 나았
소." 하고 물으니 군수는 구렁이 담 넘어가듯….

목-돌림 ( )[목똘림] 명 《의학》〈전염병일반〉목이 아픈 것을 주된 증상으로 하
는 전염병.

목앓이 ( )[모가리] 명 《의학》〈통증 일반〉후두에 생기는 염증. 목이 쉬고 아프
며 가래가 나온다. 〈유〉후두염

몸이 무겁다 ( )[ ] 형구 〈통증 일반〉힘이 빠져서 몸을 움직이기 힘들다. ¶쌓인

피로로 몸이 무겁다. / 무거운 몸이 더욱 무거워 쓰고 눕는 일이 많았다. 이
게 시어머니는 못마땅했다.

몽글거리다 ( )[몽글거리다] 图〈통증 일반〉(사람의 속이) 먹은 것이 약간 잘 삭
지 않아 가슴에 뭉치어 있는 듯한 느낌이 자꾸 들다.〈유〉몽글대다〈참〉몽
클거리다, 뭉글거리다

몽글대다 ( )[몽글대다] 图〈통증 일반〉(사람의 속이) 먹은 것이 약간 잘 삭지
않아 가슴에 뭉치어 있는 듯한 느낌이 자꾸 들다.〈유〉몽글거리다〈참〉몽
클대다, 뭉글대다

몽글하다 ( )[몽글하다] 혱〈통증 일반〉(사람의 속이) 먹은 것이 약간 잘 삭지
않아 뭉치어 있는 듯한 느낌이 있다.〈참〉몽클하다, 뭉클하다 ¶점심을 급하
게 먹었더니 소화가 안 되어 속이 몽글하다.

몽두두 (蒙頭痘)[몽두두] 몡《한의》〈소아피부병-천연두〉천연두의 발진이 몸
에는 적게 돋고, 머리에는 많이 돋는 증상.

몽클거리다 ( )[몽클거리다] 图〈통증 일반〉(사람의 속이) 먹은 것이 약간 잘 삭
지 않아 가슴에 몹시 뭉치어 있는 듯한 느낌이 자꾸 들다.〈유〉몽클대
다 〈참〉몽글거리다, 뭉클거리다 ¶나는 저녁을 너무 과하게 먹었는지 속이
몽클거려서 쉽게 잠이 들 수가 없었다.

몽클대다 ( )[몽클대다] 图〈통증 일반〉(사람의 속이) 먹은 것이 약간 잘 삭지
않아 가슴에 몹시 뭉치어 있는 듯한 느낌이 자꾸 들다.〈유〉몽클거리
다 〈참〉몽글대다, 뭉클대다 ¶점심을 급하게 먹었더니 가슴이 몽클대고 배
에 가스가 찬다.

몽클하다 ( )[몽클하다] 혱〈통증 일반〉(사람의 속이) 먹은 것이 약간 잘 삭지
않아 몹시 뭉치어 있는 듯한 느낌이 있다.〈유〉몽글하다, 뭉클하다 ¶점심으
로 먹은 삼계탕이 체했는지 가슴이 몽클해 죽겠어.

무고-감염 (無辜感染)[무고가몀] 몡〈성병〉성교에 의하지 않고 성병이 옮는
일. 주로 목욕탕이나 의료 기구 따위에서 감염된다.

무극-환(無極丸)[무그콴]**몡**《한의》〈간염〉급성 및 만성 간염에 쓰는 환약.

무늬모기( )[ ]**몡**《보건 일반》〈일본뇌염〉모기의 하나. 몸은 갈색이고 흰색 띠 무늬가 있다. 사람과 가축의 피를 빨아 먹는데 일본 뇌염, 사상충병을 퍼뜨 린다.〈유〉반달모기(半달모기) ¶밖에 공원에서 폰질하다가 팔이 따가와서 옆에 보니까 하얀색+검은색 무늬 모기가 맛있게 쪽쪽 빨고 있더군요

무두질( )[무:두질]**몡**《통증 일반》몹시 배가 고프거나 속병이 나서 속이 쓰리 고 아픈 경우를 비유적으로 이르는 말. ¶속은 때 없이 무두질을 해 쌓고. 어 느새 또 밤눈까지 어두워 갖고….

무두질하다( )[무:두질하다]**동**《통증 일반》(무엇이 뱃속을) 쓰리고 아프게 하 다. ¶좌절과 절망은 그의 몸을 계속 무두질해 결국 폐인의 몸이 되어 갔다.

무럽다( )[무럽따]**형**《통증 일반》(사람이나 신체 일부가) 벼룩, 모기 따위의 물것에 물려서 가렵다. ¶모기한테 물려 무러워 죽겠다.

무른-궤양(무른潰瘍)[무른궤양]**몡**《의학》〈성병〉연성 하감균에 의한 성병. 감염 2~3일 후 성기 부위에 붉은 구진(丘疹)이 생기며 고름 물집, 궤양을 거 쳐 흉터가 된다. 살고랑 림프샘이 붓고 동통이 심하다.〈참〉굳은궤양(굳은 潰瘍) ¶무른 궤양의 치유를 위해서는 항생제 치료가 필수적이다.

무릎 관절통(무릎關節痛)[ ]**명구**《의학》〈통증 일반〉무릎의 뼈마디가 쑤시면 서 몹시 아픈 증세 ¶중년 이후 무릎 관절통을 일으키는 가장 흔한 원인은 퇴행성 관절염(일명 골관절염)이며, 그다음은 반월상 연골 손상, 류머티스 관절염, 감염성 관절염, 통풍 등이다.

무-사마귀( )[무사마귀]**몡**《의학》〈전염병일반〉살가죽에 밥알만 하게 돋은 군살. 주로 어린아이에게 많으며 전염된다. ¶바늘을 뽑아 낼 때마다 엄지 손가락 사이에 돋은 하얀 무사마귀가 보송하게 솟아올라 보이곤 한다.

무좀( )[무좀]**몡**《의학》〈전염병일반〉백선균이나 효모균이 손바닥이나 발바 닥, 특히 발가락 사이에 많이 침입하여 생기는 전염 피부병. 물집이 잡히고 부스럼이 돋으며 피부 껍질이 벗어지기도 하고 몹시 가려운 것이 특징인데,

봄부터 여름까지 심하고 겨울에는 다소 약하다. ¶무좀에 걸리다. 무좀이 심하다. 발바닥이 무좀으로 근질거린다.

무증상 감염증(無症狀-感染症)[무증상-가멷쫑] **명구** 〈코로나19〉 ¶경우에 따라 성매개감염으로 보기도 하며, 파트너가 증상이 있고 균도 나왔다면 무증상 감염증 여성에게 치료를 권합니다.

무지근하다( )[무지근하다] **형** 〈통증 일반〉 머리가 떵하고 무겁거나 가슴, 팔다리 따위가 무엇에 눌리는 듯이 무겁다. 〈준〉무직하다 ¶어제 온종일 혼자 큰 물이 휩쓸어 버린 둑에서 돌을 들어 올렸더니 팔다리가 무지근하고 허리가 뻑적지근하여 아무 일도 하고 싶지가 않았다.

무직하다( )[무지카다] **형** 〈통증 일반〉 (몸의 일부가) 떵하고 무엇에 눌린 것처럼 몸이 무겁다. 〈본〉무지근하다 ¶진희는 아이를 안은 한쪽 팔이 무직하니 아파 왔으나 내색하지 않았다.

무통(無痛)[무통] **명** 〈통증 일반〉 아픔이 없음. ¶그는 치과에서 무통 치료를 해 준다는 말에 두려움을 없앨 수 있었다.

무통법(無痛法)[무통뻡] **명** 《의학》 〈통증 일반〉 수술이나 기타 치료를 할 때 아프지 아니하게 처치하는 방법.

무통성^횡현(無痛性橫痃)[ ] **명구** 《의학》 〈성병〉 굳은궤양이 있은 뒤 한두 주일쯤 지나서 나타나는 아프지 않은 림프샘 부종. 매독의 제1기에서 보이는 증상이다. ¶매독에 의한 경우에는 무통성이고, 이것을 무통성횡현 bubo indolento이라고 하며, 유통성횡현 bubodoleas과 구별할 수 있다.

무통약(無痛藥)[무통냑] **명** 《약학》 〈통증 일반〉 수술이나 기타 치료를 할 때 환자가 통증을 느끼지 아니하도록 쓰는 약. 마취 약 따위가 있다.

무황달^간염(無黃疸肝炎)[ ] **명** 《보건 일반》 〈간염〉 황달 증상이 보이지 아니하는 유행성 간염. ¶비록 노란 피부나 눈의 흰 부분의 황변증상을 보이지 않는 이른바 무황달 간염 A(anicteric hepatitis A) 환자들도 적지 않으나 이들의 삶의 질에 미치는 영향은 다른 중증 간염 환자들만큼이나 중요하게 다루어져야 합니다.

무황달형^간염(無黃疸型肝炎)[ ]**명**《보건 일반》〈간염〉'무황달 간염'의 전 용
어. ¶만년 버섯약 음료로 41사례의 무황달형 간염 환자를 치료한 자료에서
는 임상적으로 다 나은 환자가 22사례, 뚜렷하게 나은 환자가 7사례, 조금
도움이 된 환자가 11사례였다고 합니다.

묵지근하다( )[묵찌근하다]**형**〈통증 일반〉'무지근하다'의 경남 방언.

문둥-병(문둥病)[문둥뼝]**명**《의학》〈나병〉'나병'을 낮잡아 이르는 말. ¶문둥
병 환자.

물^감염(물感染)[ ]**명구**《의학》〈전염병일반〉어떤 전염병이 물에 의하여 옮겨
지는 일. 콜레라, 장티푸스, 이질 따위가 이렇게 퍼진다.

물관절-증(물關節症)[물관절쯩]**명**《의학》〈성병〉관절안에 창자액성 삼출액
이 괴어 있는 병. 무릎 관절에 많이 생기며, 결핵·류머티즘·매독·외상·관
절염 따위의 여러 가지 원인으로 발생한다.

물-사마귀( )[물사마귀]**명**《의학》〈전염병일반〉살가죽에 밥알만 하게 돋은
군살. 주로 어린아이에게 많으며 전염된다. ¶물사마귀가 생기다. 눈 주변
에 물사마귀가 났다. 입술 옆에 커다란 물사마귀, 불그레한 얼굴에는 땀이
흐르고 있다.

뭉글거리다( )[뭉글거리다]**동**〈통증 일반〉(사람의 속이) 먹은 것이 잘 삭지 않
아 가슴에 뭉쳐 있는 듯한 느낌이 자꾸 들다.〈유〉뭉글대다 〈참〉뭉클거리
다, 몽글거리다 ¶밥을 급하게 먹었더니 속이 뭉글거린다.

뭉글하다( )[뭉글하다]**형**〈통증 일반〉(사람의 속이) 먹은 것이 잘 삭지 않아
가슴에 뭉치어 있는 듯한 느낌이 있다. ¶밥을 먹자마자 버스를 탔더니 속이
뭉글하다.

뭉클거리다( )[뭉클거리다]**동**〈통증 일반〉(사람의 속이) 먹은 것이 잘 삭지 않
아 가슴에 몹시 뭉치어 있는 듯한 느낌이 자꾸 들다.〈유〉뭉클대다 〈참〉뭉
글거리다, 몽클거리다 ¶오랜만에 과식을 해서 속이 놀랐는지 뭉클거리고

영 입맛이 없네.

뭉클대다 ( )[뭉클대다]**동**〈통증 일반〉(사람의 속이) 먹은 것이 잘 삭지 않아 가슴에 몹시 뭉치어 있는 듯한 느낌이 자꾸 들다.〈유〉뭉클거리다 〈참〉뭉글대다, 몽클대다

뭉클하다 ( )[뭉클하다]**형**〈통증 일반〉(사람의 속이) 먹은 것이 잘 삭지 않아 가슴이 몹시 뭉치어 있는 듯한 느낌이 있다.〈참〉뭉글하다, 몽클하다 ¶저녁 먹은 것이 아직 뭉클한 채 남아 있다.

미로-염 (迷路炎)[미ː로염]**명**《의학》〈성병〉내이에 염증이 생기는 병. 대개 가운데귀염을 앓은 후에 생기며 수막염, 매독, 귀의 외상(外傷)이 원인이 되기도 하는데, 난청·귀울림·현기증·구역질·구토 따위의 증상이 나타난다.〈유〉내이염(內耳炎) ¶미로염의 대다수가 다른 질환의 합병증으로 발생하여 원인 질환이 없는 사람에게 나타날 가능성이 거의 없기 때문입니다.

미릉골통 (眉稜骨痛)[미릉골통]**명**《한의》〈통증 일반〉두통의 하나. 눈 위의 눈썹이 난 부위가 아픈 증상이다. ¶스트레스로 인한 어지럼증은 화병처럼 가슴이 답답하고 눈썹 주변이 지끈지끈 아픈 미릉골통을 수반하게 된다.

미릉-정 (眉稜疔)[미릉정]**명**《한의》〈종기〉눈썹 양쪽 옆에 생기는, 못처럼 뿌리가 딴딴하게 박힌 종기.

미식거리다 ( )[ ]〈통증 일반〉'메슥거리다'의 비표준어

미식대다 ( )[ ]〈통증 일반〉'메슥대다'의 비표준어

미식미식하다 ( )[ ]〈통증 일반〉'메슥메슥하다'의 비표준어

미종 (微腫)[ ]**명**《한의》〈조선시대전염병〉어딘가 부어 있는 것 같은 증상. 즉 습기(濕氣)의 후(候)이다. ¶빈혈성질환(貧血性疾患)에서 소변(小便)이 감소하고 하지에 미종(微腫)이 있다. 〈한방서당〉

민간 역학 조사관 (民間疫學調査官)[ ]**명구**〈코로나19〉감염병의 원인과 특성을 찾아내, 감염병 유행을 차단하는 방법을 밝히는 역학조사를 진행하는 민간의 감염 조사 담당자. ¶민간 역학 조사관은 이날부터 신종 코로나바이러스

감염증 상황 종료 시까지 역학조사관 임무를 수행하게 된다.

밀보-등(密補藤)[밀보등]**명**《식물》〈성병〉인동과의 반상록 덩굴성 식물. 잎
은 마주나고 긴 타원형이다. 전체에 짧은 갈색 털이 나고 꽃은 초여름에 잎
겨드랑이에서 피는데 흰색에서 노란색으로 변한다. 열매는 가을에 검은색
으로 익으며 줄기·잎·꽃은 종기나 매독, 임질, 치질 치료의 약재로 쓰인다.
한국, 일본, 중국 등지에 분포한다.〈유〉인동01「1」(忍冬)

밀접 접촉자(密接接觸者)[ ]**명구**〈코로나19〉확진환자 또는 의심환자와 유증상
기에 접촉한 자를 의미. ¶또 확진자와 접촉했더라도 '동거인 중 예방접종
미완료자'와 '감염취약시설 밀접접촉자'만 자가격리를 하게 된다.

밀접 집회(密接集會)[ ]**명구**〈코로나19〉코로나19 사태가 만연하던 시기 특정
종교나 기관 등에서 대중 집회를 열어 여러 사람이 조밀하게 접촉하는 상황
이 되는 집회를 가리키는 말. ¶교회를 통한 집단 감염이 이어지자, 경기도
는 도내 137곳 교회에 대해 밀접 집회를 제한하는 행정명령을 내렸습니다.

밀접 집회 제한 행정명령( )[ ]**명구**〈코로나19〉부득이 집회 시에는 입장 전 발
열, 기침, 인후염 증상 유무 체크, 마스크 착용, 손소독제 비치, 이격거리 유
지, 예배 전후 교회 소독 실시, 식사제공 금지, 집회 참석자 명단 작성 ¶밀
접 집회 제한 행정 명령 조치 따르지 않는 교회에 대해서 벌금 부과할 수도
있고 제한명령 위반해서 집회 개최 시 확진자 발생할 경우 구상권 청구의
한도는 얼마인가.

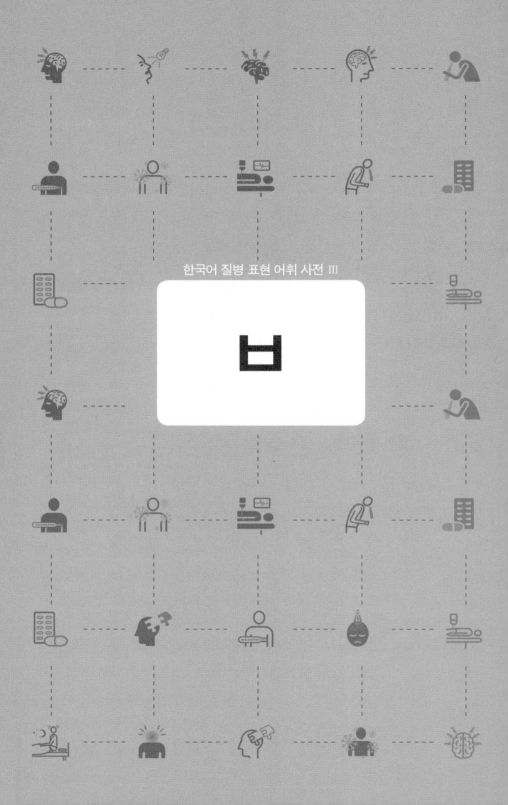

한국어 질병 표현 어휘 사전 Ⅲ

ㅂ

5

바그너 폰야우레크 (Wagner von Jauregg, Julius)[ ]**명구**《인명》〈성병〉독일의 의학자(1857~1940). 신경 매독에 의한 진행성 마비에 말라리아를 접종하는 발열 요법을 개발하여, 1927년 노벨 생리·의학상을 받았다.

바다가풀모기 ( )[ ]**명**《보건 일반》〈일본뇌염〉모깃과의 하나. 몸은 검은 갈색, 날개의 비늘털은 어두운 갈색이다. 한 해에 여러 번 발생하고 알 또는 장구벌레로 겨울을 보낸다. 사람이나 동물의 피를 빨아 먹으며, 일본 뇌염을 퍼뜨리는 바이러스의 매개체이다. 〈유〉바닷가풀모기

바람머리 ( )[바람머리]**명**〈통증 일반〉바람만 불면 머리가 아픈 증세.

바르비탈^중독 (barbital中毒)[ ]**명구**《의학》〈소아피부병-홍역〉진정제의 일종인 바르비탈을 복용하여 생긴 중독. 홍역이나 성홍열과 비슷한 발진이 전신에 나타나고 입안과 바깥 생식 기관의 점막이 짓무르며 발열, 권태감, 림프샘 부종과 함께 골수 장애, 간 장애, 신장 장애 따위가 나타나기도 한다.

바서만 (Wassermann, August von)[ ]**명**《인명》〈성병〉독일의 세균학자(1866~1925). 면역학을 연구하여 1906년에 매독의 혈청 진단에 쓰이는 바서만 반응을 발견하였다. 저서에《병원 세균 참고서》따위가 있다.

바이러스^간염 (virus肝炎)[ ]**명구**《의학》〈간염〉간염 바이러스의 감염으로 생기는 간염. 에이(A)형, 비(B)형, 시(C)형, 디(D)형, 이(E)형 등이 있는데, 수혈이나 음식물을 통해 감염되며 전신 권태, 식욕 부진, 발열, 황달 따위의 증상이 나타난다. ¶감기인 줄 알았는데 바이러스 간염이라고요?

바이러스^뇌염 (virus腦炎)[ ]**명구**《의학》〈일본뇌염〉바이러스의 감염으로 인하여 발생하는 뇌염을 통틀어 이르는 말. 일본 뇌염, 헤르페스 뇌염 따위가 대표적인 것인데, 의식 장애, 정신 장애, 마비 따위의 증상이 나타나며 급성으로 진행되는 것이 특징이다. ¶바이러스 뇌염 측두엽 손상이 있는 상태면 치매가 발생할 확률이 높습니다.

바이러스^위염 (virus胃炎)[ ]**명구**《의학》〈간염〉바이러스의 감염으로 발생하는 급성 간염성 위염. 설사, 오심(惡心), 구토와 다른 여러 가지 전신적 증상

이 나타난다. ¶11살 아이가 구토가 심해서 소아과 가니 바이러스위염이라고 하는데..네이버에 검색해 봐도 안 나오네요.

바일-병(Weil病)[ ][명]《의학》〈전염병일반〉스피로헤타의 일종인 황달 출혈성 렙토스피라에 의한 급성 전염병. 쥐의 오줌에 있는 병원체가 피부나 점액을 통하여 전염되며, 처음에는 높은 열이 나고 점차 황달, 심부전 따위의 증상을 보인다. 1886년 독일의 바일(Weil, A.)이 처음으로 보고하였다. ¶감염의 5~10%는 중증의 황달, 신부전, 출혈 등을 보이는 중증의 바일병으로 진행하며 사망을 초래할 수 있다.

바퀴살균-증(바퀴살菌症)[바퀴살균쯩][명]《의학》〈전염병일반〉혐기성 방선균에 의하여 생기는 만성 전염병. 주로 가축에 생기고 드물게는 사람에게도 전염되는 것으로 입안, 호흡 기관, 소화 기관 따위로 균이 침입하는데, 단단한 응어리나 고름집이 생기는 병이다.

반란(斑爛)[발란][명]《한의》〈소아피부병-천연두〉천연두가 곪아 터져서 문드러짐.

반란-하다(斑爛하다)[발란하다][동]《한의》〈소아피부병-천연두〉천연두가 곪아 터져서 문드러지다.

반맹-증(半盲症)[반ː맹쯩][명]《의학》〈성병〉바라보는 점을 경계로 하여 시야의 왼쪽 절반이나 오른쪽 절반이 보이지 아니하는 병. 뇌저 매독, 뇌종양, 뇌출혈 따위가 원인이 된다. ¶그리고 수술해도 이 부분이 좋아질 수는 없을 것이라고 했다. 아마 이게 반맹증이지 싶다.

발륵(發肋)[발륵][명]《한의》〈종기〉갈비뼈 부위에 난 종기.

발반(發斑)[발반][명]《한의》〈소아피부병-홍역〉천연두·홍역 따위의 병을 앓을 때에, 열이 몹시 나서 피부에 발긋발긋하게 부스럼이 돋음. 또는 그 부스럼. ¶이튿날 아침 현류의 몸에는 틀림없는 성홍열 발반이 발갛게 솟아올랐다.

발반-되다(發斑되다)[발반되다/발반뒈다][동]《한의》〈소아피부병-홍역〉천연두·홍역 따위의 병을 앓을 때에, 열이 몹시 나서 피부에 발긋발긋하게 부스럼이 돋다. ¶천연두가 발반되다.

발반-하다(發斑하다)[발반하다]〔동〕《한의》〈소아피부병-홍역〉천연두·홍역 따위의 병을 앓을 때에, 열이 몹시 나서 피부에 발긋발긋하게 부스럼이 돋아나다. ¶두증(痘症)이 발반하다.

발열(發熱)[ ]〔명〕〈코로나19〉열이 남. 또는 열을 냄. ¶사무실 안의 조개탄을 피운 난로는 한창 발열이 좋아 실내가 후끈했다.

발열 호흡기 증상(發熱呼吸器症狀)[ ]〔명구〕〈코로나19〉코로나19로 인해 고열이 나고 호흡에 이상이 생기는 증상을 일상적으로 이르는 말. ¶겨울철 감기 발열 호흡기 증상 시에 독감인지 코로나인지 의심이 되고 단순 감기인지 헷갈리는 경우가 있을 때 내원하기 전 진료 절차 안내입니다.

발열^요법(發熱療法)[ ]〔명구〕《의학》〈성병〉말라리아의 열성(熱性)을 이용한 치료법. 독성이 약한 말라리아 병원충을 주사하여 40℃의 열을 10회 이상 오르게 만듦으로써 신경 계통의 매독을 치료하고, 나중에 키니네로 말라리아를 치료한다.〈유〉말라리아 요법(malaria療法)

발진(發疹)[발찐]〔명〕《의학》〈종기〉피부 부위에 작은 종기가 광범위하게 돋는 질환. 또는 그런 상태. 약물이나 감염으로 인해 발생한다. ¶발진이 돋다.

발진^전염병(發疹傳染病)[ ]〔명구〕《의학》〈소아피부병-천연두〉발진을 일으키는 전염병. 바이러스 감염에 의한 천연두·풍진, 세균 감염에 의한 장티푸스 따위가 이에 속한다.

발진^티푸스(發疹typhus)[ ]〔명구〕《의학》〈전염병일반〉리케차를 병원체로 하여 이(虱)에 의하여 전염되는 급성 전염병. 겨울에서 봄에 걸쳐 발생하는데 잠복기는 13~17일이다. 발병하면 갑자기 몸이 떨리며 오한이 나고, 40도 내외의 고열이 계속되어 의식을 잃으며, 온몸에 붉고 작은 발진이 생긴다. ¶언니와 안네도 발진티푸스에 걸렸다.

발진성^전염병(發疹性傳染病)[ ]〔명구〕《의학》〈전염병일반〉'발진 전염병'의 전용어. ¶홍역은 발진성 전염병과 함께 '마진', '창진'이라고도 불렸다.

발진-열(發疹熱)[발찐녈]圐《의학》〈전염병일반〉열성 전염병의 하나. 병원체는 리케차로 일본쥐벼룩이 옮긴다. ¶말라리아와 발진열(발진티푸스)을 전파하는 이는 물론 빈대와 벼룩의 퇴치에도 탁월한 효능을 발휘했다.

발진-하다(發疹하다)[발찐하다]圐《한의》〈종기〉피부 부위에 작은 종기가 광범위하게 돋다. 약물이나 감염으로 인해 발생한다. ¶수두는 조용히 병상 생활을 하면 발진한 후에는 자연히 치유된다.

방선균-병(放線菌病)[방ː선균뼝]圐《의학》〈전염병일반〉혐기성 방선균에 의하여 생기는 만성 전염병. 주로 가축에 생기고 드물게는 사람에게도 전염되는 것으로 입안, 호흡 기관, 소화 기관 따위로 균이 침입하는데, 단단한 응어리나 고름집이 생기는 병이다.

방역(防疫)[방역]圐〈코로나19〉감염병이 발생하거나 유행하는 것을 미리 막는 일. ¶감염병의 발생으로 방역 조치가 취해졌다.

방역 당국(防疫當局)[ ]圀구《보건 일반》〈코로나19〉방역과 관련된 업무를 직접 맡아 하는 기관. ¶도쿄에 거주하는 29세의 이 사나이는 지난달 24일 발리섬을 방문, 그곳에서 설사 증세를 보였으나 지난달 30일 귀국하면서 나리타 공항에서 방역 당국에 이를 신고하지 않았다.

방역 마스크(防疫mask)[ ]圀구〈코로나19〉전염병 확산을 방지할 목적으로 사용하는 마스크. 1918년 스페인 독감이 전세계적으로 범유행했을 때 방역을 위해 마스크를 쓰는 것이 세계적인 기준이 되었는데 우리나라의 경우 코로나19로 방역 마스크 사용이 일반화되었다. 〈유〉방역용 마스크 ¶마스크 봉지 표면에 kf94방역마스크라고 써져 있는데 미세먼지를 차단한다는 말은 딱히 안 써져 있어요.

방역 물품(防疫物品)[ ]圀구《보건 일반》〈코로나19〉전염병이 발생하거나 유행하는 것을 미리 막는 일에 사용하는 물품. ¶지원단은 현지에서 9일간 의료·방역 활동을 하면서 1억 원 상당의 의약품과 방역 물품도 제공한다.

방역 업체(防疫業體)[ ]圀구〈코로나19〉코로나일구 바이러스, 해충 등의 방역을 전문으로 하는 업체. ¶개인이 방역하는 것보다는 업체 불러서 확실하게 방역하는 것이 나을 듯한데, 혹시 아는 코로나 방역 업체가 있으시면 추천 부탁 드려요.

방역 컨트롤타워 (防疫control tower)[ ] 명구 〈코로나19〉 방역과 관련한 업무의 전체 과정에서 중심적인 역할을 하는 사람이나 조직. ¶유행 감소세가 지속돼 방역 정책의 방향 전환이 요구되는 시점에서 새 정부의 방역 컨트롤타워가 공석이라는 점에 대해 일각에서는 우려가 나온다.

방역비 (防疫費)[방역삐] 명 〈코로나19〉 전염병이 발생하거나 유행하는 것을 미리 막는 데에 드는 비용. ¶방역비가 증가함에 따라 우유·비육돈 생산비는 오르고, 사료 가격 하락으로 한우 비육우·계란 생산비는 감소한 것으로 풀이된다.

방역용 마스크 (防疫用mask)[ ] 명구 〈코로나19〉 전염병 확산을 방지할 목적으로 사용하는 마스크. 1918년 스페인 독감이 전세계적으로 범유행했을 때 방역을 위해 마스크를 쓰는 것이 세계적인 기준이 되었는데 우리나라의 경우 코로나19로 방역 마스크 사용이 일반화되었다. 〈유〉 방역 마스크 ¶강원대학교는 총동창회가 모교 후배들의 안정적인 학업활동과 코로나19 극복을 위해 방역용 마스크 1만장을 본교에 기증했다고 23일 밝혔다.

방호복 (防護服)[방호복] 명 〈코로나19〉 방사선 관련 종사자들이 몸이나 옷이 방사선에 오염되는 것을 막기 위하여 덧입는 특수 의복. 〈유〉 방호의복. ¶ KTX랑 비행기를 타려고 하는데 의자 시트 이런 데에 빈대 때문에 옮은 사람도 있다던데 방호복 입고 비행기 타면 괜찮나요?

배송 (拜送)[배:송] 명 《민속》 〈소아피부병-천연두〉 천연두를 앓은 뒤 13일 만에 천연두의 신(神)인 호구별성을 떠나보내는 일.

배송(을) 내다 ( )[ ] 관용 〈소아피부병-마마〉 호구별성을 떠나보내는 푸닥거리를 하다.

배송-굿 (拜送굿)[배:송굿] 명 《민속》 〈소아피부병-천연두〉 천연두를 앓은 뒤

13일 만에 천연두의 신(神)인 호구별성을 떠나보내는 굿. 12일째 되는 날 저녁부터 시작한다. ¶두창과 마진 등의 전염병은 극존칭인 '마마'로 불렸고, 백성들은 마마신이 다시는 돌아오지 말라며 '배송(拜送)굿'을 했다.

배송-마 (拜送馬)[배:송마][**명**]《민속》〈소아피부병-천연두〉싸리를 서로 어긋나게 엮어 짜서 만든 말. 배송굿을 할 때, 천연두의 두신(痘神)을 태워 보내는 의식에 쓴다. 〈유〉싸리말 ¶상마제란 마부가 무당의 명에 따라 배송마(拜送馬)를 싸 가지고 문밖으로 나가 먼 쪽에 있는 나뭇가지에 걸어 놓는 것을 말하며, 식문제는 시루 속에 감금하였던 식문(천연두에 걸려 죽은 사람의 영혼)을 놓아주고 이미 만들어 두었던 팥죽을 바구니와 함께 버리는 것을 말한다. 마지막 호귀본풀이는 호귀(두신의 별칭)의 유래 및 그 여정(旅程)을 담은《호귀노정기 胡鬼路程記》를 읽는 것을 말한다.

배송-하다 (拜送하다)[배:송하다][**동**]《민속》〈소아피부병-천연두〉천연두를 앓은 뒤 13일 만에 천연두의 신(神)인 호구별성을 떠나보내다. 〈유〉싸리말(을) 태우다.

배앓이 ( )[배아리][**명**]〈통중 일반〉배를 앓는 병. 또는 배에 탈이 나서 아픔을 느끼는 일. 〈유〉복통 ¶ / 앓이는 음식물이 상하기 쉬운 여름철에 흔하다. / 사기그릇을 깨듯 난장질을 치며 쑤셔 대는 배앓이로 금세 눈앞이 캄캄했다. 잠자던 아이가 배앓이를 하고 구역질을 하면서 쉴 새 없이 설사를 했다.

배통 (背痛)[배:통-][**명**]《한의》〈통중 일반〉가슴막염, 폐결핵 따위로 등이 심하게 아픈 증상. 폐에 병이 생기면 숨이 차고 기침이 나며 기(氣)가 치밀어 오르고 어깨와 등이 아프며 땀이 난다. 또 사기(邪氣, 병이 나게 하는 나쁜 기)가 신(腎, 신장)에 있으면 어깨와 등과 목이 아프다.

백교-향 (白膠香)[백꾜향][**명**]《한의》〈종기〉단풍나무의 진을 한방에서 이르는 말. 지혈하는 작용이 있고, 종기나 피부병 따위에 쓰인다.

백날^기침 (百날기침)[ ][**명구**]《의학》〈전염병일반〉경련성의 기침을 일으키는 어린이의 급성 전염병. 3~6세의 어린이들이 잘 걸리며 특히 겨울부터 봄에 걸쳐 유행하는 전염성이 강한 병으로, 병에 걸리면 경과가 백 일 가까이 걸린다. 오래되면 끈끈하고 반투명한 가래가 나오며 기관지염·폐렴 따위를 일으키기 쉬우나, 한번 걸리면 일생 면역이 된다. ¶어린이들의 백날기침은 마치 숨이 막히는 듯한 고통을 느끼면서 쿨룩쿨룩 하고 기침을 계속한 다음 히어 하고 숨을 들이쉰다.

백리(白痢)[뱅니]〔명〕《한의》〈이질〉이질의 하나. 흰 곱똥이나 고름 섞인 대변이 나온다. ¶대표적 증상이 피가 섞인 피똥을 싸는 것이므로 이질을 적리(赤痢)라고도 일컫고 영어권에서는 피가 흐른 다는 의미로 blood flux라고 불렀다. 하지만 피똥을 싸지 않는 경우도 있다. 이 경우는 백리(白痢) 라고 일컫는다.

백면-사(白面痧)[뱅면사]〔명〕《한의》〈소아피부병-홍역〉홍역 따위로 발진이 돋을 때 얼굴이나 코 주위에만 발진이 나타나지 않는 증상.

백선(白癬)[백썬]〔명〕《의학》〈전염병일반〉피부 진균의 침입으로 생기는 전염 피부병을 통틀어 이르는 말. 표피나 진피가 변화하여 피부의 빛깔이 변하고 살갗이나 털이 떨어지며 얼룩이 생긴다.

백세-창(百世瘡)[백쎄창]〔명〕〈소아피부병-천연두〉'천연두'를 사람이라면 누구든지 죽기 전에 한 번은 치르게 되는 병이라는 뜻으로 이르는 말. ¶홍역과 더불어 사람이면 누구나 백 살에 되기 전에 반드시 꼭 한 번은 걸리는 병이라 하여 백세창으로 불렸던 제1종 법정 전염병이었던 천연두를 아시나요?

백신(vaccine)[ ]〔명〕《약학》〈코로나19〉전염병에 대하여 인공적으로 면역을 주기 위해 생체에 투여하는 항원의 하나. 생균에 조작을 가하여 독소를 약화시키거나 균을 죽게 하여 만든 주사약으로 자가 백신, 다가 백신 따위가 있다.

백일-기침(百日기침)[배길기침]〔명〕《의학》〈전염병일반〉경련성의 기침을 일으키는 어린이의 급성 전염병. 3~6세의 어린이들이 잘 걸리며 특히 겨울부터 봄에 걸쳐 유행하는 전염성이 강한 병으로, 병에 걸리면 경과가 백 일 가까이 걸린다. 오래되면 끈끈하고 반투명한 가래가 나오며 기관지염·폐렴

따위를 일으키기 쉬우나, 한번 걸리면 일생 면역이 된다. ¶백일기침이라고
부르는 백일해는 주로 7살 미만의 어린이가 잘 걸리는 전염병이다.

백일-해(百日咳)[배길해]**명**《의학》〈전염병일반〉경련성의 기침을 일으키는
어린이의 급성 전염병. 3~6세의 어린이들이 잘 걸리며 특히 겨울부터 봄에
걸쳐 유행하는 전염성이 강한 병으로, 병에 걸리면 경과가 백 일 가까이 걸
린다. 오래되면 끈끈하고 반투명한 가래가 나오며 기관지염·폐렴 따위를
일으키기 쉬우나, 한번 걸리면 일생 면역이 된다. ¶백일해는 '100일 동안 기
침이 지속된다'는 의미로 영유아 감염 시 무기폐 및 무호흡이나 기관지 폐
렴 등의 호흡기계 합병증을 유발할 수 있으며, 가족 내 전염성이 매우 높다.

백정창(白疔瘡)[백쩡창]**명**《한의》〈종기〉털구멍에 나는 종기.

백해구통(百骸俱痛)[배캐구통]**명**〈통증 일반〉온몸이 아프지 않은 곳이 없이
다 아픔.

백해구통하다(百骸俱痛하다)[배캐구통하다]**형**〈통증 일반〉온몸이 아프지 않
은 곳이 없이 다 아프다.

백혈구^감소증(白血球減少症)[ ]**명구**《의학》〈소아피부병-홍역〉백혈구의 수
가 정상보다 적어지는 증상. 홍역, 풍진, 유행성 감기 따위를 앓거나 장티푸
스에 걸린 초기, 또는 방사선을 비춘 뒤에 나타나는 증상이다. ¶이 외에 용
혈(적혈구가 파괴돼 헤모글로빈이 혈장으로 방출되는 현상)이 심해져 원인
미상의 황달 수치 증가로 인해 병원을 찾거나, 백혈구 감소증이 동반되는
경우도 있다.

백혈구^과다증(白血球過多症)[ ]**명구**《의학》〈전염병일반〉백혈구의 수가 정
상보다 많아지는 증상. 폐렴이나 성홍열, 각종 전염병, 중독, 악성 종양 따
위에서 볼 수 있다. ¶신선한 과일과 채소, 곡물, 단백질 등을 균형 있게 섭
취하여 영양을 골고루 공급받는 것이 백혈구 과다증을 예방하는 데 도움이
됩니다.

백혈구^증다증(白血球增多症)[ ]**명구**《의학》〈전염병일반〉백혈구의 수가 정상

보다 많아지는 증상. 폐렴이나 성홍열, 각종 전염병, 중독, 악성 종양 따위에서 볼 수 있다.¶백광재 진료과장은 또 현재는 피검사에서 백혈구 증다증을 확인하는 것과 동시에, 복부 초음파나 복부 전산화 단층촬영(CT)으로 정확히 진단하여 불필요한 수술을 피할 수 있다고 덧붙였다.

백호-탕(白虎湯)[배코탕]圄《한의》〈전염병일반〉입안이 마르고 몸이 뜨겁게 달아오르는 열증에 쓰는 처방. 감기나 폐렴 따위의 열성 전염병에 쓴다. ¶백호탕은 화열(火熱)을 치료하는 가장 대표적인 처방이다.

백후(白喉)[배쿠]圄《한의》〈전염병일반〉목 안에 생기는 전염병. 목구멍에 젖빛의 막이 생겨 잘 떨어지지 않으며 숨이 가빠지고 온몸에 중독 증상이 나타난다.

벅적지근하다( )[벅쩍찌근하다]圈〈통증 일반〉몸이 뻐근하게 아픈 느낌이 있다. ¶어제 체육 시간에 오래달리기를 해서 다리가 벅적지근하다.

벼락 두통(벼락頭痛)[ ]圐《의학》〈통증 일반〉질병으로 인해 갑자기 발생하는 매우 심한 두통. ¶평소와 다른 매우 큰 두통이 갑자기 발생하는 '벼락 두통'이 나타난다면, 뇌동맥류 때문에 나타나는 증상일 수 있다.

변독(便毒)[변독]圄《한의》〈성병〉매독의 초기 궤양으로서 무통·경화성(硬化性)·부식성 구진이 감염 부위에 발생하는 것.〈유〉하감01(下疳)¶《백초경》타박상, 학질, 산후경풍, 복통, 변독(便毒: 매독에서 오는 가래톳), 치루를 치료한다.

변두통(邊頭痛)[변두통]圄《한의》〈통증 일반〉'편두통'을 한방에서 이르는 말.〈유〉변두-풍(邊頭風)

변비(便祕)[변비]圄《의학》〈장티푸스〉대변이 대장 속에 오래 맺혀 있고, 잘 누어지지 아니하는 병.〈유〉변비증¶변비가 심하다.

변통(便痛)[변통-]圄《한의》〈통증 일반〉대변을 볼 때 통증이 있는 증상. ¶그래서 너나없이 상습 변비증세에 걸리기 쉬운데 변비에 걸린 사람들에게는 특히 섬유질은 단순히 변통을 도울 뿐만 아니라, 장 속의 독소를 흡수하여

ㅂ

배설시키는 신비한 역할까지 한다고 한다.《천규석, 이 땅덩이와 밥상》

별성(別星)[별썽]**명**《민속》〈소아피부병-천연두〉집집마다 찾아다니며 천연
두를 앓게 한다는 여신. 강남(즉 중국)에서 특별한 사명을 띠고 주기적으로
찾아온다고 한다.

병통(病痛)[병:통]**명**《통증 일반》병으로 인한 아픔. ¶포교승의 말로가 6신
통(六神通) 대신 6병통(六病通)이 된다는 말, 다시 새겨 보며 여섯 가지 병
통을 모두 다 지니고 병원에서 아니, 길거리에서 쓰러진다 해도 포교승답게
살다 가리라고 다짐해 본다.《석용산, 여보게 저승갈 때 뭘 가지고 가지》

보건용 마스크(保健用mask)[ ]**명구**《코로나19》미세먼지 입자나 공기 전파 세
균·바이러스 등으로부터 착용자를 보호하기 위한 호흡용 보호구이다. ¶보
건용 마스크가 없어서 방진 마스크 1급을 사려고 하는데 바이러스를 막아
낼 수 있을까요?

보깨다( )[보깨다]**동**《통증 일반》먹은 것이 소화가 잘 안 되어 속이 답답하고
거북하게 느껴지다. ¶어제 저녁 내내 속이 보깨어 혼났다. / "괜찮습니다.
아침에 무어 좀 먹은 것이 보깨는 듯합니다." 하고 얼른 변명을 한다.

보대끼다( )[보대끼다]**동**《통증 일반》(사람이) 탈이 나서 뱃속이 몹시 쓰리거
나 울렁울렁하다. ¶속이 보대껴 식사를 못 했다. / 먹은 것이 체했는지 보
대껴.

보두(寶痘)[보:두]**명**《한의》〈소아피부병-천연두〉천연두를 앓을 때 발진이
내돋기 시작함. 또는 그 발진.

보두-하다(寶痘하다)[보:두하다]**동**《한의》〈소아피부병-천연두〉천연두를 앓
을 때 발진이 내돋기 시작하다.

보통^건선(普通乾癬)[ ]**명구**《의학》〈전염병일반〉선균(癬菌)에 의하여 전염되
는 피부병. 처음 발진은 선홍색이나 홍갈색으로 점점 범위가 넓어진다. ¶보
통 건선이 나타난다면 넓은 면적으로 번진 상황들을 자주 볼 수 있었어요.

보통^모창(普通毛瘡)[ ]**명**《한의》〈종기〉털집에 생긴 염증으로 인해 발생하

는 종기. 〈동〉보통 털종기증.

보통^털종기증(普通털腫氣症)[ ]**명**《한의》〈종기〉털집에 생긴 염증으로 인해 발생하는 종기. 〈유〉보통 모창.

보호경(保護經)[ ]**명**〈코로나19〉질병이나 재난으로부터 안전하게 보호해 달라는 뜻을 이루어주는 효능을 지닌 경전. ¶〈보호경〉은 특별한 권능을 지니는데 그것은 다음과 같다. 첫째, 위험을 몰아내고 보호한다. 둘째, 모든 재난 혹은 어떤 어려움에서도 보호를 가져온다. 셋째, 크나큰 권능으로 모든 어려움, 재난, 두려움으로부터 존재들을 보호한다. ¶빠릿따는 그것을 독송하면 재난에서 벗어나고 장애를 물리치며 행복을 불러온다고 하는데 모두가 경전의 형식을 취하고 있어서 〈보호경〉으로 부르는 것이 좋을 듯하다.

복수(腹水)[복쑤]**명**《의학》〈성병〉배 속에 장액성(漿液性) 액체가 괴는 병증. 또는 그 액체. 배가 팽만하여지고 호흡 곤란 증상이 나타나는데, 주로 간경변증·결핵 복막염·간매독(肝梅毒)·문정맥 혈전 때에 일어나며 심장 질환·신장 질환의 경과 중에도 볼 수 있다. ¶그는 복막염으로 배에 복수가 찼다.

복통(腹痛)[복통]**명**〈장티푸스/통증 일반〉복부에 일어나는 통증을 통틀어 이르는 말〈유〉배앓이 ¶복통을 일으키다.

봉쇄(封鎖)[봉쇄]**명**〈코로나19〉(코로나19로 사람들이 다니는 길이나 국경 따위를) 굳게 막아 버리거나 잠금. ¶독일은 전면 봉쇄를 결정했고 각국에서 잇따라 백신 접종을 시작하는 등 세계 곳곳이 극약처방에 나서고 있습니다.

봉쇄 정책(封鎖政策-containment policy)[ ]**명구**〈코로나19〉코로나19 바이러스로 인한 전염병 확산을 방지하기 위해 특정 지역을 적극적으로 봉쇄하는 것. ¶미국은 봉쇄정책을 통해 공산화를 막고자 하였다.

봉쇄령(封鎖令)[봉쇄령]**명**〈코로나19〉외부와의 연결 및 교류를 차단하는 목적으로 내리는 명령. 이것이 내려지는 단위는 마을 및 지역 단위에서부터 국가에 이르기까지 다양하다. 정치 및 경제적 압박을 가하거나 전염병의 확산을 막기 위하여 내린다. 〈유〉락다운, 록다운, 이동 제한령 ¶인도가 코로

나19에 대응하려 '전국 봉쇄령'까지 내렸지만 내부에서 외려 확산 우려가 커
지고 있다.

부다듯하다 ( )[부다드타다]휑〈통증 일반〉(사람이나 그 몸이) 열이 나서 매우
뜨겁다. ¶감기가 들어서 몸이 부다듯하고 여기저기가 쑤신다.

부대끼다 ( )[부대끼다]동〈통증 일반〉(사람이) 배 속이 크게 불편하여 쓰리거
나 울렁울렁하다. ¶낮에 음식을 잘못 먹었는지 속이 부대껴서 하루 종일 혼
났다.

부머리무버 (boomer remover)[ ]명구《보건·의학》〈코로나19〉1960년대 이전
에 출생한 60대 이상의 고령자들을 베이비붐 시대 출생이라는 뜻으로 부머
(baby boomer)라고 하는데 이 병이 주로 60대 이상의 고령자들에게 치명적
이라는 점을 강조한 말.

부스럼 ( )[부스럼]명《의학/한의》〈조선시대전염병〉피부에 나는 종기를 통
틀어 이르는 말.〈유〉절양(癤瘍) ¶1.부스럼 딱지.

부스럼 병 ( )[ ]명구《의학》〈조선시대전염병〉부스럼을 병으로 이르는 말. ¶부
스럼 병에 걸렸디.

부스럼이 살 될까 ( )[ ]속담이미 그릇된 일이 다시 잘될 리 없다는 말.〈동〉고름
이 살 되랴.

부스터 샷 (booster shot)[ ]명구〈코로나19〉면역 체계를 촉진/강화하기 위해서
맞는 추가 백신 접종. ¶또 혈액이 말초까지 도달했지만 심장으로 되돌아오
지 못해 발생하는 정맥 혈전증은…뇌 정맥동 혈전증을 유발한다.

부종 (浮腫)[부종]명《한의》〈조선시대전염병〉몸이 붓는 증상. 심장병이나
콩팥병 또는 몸의 어느 한 부분의 혈액 순환 장애로 생긴다.〈유〉부증, 붓는
병 ¶일에 대한 집중과 몰입도로 인해 장시간 앉아서 작업을 하게 되는 행동
은 부종(浮腫)이 발생하기 쉽다.

분비성 설사 (分泌性泄瀉)[ ]명구《의학》장내로 전해질과 수분이 다량 빠져나가
생기는 설사. 세균성 독소, 담즙산, 지방산, 하제 따위의 다양한 원인에 의

해 발생하며, 가장 흔한 원인은 감염이다. ¶만약 장 점막 질환으로 MCT를 흡수하지 못하면 소장에서 분비성 설사를 일으킬 수 있다.

분통 (憤痛)[분통-]**명**〈통증 일반〉몹시 분하여 마음이 쓰리고 아픔. 또는 그런 마음. ¶분통이 터지다. / 분통을 삭이다. / 분통을 터뜨리다.

분통스럽다 (憤痛스럽다)[분통스럽따]**형**〈통증 일반〉몹시 분하여 마음이 쓰리고 아픈 데가 있다. ¶내 비록 뜻이 있어도 그 무리들을 다스려 바른 바 도리를 가르쳐 보려 해도 가진 힘 없음이 오직 분통스러울 따름이다. / 자신들의 농토를 동척에 빼앗기고 만 것도 억울한 판에 이주 온 일본인의 소작인이 되었다는 사실이 더욱 분통스러웠다.

불감-증 (不感症)[불감쯩]**명**《의학》〈성병〉성교할 때에 쾌감을 느끼지 못하는 증상. 성병 따위의 병이 원인이 되기도 하고 악취·죄악감·임신 공포 따위가 원인이 되기도 하는데, 남자보다는 여자에게 더 많다.〈유〉냉감증(冷感症), 성교 무욕증(性交無欲症) ¶여성은 나이가 들수록 여성 불감증을 겪을 확률이 높아질 수 있다.

불현성^유행 (不顯性流行)[ ]**명구**《의학》〈일본뇌염〉병균이 몸 안에 들어가서 증식되기 시작하였으나, 겉으로는 그 증상이 나타나지 않는 상태로 널리 퍼져 돌아다니는 일. 일본 뇌염, 유행 뇌척수막염 같은 신경 계통 전염병은 이 유행의 일반적인 형태이다.

붓다 ( )[붇:따]**동**〈통증 일반〉살가죽이나 어떤 기관이 부풀어 오르다. ¶얼굴이 붓다. / 병으로 간이 붓다. / 절제한 부위에 암이 재발할 때 나타나는 증세는 절제한 쪽의 팔이 붓고 통증이 오는 것이다.《조선일보사, 조선일보 과학》

브루셀라-병 (Brucella病)[ ]**명**《의학》〈전염병일반〉브루셀라균의 감염으로 생기는 병. 본디 소, 염소, 돼지 따위의 법정 가축 전염병으로, 사람에게 감염되면 높은 열이 나는데 백신이나 항생 물질로 예방이 가능하다.

브루셀라-증 (Brucella症)[ ]**명**《의학》〈전염병일반〉브루셀라균의 감염으로 생

기는 병. 본디 소, 염소, 돼지 따위의 법정 가축 전염병으로, 사람에게 감염
되면 높은 열이 나는데 백신이나 항생 물질로 예방이 가능하다. ¶정부가 소
브루셀라병이 발생했을 때 살처분 범위를 현재 감염 개체에서 발생농장의
모든 사육 개체로 확대하는 방안을 추진한다.

비달 (widal)[ ]**명**《인명》〈장티푸스〉프랑스의 세균학자(1862~1929). 1896년
에 장티푸스의 진단법으로 비달 반응을 발견하였다.

비달^반응 (Widal反應)[ ]**명**《의학》〈장티푸스〉장티푸스, 파라티푸스 같은 티
푸스성 질환에 대한 혈청 진단법. 티푸스 환자의 혈청에 티푸스균을 응집시
켜 응집소의 증가를 살핀다. 프랑스의 세균학자 비달이 발견하였다.

비데 (bidet)[ ]**명**〈성병〉「1」여성용 성기 세척기. 여성병 예방을 목적으로 프랑
스에서 개발되었다. ¶비데(여성 성기 또는 항문 세척기)는 치질이나 변비를
치료하지는 못한다.

비말 (飛沫)[ ]**명**〈코로나19〉기침이나 재채기를 할 때, 또는 말을 할 때 입에서
나와 공기 중으로 날리는 침의 작은 덩이. 〈유〉침덩이 ¶코로나19 바이러스
가 비말 이외에도 공기 중에 감염되는 경로가 있을까?

비말 마스크 (飛沫mask)[ ]**명구**《보건·의학》〈코로나19〉병원체의 감염을 매개
할 수 있는 침방울의 유입을 차단하기 위해 쓰는 마스크. ¶요즘같이 날씨가
더울 때는 비말을 차단하면서도 숨쉬기 편한 비말 마스크를 착용하는 것도
좋은 방법이다.

비말 차단 (飛沫遮斷)[ ]**명구**《보건·의학》〈코로나19〉병원체의 감염을 매개할
수 있는 침방울을 통하지 못하게 함. ¶코로나19 감염이 확산되면서 비말 차
단을 위한 칸막이나 가림막 등과 관련된 특허 출원이 늘고 있다.

비말 차단 마스크 (飛沫遮斷mask)[ ]**명구**《보건·의학》〈코로나19〉병원체의 감
염을 매개할 수 있는 침방울의 유입을 차단하기 위해 쓰는 마스크. ¶코로나
19의 재확산으로 비말 차단 마스크를 쓰던 사람들도 다시 보건용 마스크를
찾기 시작했다.

비말 차단용 마스크(飛沫遮斷用mask)[ ]〖명구〗《보건·의학》〈코로나19〉병원체의 감염을 매개할 수 있는 침방울의 유입을 차단하기 위해 쓰는 마스크. ¶더운 날씨에 연일 온라인에서 품절되고 있는 비말 차단용 마스크를 곧 대형 마트에서도 살 수 있게 된다.

비부-루(蚍蜉瘻)[비부루]〖명〗《한의》〈옴〉부스럼의 구멍이 왕개미의 집처럼 되는 병. 목에 옴이나 버짐 따위가 생기면서 열이 몹시 난다.

비브리오(vibrio)[비브리오]〖명구〗《보건 일반》그람 음성(陰性)이며 하나 또는 몇 개의 편모(鞭毛)가 달려 있는 굽은 막대 모양의 세균. 콜레라균, 병원성 호염균 따위가 있다.〈동〉비브리오-균(vibrio菌) ¶비브리오속에 속하는 다수의 종들은 음식을 통해 인간에게 감염되며, 특히 날것이나 덜 익힌 해산물을 통해 감염되는 경우가 많다.

비브리오 감염증(Vibrio感染症)[ ]〖명구〗바닷물에서 자주 발견되는 박테리아 유형인 비브리오에 의해 발생하는 감염. ¶비브리오 감염증의 예방을 위해서는 어패류는 85도 이상 가열 처리하거나 흐르는 수돗물로 충분히 씻은 후 섭취해야 한다.

비브리오 콜레라균(Vibrio cholerae)[ ]〖명구〗콜레라의 주요 원인이다. 자연적으로 해변가와 강어귀에 존재하며, 감염을 일으킬 정도로 증식하면 간단하게 식수나 음식물을 통해 전파되는 균. ¶지난해에는 78건의 해수를 검사 해 7건의 장염비브리오균 검출을 확인한 바 있으며, 비브리오 패혈증균과 비브리오 콜레라균은 검출되지 않았다.

비브리오 패혈증(vibrio敗血症)〖명구〗《의학》비브리오에 감염된 해산물을 먹은 사람에게 균이 옮아 고열과 함께 피부의 괴사를 일으키는 병. ¶화순군은 3일 가을철 비브리오 패혈증에 감염되지 않도록 어패류 섭취에 대한 주의를 당부했다고 밝혔다.

비브리오-균(vibrio菌)[비브리오균]〖명〗《생명》그람 음성이며 하나 또는 몇 개의 편모(鞭毛)가 달려 있는 굽은 막대 모양의 균. 콜레라균, 병원성 호염균

따위가 있다.〈동〉비브리오(vibrio)¶경찰은 숨진 ○ 씨가 생선회를 먹었다
는 가족들의 진술에 따라 생선회에 기생하는 비브리오균에 감염, 사망한 것
으로 추정하고 정확한 사인을 조사 중이다.

비브리오-증(vibrio症)[비브리오증]**명**《의학》비브리오속 박테리아류에 의한
감염증.¶3일 강릉시보건소에 따르면 해수 온도가 상승함에 따라 비브리오
패혈증과 같은 비브리오증이 증가할 수 있다 고 말했다.

비상-약(砒霜藥)[비:상냑]**명**《약학》〈성병〉비소가 들어 있는 약제. 매독 치
료제인 살바르산이 있다.〈유〉비소제(砒素劑)¶민간에서 열매의 속껍질은
화상, 송진은 상처, 잎은 원기회복, 잎을 태운 재는 각종 성병(임질, 매독)에
비상약으로 썼다.

비소-제(砒素劑)[비:소제]**명**《약학》〈성병〉비소가 들어 있는 약제. 매독 치
료제인 살바르산이 있다.〈유〉비상약(砒霜藥)¶서양에서 약물로서의 비소
제의 연구는 20세기 초기에 시작되고 1910년, P. Ehrlich 등이 살바르산을
발견하여 매독약으로서의 가치를 확인하면서 정점에 달했다.

비스무트-제(Wismut劑)[ ]**명**《약학》〈성병〉상처와 점막에 부분적으로 수렴·
방부 작용을 하는 비스무트로 만든 약. 위와 장의 염증성 질환과 매독을 치
료하는 데 썼으나 항생 물질이 나온 후 거의 사용하지 아니하고 있다.〈유〉
창연제(蒼鉛劑)¶보통 39.5℃ 이상 발열하는 경우를 유효한 것으로 보고, 신
체 상태가 허용하는 한 도합 8~12회의 발열 발작을 반복시킨 후 키니네를 투
여해서 말라리아를 치료한 후에는 다음 요법으로 비소제(砒素劑), 비스무트
제 등에 의한 구매요법(驅梅療法: 매독을 치료하는 법)을 시작한다고 한다.

비영비영하다( )[비영비영하다]**형**〈통증 일반〉(사람이) 병으로 몹시 야위어
기운이 없다.¶비영비영하던 몸이 빠르게 회복되었다.

비임균^요도염(非淋菌尿道炎)[ ]**명구**《의학》〈성병〉성교에 의하여 전염되는
요도염. 임균(淋菌)이 아닌 다른 원인에 의하여 발병하는데, 잠복기는 1~3
주간이고, 요도의 불쾌감·가려움·배뇨 장애 따위의 증상이 나타난다.¶반

면 비임균 요도염은 원인 병원체에 따라 치료가 달라지며, 때로는 비감염성 원인으로 인해 발생하기도 합니다.

비저 (鼻疽) [비 : 저] **명** 《의학》〈전염병일반〉말이나 당나귀에 유행하며 사람에게도 감염되는 전염성 질환. 마비저균이 코의 점막(粘膜)에 염증을 일으켜 온몸의 림프샘에 퍼지면서 병이 진행되는데, 콧물을 많이 흘리고 폐가 약해진다.

비접촉감지기 ( ) [ ] **명** 〈코로나19〉음주운전 단속 시 운전자가 숨을 불지 않아도 음주 여부를 파악할 수 있는 감지기. ¶코로나19 예방을 위해 '비접촉 감지기'를 활용하는 것 외에 'S자형 주행로'를 일반도로보다 길게 설치해 더욱 세밀하고 안전하게 음주운전자를 적발할 계획이다.

비정형^항산균증 (非定型恒酸菌症) [ ] **명구** 《의학》〈전염병일반〉결핵균과 모양이 비슷하며 증상도 폐결핵과 비슷하나 다른 사람에게 전염되지 아니하는 병. 증상은 보통 가벼우나 폐에 구멍이 생기는 경우도 있다.

비종 (鼻腫) [비종] **명** 《한의》〈조선시대전염병〉코가 붓는 증. ¶폐화(肺火)로 인한 비종(鼻腫)에 쓰는 것으로 조각자를 가루로 장만하여 콧속에 불어 넣어 수십 차례 재채기를 일으키면 낫게 된다고 하였다.

비타민^비^투^결핍증 (vitamin B two缺乏症) [ ] **명구** 《의학》비타민 비투가 모자라 피부와 점막에 염증이 생기는 병. 위장관 질병이 있어서 이 비타민이 잘 흡수되지 못할 때나 간병과 감염증 환자, 임신부들에게서 이 비타민의 소비량이 많아질 때 걸린다. 피부가 메마르고 거칠어지며 입술과 입 가장자리, 혀에 염증이 생긴다.

비타민^에이^과잉증 (vitamin A過剩症) [ ] **명구** 《의학》비타민 에이를 너무 많이 섭취하여 생기는 중독증. 급성 때에는 뇌압이 높아지면서 구역질·구토·졸림증 따위의 증상이 나타나며 만성 때에는 몸이 여위고 간이 붓고 피부가 거칠어지고 머리카락이 잘 빠지며 입 가장자리가 헐고 신경염 증상이 나타난다.

비통1(鼻痛)[비ː통-]**몡**《한의》〈통증 일반〉감기 때문에 코가 막히고 아픈 병.

비통2(臂痛)[비ː통-]**몡**《한의》〈통증 일반〉팔이 저리거나 아픈 증상.

비통하다(悲痛하다)[비ː통하다]**혱**〈통증 일반〉몹시 슬퍼서 마음이 아프다. ¶
비통한 심정. / 비통한 얼굴. / 아버지는 비통한 목소리로 할머니의 운명을
사람들에게 알렸다.

비형^간염(B型肝炎)[ ]**몡구**《의학》〈간염〉에이치비 바이러스의 감염에 의한
간염. 성인은 성교나 수혈을 통해서 감염되고 일과성 감염의 경과를 거치지
만, 신생아나 소아는 지속적으로 감염되는 일이 많다.〈유〉수혈 간염(輸血
肝炎), 혈청 간염(血淸肝炎) ¶사실 예전 건강검진에서도 비형간염 항체가
없다고 나왔는데, 그냥 그냥 세월이 훌쩍 지나버렸네요.

비활성화^백신(非活性化vaccine)[ ]**몡구**《약학》〈일본뇌염〉가열하거나 포르
말린 따위로 약품 처리하여 면역 능력은 없어지지 않게 하면서, 병을 일으
키는 독소는 없앤 백신. 일본 뇌염, 소아마비 따위의 백신이 이에 속한
다.〈유〉사멸 백신(死滅vaccine) ¶생백신(활성화 백신)을 맞으셨는지, 사백
신(비활성화 백신)을 맞으셨는지 모르겠네요.

빈속 통증(빈속痛症)[빈속통쯩]**몡구**《의학》〈통증 일반〉배 속이 비었을 때 배
의 윗부분, 특히 유문 부위에 느껴지는 통증. 식후 3~6시간이 지나서 오며
샘창자 궤양, 위염, 쓸개염 따위가 생겼을 때 많이 나타나는 증상이다.

빠개지다( )[빠개지다]**동**〈통증 일반〉(작고 단단한 물건이) 두 쪽으로 갈라지
다.〈참〉뻐개지다 ¶머리가 빠개질 것처럼 아프다.

빠근하다( )[빠근하다]**혱**〈통증 일반〉(사람이나 몸, 근육 따위가) 몹시 피로하
여 몸을 놀리기가 조금 거북하고 무지근하다.〈참〉뻐근하다 ¶몸이 빠근하
여 오늘은 좀 일찍 들어갈게요. / 잠을 제대로 못 자서 목이 빠근하다.

빠작지근하다( )[빡짝찌근하다]**혱**〈통증 일반〉몸의 한 부분이 빠근하게 아픈
느낌이 있다.〈참〉빡지근하다 ¶가슴이 빠작지근하다. / 온몸이 빠작지근하
다. / 감기가 걸렸는지 목구멍이 빠작지근하게 아프다.

빨간-집모기 ( )[빨간집모기]명《보건 일반》모깃과의 곤충. 흔히 볼 수 있는 모기로 몸의 길이는 5.6mm 정도이며, 엷은 붉은 갈색에 붉은 무늬가 있다. 성충 암컷은 뇌염 따위의 병을 옮긴다. 한국, 일본, 중국 북부에 산다.〈유〉 홍모기(紅모기) ¶수원시보건소는 지난달 30일 일본뇌염 매개모기인 작은 빨간집모기가 처음으로 발견됐다고 29일 밝혔다.

뻐개지다 ( )[뻐개지다]동〈통증 일반〉(단단한 물건이) 두 쪽으로 갈라지 다.〈참〉빠개지다 ¶사람들은 모두 말이 없었고 나는 너무나 벅찬 감동으로 해서 가슴이 뻐개지는 것 같았다. / 저 은가락지 낀 손으로 백년가약주 잔을 들어 줄 때 장덕순의 가슴이 뻐개지지 않겠는가.

뻐근하다 ( )[뻐근하다]형〈통증 일반〉(몸이) 피로나 몸살 따위로 근육이 뭉치 거나 결려서 움직이기에 둔하다.〈참〉빠근하다 ¶너무 많이 걸은 탓인지 다 리가 뻐근하다. / 종일 논에서 김을 매어 허리가 뻐근하다.

뻑적지근하다 ( )[뻑쩍찌근하다]형〈통증 일반〉(몸이) 조금 뻐근하고 거북한 느낌이 있다.〈유〉뻑지근하다 〈참〉빡작지근하다 ¶온몸이 뻑적지근하다. / 오랫동안 컴퓨터를 했더니 어깨가 뻑적지근했다.

뼈막-염 (뼈膜炎)[뼈망념]명《의학》〈성병〉뼈막의 염증을 통틀어 이르는 말. 화농균의 감염이나 매독, 유행성 감기, 타박상에 의한 심한 자극 따위로 인 하여 생기며 뼈조직의 곪음과 파괴를 일으킨다.〈유〉골막염(骨膜炎) ¶뼈막 염이 지속되면서 이마뼈는 돌출되고 정강이 뼈에도 염증이 진행되어 뼈가 한쪽으로 휘게 됩니다.

뼛골(이) 아프다 ( )[ ]형구〈통증 일반〉(사람이) 뼛속까지 아플 정도로 고통스럽 다 ¶뼛골이 아프도록 고생하여 자식들을 길러 놓았더니, 저 혼자 큰 줄 안 다.

뽀개지다 ( )[ ]동〈통증 일반〉'빠개지다'의 전라 방언.

한국어 질병 표현 어휘 사전 III

ㅅ

사교-병(社交病)[사교뼝]**명**〈성병〉'성병02'을 달리 이르는 말. ¶나는 사교병을 앓고 있다.

사두창(蛇頭瘡)[사두창]**명**《한의》〈종기〉손가락 끝에 종기가 나서 곪는 병.〈동〉생인손.

사람 간 감염(사람간感染)[ ]**명구**〈코로나19〉사람과 사람 사이에 일어나는 감염. ¶단순포진 생기면 사람간 감염되나요?

사물거리다( )[사물거리다]**동**〈통증 일반〉(몸이나 몸의 일부가) 살갗에 작은 벌레 따위가 기어가는 것처럼 간질간질하다.〈유〉사물대다, 사물사물하다 〈참〉스멀거리다 ¶시냇물에 발을 담그고 있으니 발목이 사물거리는 것을 느낄 수 있었다.

사물대다( )[사물사물하다]**동**〈통증 일반〉(몸이나 몸의 일부가) 살갗에 작은 벌레 따위가 기어가는 것처럼 간질간질하다.〈유〉사물거리다, 사물사물하다 〈참〉스멀대다 ¶명수는 사물대는 냇물을 철벅철벅 밟으며 마음을 달랬다.

사물사물하다( )[사물사물하다]**동**〈통증 일반〉(몸이나 몸의 일부가) 살갗에 작은 벌레 따위가 기어가는 것처럼 간질간질하다.〈유〉사물거리다, 사물대다 ¶그 아이와 부딪치는 순간 어깨가 사물사물하는 느낌이 났다.

사염화^탄소^중독(四鹽化炭素中毒)[ ]**명구**《의학》사염화 탄소의 증기 흡입이나 액체의 피부 접촉으로 인하여 일어나는 급성 또는 만성의 중독. 간 기능 장애, 두통, 현기증 따위의 증상이 나타난다.

사이토카인 증후군( )[ ]**명구**〈코로나19〉알 수 없는 바이러스에 놀란 신체 내부 시스템이 스스로 자신의 세포를 공격하게 되어 죽음에 이르게 될 수도 있는 질병.

사지통(四肢痛)[사ː지통-]**명**《한의》〈통증 일반〉팔다리가 쑤시고 아픈 병. ¶성장통이란 성장기에 있는 아이가 원인불명의 사지통을 호소할 때 흔히 사용하는 용어다.

사회적 거리두기(社會的 距離)[ ]**명구**〈코로나19〉전염병의 확산을 막거나 늦추

기 위해 사람들 사이의 거리를 유지하는 감염 통제 조치 혹은 캠페인. 외출
및 집단 활동을 삼가고, 사람 간 접촉 후에는 손 씻기를 강조하는 등의 행동
요령이 있다.(=social distancing). ¶8월 30일부터는 수도권에 사회적 거리두
기 2단계를 유지하되 더욱 강화된 조치를 실시하였다.

산적(疝癪)[산적]〔명〕《한의》〈통증 일반〉가슴이나 배가 쑤시고 아픈 병.

산통1(疝痛)[산통]〔명〕《의학》〈통증 일반〉'급경련통'의 전 용어. 위·장·방광·
자궁 등의 복부의 강(腔)을 갖는 장기나, 담도·신우(腎盂)·요관 등 관상(管
狀)을 이루는 장기의 벽으로 되어 있는 평활관(平滑管)의 경련 때문에 수분
에서 수 시간의 간격을 두고 주기적으로 반복하는 복통. 통증의 강도는 심
하고 당기는 듯하고 찌르는 듯한 통증과 작열감(灼熱減)이다. 통증은 대체
로 그의 장기의 위치에 일치하지만 일정한 방향으로 방사(放散)하는 일도
있다. ¶자극성 완하제는 산통을 유발하므로 사용에 주의를 요한다.《최윤
선, 호스피스·완화의학》/모든 장의 연동 운동 항진제는 복부 산통과 심한
설사를 일으킬 수 있다.《최윤선, 호스피스·완화의학》

산통2(産痛)[산:통]〔명〕《의학》〈통증 일반〉해산할 때에, 짧은 간격을 두고 주
기적으로 반복되는 배의 통증. 분만을 위하여 자궁이 불수의적(不隨意的)
으로 수축함으로써 일어난다. 〈유〉진통(陣痛) ¶그녀가 태어나던 날, 아버
지는 어머니의 산통 후 지친 모습에서 지치지 않는 그리움을 보았다.《오정
은, 펭귄의 날개》

산화^시안수은(酸化cyaan水銀)[ ]〔명구〕《약학》〈성병〉시안수은의 포화 수용액
을 황산 수은과 함께 끓여 만든 흰색 가루. 수용성이고 살균력이 강하며 자
극이 적어 점막 소독제, 성병 예방제, 구매제(驅梅劑), 국소 방부제 따위로
쓰인다. 일반적으로 주사(注射)로 사용하는데 성병 예방에는 젤리로 만들
어 쓴다. 0.1% 용액으로 금속 기구를 소독하기도 한다. 〈유〉옥시시안수은
(oxycyan水銀)

산후 진통(産後陣痛)[산후·진통]〔명구〕《의학》〈통증 일반〉아이를 낳은 이후의

자궁 수축에 의한 진통. 시간이 갈수록 점차 없어진다. 〈유〉산후-통(産後痛)

산후통(産後痛)[산후통]图《의학》〈통증 일반〉해산한 다음에 이삼일 동안 가끔 오는 진통. 임신으로 커진 자궁이 줄어들면서 생긴다. 〈유〉산후 진통(産後陣痛), 후진통(後陣痛)¶일상생활이 불편할 정도로 산후통이 있다면 치료받는 것이 좋다.

살균-제(殺菌劑)[살균제]图《약학》〈전염병일반〉생체에 유해한 미생물이나 병원체를 사멸시켜 전염이나 감염 능력을 잃게 하는 외용약. 에탄올, 크레솔수, 요오드팅크 따위가 있다.¶러프 박사는 조사 결과 세균은 매우 낮게 검출됐지만 병원의 전염병 발생률과 특별한 상관관계를 갖고 있지는 않았다고 말하면서 특히 손세척 살균제 사용을 늘린 시기에 오히려 병원 전염병 발생률이 높아지기도 했다고 전했다.

살리실산^수은(salicyl酸水銀)[ ]图구《약학》〈성병〉54~59%의 수은을 함유한 흰빛의 가루약. 물이나 알코올에 녹지 않으며, 매독을 치료하는 데에 쓰였다.

살몸살( )[살몸살]图《의학》〈통증 일반〉근육이 쑤시고 아픈 증상. 〈유〉견인증(牽引症), 근육통(筋肉痛), 근육통증(筋肉痛症), 근통(筋痛)

살살( )[살살]图〈통증 일반〉배가 조금씩 쓰리며 아픈 모양. 〈참〉슬슬, 쌀쌀¶아랫배가 살살 아프다. / 여태까지는 꾸르륵거리기만 하던 배가 살살 아파오기 시작했다.

살천지( )[ ]图〈코로나19〉코로나19의 확산으로 활동량이 줄어들면서 살이 많이 찌게 되는 일. 〈유〉코로나 비만

삼기-음(三氣飮)[삼기음]图《한의》〈이질〉근육과 관절이 마비되고 아픈 데나이질 후의 학슬풍을 다스리는 데 쓰는 처방.

삼두-음(三豆飮)[삼두음]图〈소아피부병-천연두〉녹두, 팥, 검정콩을 같은 분량으로 합하여 물을 붓고 감초나 댓잎을 조금 넣고 끓인 물. 천연두를 치르는 아이에게 약으로 쓰는데, 여름에 차 대신 먹기도 한다. ¶《동의보감》에서는 적소두·흑두·녹두라는 세 가지 콩으로 만든 한약인 삼두음(三豆飮)을

人

처방하라 하고, 정약용이 쓴《마과회통(麻科會通)》이라는 의서에는 사람의
똥에 달걀을 섞어 먹거나 두더지를 달여 즙으로 먹으라는 처방이 나온다.

삼일-열 (三日熱)[사밀렬][명]《의학》〈학질〉 열원충이 적혈구 내에서 48시간 동
안 분화되어 열이 오르는 말라리아. ¶우리나라에서는 삼일열 말라리아 원
충(Plasmodium vivax)에 의한 삼일열 말라리아가 유행하고 있다.

삼일-학 (三日瘧)[사밀학][명]《의학》〈학질〉3일에 한 번씩 발작하는 학질.

삼차 신경통 (三叉神經痛)[ ][명구]《의학》〈통증 일반〉삼차 신경의 분포 영역에
생기는 통증 발작. 얼굴 한쪽이 심하게 아프며 후두부나 어깨까지 아플 수
도 있는데 중년 이후의 여성에게 많다. 원인은 분명하지 않으나, 뇌줄기에
발생한 종양이나 뇌동맥 자루가 원인일 가능성이 있고, 다발 경화증의 증상
으로 나타날 수도 있으며 뇌 바닥 세동맥의 동맥 경화증이 원인이 되는 경
우도 있다. ¶삼차신경통은 그 통증의 정도가 비주기적으로 강하게 나타나,
정상적인 삶을 영위하는 데 지장을 줄 정도이며 바른 치료를 받지 않을 경
우 만성적 질환으로 이어질 가능성이 높아, 삶의 질 회복을 위해서는 반드
시 근본 치료를 받아야 할 질환이다.

삽통 (澁痛)[삽통][명]《한의》〈통증 일반〉1.눈병이 났을 때 눈알이 깔깔하면서
아픈 증상. 2.오줌이 잘 나오지 아니하면서 아픈 증상.

상산 (常山)[상산][명]《의학》〈학질〉조팝나무의 뿌리를 한방에서 이르는 말.
맛이 쓰고 매우며 독성이 있는데 학질과 담 치료에 쓰인다.

상상 코로나 ( )[ ][명구]〈코로나19〉재채기나 잔기침에도 코로나가 아닐까 걱정
하게 되는 말.

상악동-염 (上顎洞炎)[상:악똥념][명]《의학》〈전염병일반〉위턱굴에 생기는 염
증. 감기, 유행성 감기, 폐렴과 같은 전염병 또는 코안 수술이나 치아의 질
환이 원인이 되어 생기며 위턱굴의 통증, 치통, 이가 들뜬 느낌, 콧물·고름
의 유출 따위의 증상이 나타난다.

상지구-법 (桑枝灸法)[상지구뻡][명]《한의》〈종기〉뜸을 뜨는 방법의 하나. 뽕

나무 가지에 불을 붙였다가 끈 다음 그것으로 종기가 난 곳을 지진다.

상통하다(傷痛하다)[상통하다][혱]〈통증 일반〉마음이 몹시 괴롭고 아프다.

상피^모양^세포(上皮模樣細胞)[ ][명구]《생명》〈성병〉조직구에서 유래하는 독
특한 세포. 언뜻 보기에 상피와 비슷하여 이렇게 이름 붙였으며, 결핵·매
독·나병 따위의 만성 육아종 염증에 나타난다.

상회-수(桑灰水)[상회수/상훼수][명]《한의》〈종기〉뽕나무를 태워서 만든 잿
물을 한방에서 이르는 말. 종기를 씻거나 찜질하는 데 쓴다.

새근거리다( )[새근거리다][동]〈통증 일반〉(팔다리나 뼈마디가) 자꾸 조금 시
리고 쑤시다.〈유〉새근대다, 새근새근하다〈참〉새큰거리다, 시근거리다 ¶
평소에 하지 않던 운동을 좀 했더니 금세 팔다리가 새근거렸다.

새근대다( )[새근대다][동]〈통증 일반〉(팔다리나 뼈마디가) 자꾸 조금 시리고
쑤시다.〈유〉새근거리다, 새근새근하다〈참〉새큰대다, 시근대다 ¶영수는
다친 손목이 새근대서 타자를 칠 수가 없다.

새근새근하다( )[새근새근하다][혱]〈통증 일반〉(팔다리나 뼈마디가) 자꾸 조금
시리고 쑤시는 상태에 있다.〈유〉새근거리다, 새근대다〈참〉새큰새큰하다,
시근시근하다 ¶나이가 드니 다리가 새근새근하다.

새근하다( )[새근하다][혱]〈통증 일반〉(팔다리나 뼈마디가) 조금 시리고 쑤시
는 듯하다.〈참〉새큰하다, 시근하다 ¶윤희는 걸레질을 한 시간이 넘도록 했
더니 무릎이 새근했다.

새눈무늿-병(새눈무늿病)[새눈무니뼝/새눈무닏뼝][명]《한의》〈전염병 일반〉
피부에 검은 반점이 생기고 목이 잠기는 전염병.

새큰거리다( )[새큰거리다][동]〈통증 일반〉(뼈마디가) 조금 쑤시고 저린 느낌
이 자꾸 나다.〈유〉새큰대다, 새큰새큰하다〈참〉새근거리다, 시큰거리다 ¶
그의 목소리에 새큰거리는 발목도 욱신거리는 머리도 까맣게 잊고, 급한 마
음에 신발도 신지 않은 채 맨발로 뜰로 내려섰습니다.

새큰대다( )[새큰대다][동]〈통증 일반〉(뼈마디가) 조금 쑤시고 저린 느낌이 자

꾸 나다.〈유〉새큰거리다, 새큰새큰하다〈참〉새근대다, 시큰대다 ¶달리기
를 하다가 삔 발목이 자꾸 새큰댔다.

새큰새큰하다 ( )[새큰새큰하다]**통**〈통증 일반〉(신체의 일부나 뼈마디가) 조금
쑤시고 저린 느낌이 자꾸 나다.〈유〉새큰거리다, 새큰대다〈참〉새근새근하
다, 시큰시큰하다 ¶침을 맞으니까 새큰새큰한 느낌이 다리와 발목으로 전
달되었다.

새큰하다 ( )[새큰하다]**형**〈통증 일반〉(신체의 일부나 뼈마디가) 조금 쑤시고
저린 느낌이 있다.〈참〉시큰하다, 새근하다 ¶한의원에서 침을 맞았더니 손
목의 새큰한 느낌이 사라졌다. / 다친 발목이 새큰하다.

생리통 (生理痛)[생니통]**명**《의학》〈통증 일반〉월경 때, 아랫배나 자궁 따위
가 아픈 증세.〈유〉월경통(月經痛), 경통증(經痛症) ¶등 푸른 생선과 견과류
에는 비타민 이가 많아, 노화를 방지하고 생리통에 효과적이다.

생-발 ( )[생발]**명**《한의》〈종기〉발가락 끝에 종기가 나서 곪는 병〈동〉=생인발

생배 (生배)[생배알타]**명**〈통증 일반〉아무런 이유 없이 갑자기 아픈 배.

생배앓다 (生배앓다)[생배알타]**동**〈통증 일반〉(사람이) 아무 까닭 없이 배가
아프다.

생배앓이 (生배앓이)[생비아리]**명**〈통증 일반〉아무런 이유 없이 갑자기 앓는
배앓이.

생-손 ( )[생손]**명**《한의》〈종기〉손가락 끝에 종기가 나서 곪는 병.〈동〉생인
손. ¶무슨 생손 아리듯이 손가락 끄트머리 손톱 밑에서도 네 이름이 앓고
있다.

생손앓이 ( )[생소나리]**명**《한의》〈종기〉손가락 끝에 종기가 나서 곪는
병.〈동〉생인손. ¶엄마는 아버지를 죽게 한 병이 대처의 양의사에게만 보일
수 있었으면 생손앓이처럼 쉽게 째고 도려내고 꿰맬 수 있는 병이라는 걸
알고 있었다.

생손앓이 (生손앓이)[생소나리]**명**〈통증 일반〉손가락 끝에 종기가 나서 곪는

병.〈유〉생인손 ¶엄마는 아버지를 죽게 한 병이 대처의 양의사에게만 보일
수 있었으면 생손앓이처럼 쉽게 째고 도려내고 꿰맬 수 있는 병이라는 걸
알고 있었다.

생손앓이하다( )[ ]〈종기〉손가락 끝에 종기가 나서 곪는 병을 앓다.

생인발( )[생인발]**명**《한의》〈종기〉발가락 끝에 종기가 나서 곪는 병.〈유〉생발

생인손( )[생인손]**명**《한의》〈종기〉손가락 끝에 종기가 나서 곪는 병.〈유〉대
지, 사두창, 생손, 생손앓이. ¶손톱 밑에 기직가시가 박혀 있고 그것이 덧나
생인손을 앓고 있었던 것이옵지요.

생활 방역 수칙(生活防疫守則)[ ]**명구**《보건 일반》〈코로나19〉일상생활 속에서
전염병이 발생하거나 확산되는 것을 막기 위해 지켜야 하는 전염병 예방 수
칙. ¶코로나19를 예방하기 위한 생활 방역 수칙에는 마스크 착용하기, 흐
르는 물에 손 자주 씻기와 같은 개인위생 수칙도 포함된다.

생활 방역 시스템(生活防疫system)[ ]**명구**《보건 일반》〈코로나19〉일상생활 속
에서 전염병이 발생하거나 확산되는 것을 막기 위한 방역 시스템. ¶O장관
은 코로나19를 극복하기 위해 생활 방역 시스템을 정착시켜 일상과 방역의
조화를 이루겠다고 하였다.

생활 방역 체계(生活防疫體系)[ ]**명구**《보건 일반》〈코로나19〉일상생활 속에서
전염병이 발생하거나 확산되는 것을 막기 위한 방역 체계 ¶O시장은 다중
이용 시설에 대한 생활 방역 체계를 구축하여 집단 감염의 위험을 최소화하
겠다고 밝혔다.

생활 방역 체제(生活防疫體制)[ ]**명구**《보건 일반》〈코로나19〉일상생활 속에서
전염병이 발생하거나 확산되는 것을 막기 위한 방역 체제. ¶정부는 코로나
19의 장기화에 따른 막대한 사회·경제적 손실을 극복하기 위해 사회적 거
리 두기를 종료하고 생활 방역 체제로 전환하겠다고 밝혔다.

생활 속 거리 두기(生活속距離두기)[ ]**명구**《보건 일반》〈코로나19〉일상생활
속에서 전염병이 발생하거나 확산되는 것을 막기 위한 타인과 인정한 거리

를 유지하는 일. ¶13일부터 방역 체계가 생활 속 거리 두기로 전환됨에 따라 저학년부터 순차적으로 개학을 할 예정이다.

생활 치료 센터(生活治療center)[ ]〔**명구**〕《보건·의학》〈코로나19〉 전염병에 걸렸으나 증상이 없거나 경미한 증상을 보이는 환자의 생활과 치료를 위한 시설. ¶코로나19 경증 환자는 생활 치료 센터에 들어가 의료진의 상시적 모니터링과 보호를 받게 된다.

생활 치료 시설(生活治療施設)[ ]〔**명구**〕《보건·의학》〈코로나19〉 전염병에 걸렸으나 증상이 없거나 경미한 증상을 보이는 환자의 생활과 치료를 위한 시설. ¶O 시장은 코로나19 경증 환자들이 생활 치료 시설에서 건강하게 완치될 수 있도록 지원할 것이라고 밝혔다.

샤우딘(Schaudinn, Fritz)[ ]〔**명**〕《인명》〈성병〉 독일의 동물학자(1871~1906). 병원성 원충류의 연구와 매독 병원체 발견에 업적을 남겼다.

서각-소독음(犀角消毒飮)[서:각쏘도금]〔**명**〕《한의》〈소아피부병-홍역〉 서각과, 독을 풀어 주는 우방자 따위를 넣는 한약 처방. 단독(丹毒), 홍역(紅疫), 은진(癮疹) 따위에 쓰인다.

서물서물하다( )[서물서물하다]〔**동**〕〈통증 일반〉(몸이나 몸의 일부가) 살갗에 벌레 따위가 기어가는 것처럼 근질근질한 느낌이 들다. ¶정호는 알레르기 때문에 복숭아만 먹으면 온몸이 서물서물한다.

서역(鼠疫)[서:역]〔**명**〕《의학》〈전염병일반〉 페스트균이 일으키는 급성 전염병. 오한, 고열, 두통에 이어 권태, 현기증이 일어나며 의식이 흐려지게 되어 죽는다. 폐페스트의 경우에는 피부가 흑자색으로 변한다.

서점-자(鼠黏子)[서:점자]〔**명**〕《한의》〈소아피부병-홍역〉 우엉의 씨를 한방에서 이르는 말. 열을 내리고 독을 푸는 작용을 하여 인후염, 홍역 초기, 해수(咳嗽) 따위에 쓰인다. ¶한방에서는 우방자(牛蒡子)나 서점자(鼠粘子), 악실(惡實), 대력자(大力子)라 하여 씨만을 약용으로 사용했다.

서학(暑瘧)[서:학]〔**명**〕《의학》〈학질〉 더위가 심하여 몸에 열이 심하게 나고 가습이 답답한 학질. 갈증이 심하게 난다. 〈동〉 열학.

석저 ( )[석쩌]**명**《한의》〈종기〉 살이 쑤시고 아프며 돌덩이처럼 단단하게 굳어진 종기.

선별 검사 센터 (選別檢查center)[ ]**명구**《보건·의학》〈코로나19〉 전염병 등의 감염 여부를 검사하기 위해 설치한 시설. ¶이 선별 검사 센터는 10개의 음압 기능이 있는 검사소를 갖추었으며, 하루 최대 700명을 검사할 수 있다.

선열 (腺熱)[서녈]**명**《의학》〈전염병일반〉'전염 단핵구증'의 전 용어.

선제작 자가격리 ( )[ ]**명구**〈코로나19〉 코로나19의 밀접 접촉자 중에서 미확진자이지만 확진의 가능성이 있는 사람을 미리 자가격리 초지하는 일을 가리키는 말. ¶학교에서의 선제적 자가격리는 처음 들어 본 말이에요.

선천^매독 (先天梅毒)[ ]**명구**《의학》〈성병〉 매독에 걸린 여성이 임신한 경우, 태아가 어머니의 배 속에서 매독에 감염되는 것. 또는 그런 감염 경로를 가진 매독. 임신 5개월 이후에 감염되어 생후 1~2개월쯤 지나면 증상을 나타낸다. ¶선천 매독으로 진단된 신생아의 역학조사를 진행하려고 하는데 산모의 매독 질환 관련하여 확인해야 할 사항은 무엇인가요?

선천^면역 (先天免疫)[ ]**명구**《의학》〈소아피부병-홍역〉 모체로부터 선천적으로 받은 면역. 이것 때문에 생후 6개월까지 신생아는 천연두나 홍역에 잘 걸리지 않는다. ¶다국적 제약사들은 선천 면역체계를 활성화하기 위해 여러 경로를 표적으로 연구개발을 진행 중이다.

선천^물뇌증 (先天물腦症)[ ]**명구**《의학》〈전염병일반〉 신생아에게 생기는 물뇌증. 부모가 매독에 걸렸거나 만성 알코올 의존증 상태일 때 또는 임신 중에 모체가 급성 전염병에 걸렸을 때에 생긴다.

선천^물뇌증 (先天물腦症)[ ]**명구**《의학》〈성병〉 신생아에게 생기는 물뇌증. 부모가 매독에 걸렸거나 만성 알코올 의존증 상태일 때 또는 임신 중에 모체가 급성 전염병에 걸렸을 때에 생긴다. ¶물뇌증은 크게 선천적 물뇌증과 후천적 물뇌증으로 나누어집니다.

ㅅ

선천^백내장(先天白內障)[ ] **명구**《의학》〈소아피부병-풍진〉태어나면서부터 신생아의 수정체가 뿌옇게 흐려져 있는 증상. 임신 초기 풍진 따위의 질병 이 원인이 되어 태아에게 생기는 이상 증상이다. ¶선천 백내장은 육안으로 확인할 수 있는 경우도 있다. 아이의 동공 안쪽이 회색이나 하얗게 보인다 면 선천 백내장을 의심할 수 있다.

선천^풍진^증후군(先天風疹症候群)[ ] **명구**《의학》〈소아피부병-풍진〉임신부 가 임신 초기에 풍진을 앓아 태아가 감염되어 기형아를 낳는 일. 심장 기형, 눈의 이상, 청각 장애, 중추 신경 계통의 이상이 있는 아이나 몸무게가 지나 치게 작은 아이를 낳기도 하고 사산하기도 한다. ¶임신 초기 임산부가 풍진 에 걸리게 되면 태아의 90%에서 이 선천 풍진 증후군이 나타나게 된다고 합 니다.

선천성^매독(先天性梅毒)[ ] **명구**《의학》〈성병〉'선천 매독'의 전 용어. ¶선천 성 매독은 최근 미국에서 훨씬 더 흔해졌습니다.

선천성^풍진^증후군(先天性風疹症候群)[ ] **명구**《의학》〈소아피부병-풍진〉'선 천 풍진 증후군'의 전 용어. ¶풍진은 임신부에게 노출될 경우 신생아에게 청각장애, 심장기형, 소뇌증 등 선천성 풍진 증후군이 발생할 수 있어 임신 전 예방접종이 필요하다.

설감(舌疳)[설감]**명**《한의》〈종기〉혓바닥에 버섯 모양으로 생기는 종기. 처 음에는 콩알만 하던 멍울이 점차 커져서 버섯처럼 되고 심해지면 터져 피가 난다.〈동〉설균

설균(舌菌)[설균]**명**《한의》〈종기〉혓바닥에 버섯 모양으로 생기는 종기. 처 음에는 콩알만 하던 멍울이 점차 커져서 버섯처럼 되고 심해지면 터져 피가 난다.〈유〉설감, 설암.

설-농양(舌膿瘍)[설롱양]**명**《의학》〈전염병일반〉혀에 생기는 고름증. 급성 전염병에 걸린 뒤 바로 나타나거나 충치, 곤충에 물린 독, 입안염, 혀뿌리나 편도의 고름 따위가 있을 때 발생하고, 심하면 삼킴곤란·언어 장애 및 호흡

장애를 일으키기도 한다.

설앓이 ( )[서라리]**명**〈통증 일반〉가볍게 앓는 병.

설암 (舌巖)[서:람]**명**《한의》〈종기〉혓바닥에 버섯 모양으로 생기는 종기. 처음에는 콩알만 하던 멍울이 점차 커져서 버섯처럼 되고 심해지면 터져 피가 난다.〈동〉설균 ¶설암을 포함한 구강암을 예방하기 위해서는 항상 구강을 청결히 하고 자극적인 음식과 흡연 및 과음을 피하는 것이 좋다.

설종 (舌腫)[설쫑]**명**《한의》〈종기〉혓줄기 옆으로 희고 푸른 물집을 이루는 종기. 점차 커지면 달걀만 하게 되어 별로 아프지는 않으나 말하기가 거북하여진다.〈동〉중혀

설창 (舌瘡)[설창]**명**《한의》〈종기〉혓줄기 옆으로 희고 푸른 물집을 이루는 종기. 점차 커지면 달걀만 하게 되어 별로 아프지는 않으나 말하기가 거북하여진다. 〈동〉중혀

설통 (舌痛)[설통]**명**《한의》〈통증 일반〉여러 가지 원인으로 혀가 아픈 증상. ¶설통의 증상은 혀가 저리거나 따끔거리고, 매운 느낌, 화끈거림 등 다양하게 나타난다.

성교^무욕증 (性交無欲症)[ ]**명구**《의학》〈성병〉성교할 때에 쾌감을 느끼지 못하는 증상. 성병 따위의 병이 원인이 되기도 하고 악취·죄악감·임신 공포 따위가 원인이 되기도 하는데, 남자보다는 여자에게 더 많다.〈유〉의미 동의어(1) : 불감증「2」(不感症)

성두 (成痘)[성두]**명**〈소아피부병-천연두〉천연두를 다 앓아서 나음.

성두-하다 (成痘하다)[성두하다]**동**〈소아피부병-천연두〉천연두를 다 앓아서 낫다.

성병 (性病)[성:뼝]**명**《의학》〈성병〉주로 불결한 성행위(性行爲)에 의하여 전염되는 병. 매독, 임질, 무른궤양, 클라미디아(chlamydia) 따위가 있다. ¶군대 시절 부대 근처 마을의 한 술집 아가씨와 다섯 번 성교를 했는데 그때 성병에 걸렸던 것이었다.

ㅅ

성병^림프^육아종(性病lymph肉芽腫)[ ] 명구 《의학》〈성병〉 열대 지방에서 발생하는 특유한 성병의 림프 육아종. 악취가 나는 분비물이 나오고 육아 조직이 생기게 된다. ¶성병성림프육아종은 비뇨기과나 내과에서 검사와 진단을 한다는데 산부인과는 가면 검사가 안 되나요?

성병성^육아종(性病性肉芽腫)[ ] 명구 《의학》〈성병〉'성병 림프 육아종'의 전 용어. ¶또한 헤모필루스 감염에 의한 경성하감이나 클라미디아 감염에 의한 성병성 육아종의 경우에도 성기 궤양이 발생할 수 있습니다.

성병-학(性病學)[성 : 뺑학] 명 《의학》〈성병〉 성병에 대하여 연구하는 학문. 의학의 한 분야이다. ¶성병학 연구소장은 카이스트 박사로, SDN 컨트롤러 오벨 개발을 맡았다.

성장통(成長痛)[성장통] 명 《의학》〈통증 일반〉 어린이나 청소년이 갑자기 성장하면서 생기는 통증. 주로 양쪽 무릎이나 발목, 허벅지나 정강이, 팔 따위에 생긴다. 4~10세 사이에 많이 나타나고, 1~2년이 지나면 대부분 통증이 사라진다. ¶아이는 성장통 때문인지 밤이면 다리가 아프다고 칭얼거렸다.

성행위^감염증(性行爲感染症)[ ] 명구 《의학》〈성병〉'성병02'의 전 용어.

성홍-열(猩紅熱)[성홍녈] 명 《의학》〈전염병일반〉 용혈성(溶血性)의 연쇄상 구균에 의한 법정(法定) 급성 전염병의 하나. 흔히 가을부터 겨울 사이에 어린이에게 유행하는 병으로, 갑자기 고열이 나고 구토를 일으키며, 두통·인두통(咽頭痛)·사지통(四肢痛)·오한이 있고 얼굴이 짙은 다홍빛을 띠면서 피부에 발진이 나타나는데, 관절 류머티즘·가운데귀염·콩팥염을 일으키는 일이 있다. ¶브리지먼은 그 제자로, 어릴 때 성홍열을 앓아 시각과 청각을 잃었다.

세계 보건 기구(世界保健機構)[ ] 명구 《보건일반》〈코로나19〉 보건 상태의 향상을 위하여 국제적으로 협력을 촉진하기 위하여 설립된 국제 연합의 전문 기구. 1948년에 설립된 것으로, 중앙 검역소 업무·유행병 및 감염병에 대한 대책·회원국의 공중 보건 행정 강화의 세 가지 업무를 맡고 있다. 본부는 제네바에 있다. 국제 보건 기구라고도 한다. 〈유〉더블유에이치오 ¶대한민국은 언제부터 세계 보건 기구 회원국이 되었나요?

세균^뇌염(細菌腦炎)[ ]〔**명구**〕《의학》일차적 또는 이차적인 세균 감염으로 인하여 생기는 뇌염.

세균^이질(細菌痢疾)[ ]〔**명구**〕《의학》〈전염병일반〉이질균이 입을 통하여 감염되어 대장·소장의 점막이 상하여 생기는 급성 전염병. 배가 아프고 열이 나며 점액·혈액이 섞인 설사를 하루에 수십 번씩 한다. ¶세균 이질은 시겔라뿐만 아니라 살모넬라, 캠필로박터 등 다른 세균에 의한 감염도 포함할 수 있습니다.

세균성(細菌性)[세:균썽]〔명〕〈이질〉세균의 성질이 있는 것. ¶세균성 감염.

세균성^뇌염(細菌性腦炎)[ ]〔**명구**〕《의학》'세균 뇌염'의 전 용어. ¶세균성 뇌염 환자들은 종종 감정적, 행동적 변화를 경험합니다.

세인트루이스^뇌염(Saint Louis腦炎)[ ]〔**명**〕《의학》〈일본뇌염〉1932년 일리노이주에서 최초로 발견된 유행성 뇌염. 미국 전 국토에서 유행하고 있는 뇌염으로, 비(B)군 아르보위르스 곤충 감염 바이러스가 병원체이다. 코가타아카이에카에 의해서 매개된다. 일본 뇌염과 유사하지만, 비교적 노령자가 감염되기 쉽고 30세 이상에서 치사율이 높다. ¶다양한 중년들이 갖고 있는 세인트루이스뇌염에 일상에서도 다양한 물음표를 체감하고 있는 상태죠.

소두(小痘)[소:두]〔명〕《한의》〈소아피부병-수두〉'수두01'를 한방에서 이르는 말.

소두창 바이러스(小豆瘡 virus)[ ]〔**명구**〕《의학》'천연두'의 변종의 하나. 증세가 상대적으로 심각하지 않아서 죽음에 이르는 경우는 많지않다. 〈유〉작은 마마

소록-도(小鹿島)[소:록또]〔명〕《의학》〈나병〉전라남도 고흥군 도양읍에 속하는 섬. 나병 환자를 수용하는 요양원이 있다. 면적은 4.42㎢.

소모-증(消耗症)[소모쯩]〔명〕《의학》〈전염병일반〉극도의 영양 부족으로 몸이 허약하여지고 전염병에 대한 저항력이 약해지는 증상. 주로 생후 1년 동안 일어난다. 체조직(體組織)의 파괴가 일어나고, 식사량을 늘려도 체중은 중

가하지 않고 오히려 더 감소되며 몹시 마른다. ¶비타민 D가 결핍되면 전립
샘염이나 질 소모증에 걸리기 쉽다.

소복통 (小腹痛) [소:복통-] 몡 《한의》〈통증 일반〉 아랫배가 아픈 증상. ¶동의보
감에는 현호색의 효능 중 하나로 심통(가슴앓이)과 소복통(아랫배의 통증)
을 신통하게 다스린다고 했다.

소실-성 (消失性) [소실썽] 몡 《한의》〈종기〉 종기, 부스럼, 땀띠 따위가 저절로
사라지며 낫는 성질.

소아^진행^마비 (小兒進行痲痺) [ ] 명구 《의학》〈성병〉 선천적으로 모체에서 감
염된 매독 때문에 15세 무렵에 증상이 나타나는 진행 마비. 기억력이 없어
지고 손이 떨리며 말을 못 하게 된다.

소아-마비 (小兒痲痺) [소:아마비-] 몡 《의학》 어린아이에게 많이 일어나는 운동
기능의 마비. 뇌성(腦性) 소아마비와 척수성(脊髓性) 소아마비가 있는데,
전자는 선천 또는 후천 뇌 장애로 인하여 일어나고, 후자는 폴리오바이러스
에 의한 급성 감염증으로 일어난다. ¶소아마비를 진단하기 위해 의사는 다
양한 방법과 절차를 사용합니다.

소종하다 (消腫하다) [소종하다] 동 《한의》〈종기〉 부은 종기나 상처를 치료하
다.

소포^편도염 (小胞扁桃炎) [ ] 명구 《의학》〈전염병일반〉 편도 소포에 생긴 염증.
감기, 피로, 심한 운동, 여러 가지 자극, 이와 코의 병 따위가 원인이 되거나
전염병을 앓는 중에 균이 소포까지 들어가 생긴다. 목 안 통증, 목 안이 좁
아지는 느낌과 높은 열이 있고 팔다리의 마디가 아프다.

속앓이 ( ) [소가리] 몡 〈통증 일반〉 속이 아픈 병. 또는 속에 병이 생겨 아파하
는 일. ¶인절미 사오라는 말은 엄마의 속앓이가 가라앉았다는 것을 뜻했
다. 몸이 나으면 엄마는 언제나 인절미를 먹었다.

속앓이하다 ( ) [소가리하다] 동 〈통증 일반〉 속에 병이 생겨 아파하다.

속이 넘어오다 ( ) [ ] 동구 〈통증 일반〉 (음식물이나 울음 따위가 목구멍으로) 밖으

로 나오다. ¶목구멍으로 신물이 넘어왔다. / 심한 뱃멀미로 인해 먹은 것이 모두 넘어왔다.

속이 뒤집히다 ( )[ ]**동구**〈통증 일반〉(사람이) 몹시 비위가 상하다. ¶영수는 길 가의 구토물을 보고는 속이 뒤집혔다.

손 ( )[손]**명**〈소아피부병-천연두〉‘천연두’를 일상적으로 이르는 말.

손-님 ( )[손님]**명**〈소아피부병-천연두〉‘천연두’를 일상적으로 높여 이르는 말. ¶신라의 처용가에 나오는 ‘역신’이 천연두와 관련 있다는 설도 있다. 그 위력이 상당했는지, 상단 문서에서도 서술했지만, 민간에서는 천연두를 ‘손 님’ 등의 존칭으로 부르며 ‘배송굿’을 벌여 천연두 귀신‘님’이 얼른 나가기를 빌었을 정도다.

손님-마마 (손님媽媽)[손님마마]**명**〈소아피부병-천연두〉‘천연두’를 일상적으 로 매우 높여 이르는 말. ¶여느 병도 아닌 손님마마라, 서로 왕래하고 참견 하는 것도 꺼리는 이웃에게 자꾸 매달린다는 것도 못 할 노릇이었다.

손님마마-하다 (손님媽媽하다)[손님마마하다]**동**〈소아피부병-천연두〉천연두 를 앓다.

손님-탈 ( )[손님탈]**명**《민속》〈소아피부병-천연두〉오광대놀음에서, 천연두 수호신으로 나오는 탈. ¶가운데 사진은 통영오광대 놀이 손님탈이다.

손님-하다 ( )[손님하다]**동**〈소아피부병-천연두〉천연두를 앓다.

손목 터널 증후군 (손목tunnel症候群)[ ]**명구**《의학》〈통증 일반〉손바닥과 손목 의 연결 부위인 신경이 눌려 손목에 통증을 느끼는 증상. 컴퓨터를 많이 사 용하거나 빨래, 설거지, 청소 따위의 반복적인 일을 많이 하는 사무직이나 주부에게 흔히 발생한다.〈유〉마우스 증후군(mouse症候群), 수근관 증후군 (Carpal Tunnel Syndrome/CTS) ¶중년 여성들에게 흔히 나타나는 손이 저리 고 아픈 증상에 대해 전문가들은 손목 터널 증후군을 의심해 봐야 한다고 지적한다.

손씻기 ( )[ ]**명**〈코로나19〉개인 방역 지침의 하나. 코로나19로 특히 강조되었으며 이로 인해 일상생활로 자리잡았다.

솔다( )[솔다]**휑**〈통증 일반〉('귀'와 함께 쓰여) 시끄러운 소리나 귀찮은 말을 자꾸 들어서 귀가 아프다. ¶그 말은 귀가 솔도록 들었다. / 근처 어느 본산 (本山) 갈린 주지의 논편이 귀가 솔 지경이다.

수계^전염병(水系傳染病)[ ]**명구**《의학》〈전염병일반〉'수인성 전염병'의 전 용 어. ¶수인성 전염병은 수계 전염병이라고도 부르며 이질, 장티푸스, 콜레 라 따위의 소화기 전염병이 대표적이다.

수근관 증후군(手根管症候群)[ ]**명구**《의학》〈통증 일반〉손목을 통과하고 있는 뼈 언저리 부분이 아프고 저림으로 말미암아 한꺼번에 나타나는 여러 가지 병적 증상.〈유〉마우스 증후군(mouse症候群), 손목 터널 증후군(손목tunnel 症候群) ¶집 안에서 주부들이 걸레, 빨래 등을 자주 쥐어짜다 보면 손목에 상당한 무리가 가해져 손 저림증, 즉 수근관 증후군에 시달리는 일이 흔하 며 컴퓨터나 타자기를 계속 사용할 경우에도 손목을 수평으로 유지해야 하 므로 손목 인대에 무리가 간다. / 이러한 손 저림은 대개 손목 부위의 인대 가 두꺼워져 신경을 눌러 증상이 나타나는데 '수근관 증후군'인 경우가 대부 분이다.

수두^면역^글로불린(水痘免疫globulin)[ ]**명구**《의학》〈소아피부병-수두〉어린 이의 수두를 예방하기 위해 먹는 약인 글로불린. 띠 헤르페스에 걸린 성인 의 회복기 혈청에서 분리·정제하고 건조하여 만든다. ¶수두 면역 글로불린 은 수두 노출이 있는 고위험 개인을 위해 시장에 출시되었다.

수두(水痘)[수두]**명**《의학》〈소아피부병-수두〉어린아이의 피부에 붉고 둥근 발진이 났다가 얼마 뒤에 작은 물집으로 변하는 바이러스 전염병. ¶수두 (水痘, chickenpox, varicella)는 수두대상포진바이러스(varicella zoster virus) 가 원인으로 생기는 피부 질환이다.

수막-염(髓膜炎)[수망념]**명**《의학》수막의 염증. 열이 나며, 뇌척수액의 압력 이 올라가기 때문에, 심한 두통·구역질·목이 뻣뻣해지는 증상이 나타난다.〈유〉뇌막염(腦膜炎), 뇌척수막염(腦脊髓膜炎) ¶수막구균 감염증은 수막구균에 의한 급성 감염병으로, 수막염과 패혈증을 일으키며 치명률이 50%에 달할 만큼 위험한 질병이다.

수막염^구균(髓膜炎球菌)[ ]圆구《보건 일반》유행 뇌척수막염을 일으키는 균. 콩팥 모양의 구균이 오목한 면을 서로 맞대고 있는 쌍구균이다. ¶수막염구균주사, 로타바이러스 예방접종은 선택이라는데 어떻게 하는 게 좋을지 모르겠어요.

수막염-균(髓膜炎菌)[수망념균]圆《보건 일반》유행 뇌척수막염의 병원체. 홀씨와 편모(鞭毛)가 없는 호기성이나 그람 음성(Gram陰性)의 쌍알균으로, 저항이나 증식력은 약하며, 건강한 사람의 코나 인두에도 존재하는 수가 있다.〈유〉뇌척수막염균(腦脊髓膜炎菌) ¶수막 구균 백신은 수막염균(수막구균)으로 인해 발생하는 감염으로부터 보호해 줍니다.

수슬-수슬( )[수슬수슬]圓〈소아피부병-천연두〉천연두나 헌데 따위가 딱지가 붙을 정도로 조금 마른 모양.

수슬수슬-하다( )[수슬수슬하다]圈〈소아피부병-천연두〉천연두나 헌데 따위가 딱지가 붙을 정도로 조금 마르다.

수압(收壓)[수압]圆《한의》〈소아피부병-천연두〉천연두를 앓을 때에 고름집의 고름이 흡수되면서 말라 생기는 딱지.

수양-등(水楊藤)[수양등]圆《식물》〈성병〉인동과의 반상록 덩굴성 식물. 잎은 마주나고 긴 타원형이다. 전체에 짧은 갈색 털이 나고 꽃은 초여름에 잎겨드랑이에서 피는데 흰색에서 노란색으로 변한다. 열매는 가을에 검은색으로 익으며 줄기·잎·꽃은 종기나 매독, 임질, 치질 치료의 약재로 쓰인다. 한국, 일본, 중국 등지에 분포한다.〈유〉인동01「1」(忍冬)

수엽(收靨)[수엽]圆《한의》〈소아피부병-천연두〉천연두를 앓을 때에 고름집의 고름이 흡수되면서 말라 생기는 딱지. ¶증상으로는 초열(初熱), 출두(出痘), 기창(起脹), 관농(貫膿), 수엽(收靨), 낙가(落痂) 등의 단계가 3일씩 차례대로 진행되는 독특한 경과를 보였다.

수은^경고(水銀硬膏)[ ]〔명구〕《한의》〈성병〉수은, 무수 라놀린, 밀랍, 단연고 따위를 섞어 만든 고약. 피부샘병, 피진(皮疹), 매독성 궤양 따위의 자극을 없애는 데 바른다.〈참〉수은 연고(水銀軟膏)〈유〉수은고(水銀膏)

수은^연고(水銀軟膏)[ ]〔명구〕《약학》〈성병〉수은에 돼지기름, 쇠기름, 무수 라놀린 따위를 섞어 만든 회색이나 검은 회색의 연고. 소염제나 매독 치료의 도찰제, 사면발니를 구제할 때 썼으나 수은 중독 때문에 지금은 쓰지 않는다.〈참〉수은 경고(水銀硬膏)〈유〉회백 연고(灰白軟膏)¶자살의 목적 또는 사고로 수용성의 수은염(주로 염화제이수은)을 먹거나, 치료상 쓰이는 수은 연고 ·수은이뇨제 등의 과잉 투여로 일어난다.

수은^요법(水銀療法)[ ]〔명구〕《의학》〈성병〉수은제로 매독을 치료하는 방법. 약을 바르거나, 먹거나, 주사로 맞거나 연기를 쐬는 방법이 있다.

수은-고(水銀膏)[수은고]〔명〕《한의》〈성병〉수은, 무수 라놀린, 밀랍, 단연고 따위를 섞어 만든 고약. 피부샘병, 피진(皮疹), 매독성 궤양 따위의 자극을 없애는 데 바른다.〈유〉수은 경고(水銀硬膏)

수은-분(水銀粉)[수은분]〔명〕《한의》〈성병〉'염화 수은'을 한방에서 이르는 말. 매독, 매독성 피부병, 변비 치료제 및 외과 살충제, 안정제로 쓰인다.〈유〉경분01(輕粉)

수인^감염(水因感染)[ ]〔명구〕《의학》〈전염병일반〉어떤 전염병이 물에 의하여 옮겨지는 일. 콜레라, 장티푸스, 이질 따위가 이렇게 퍼진다.

수인성 감염병(水因性感染病)〔명구〕《의학》물이나 음식물에 들어 있는 세균에 의하여 감염되는 병. 이질, 장티푸스, 콜레라 따위의 소화 기관 병이 있다. ¶수인성 감염병을 예방하기 위해 일제 방역 소독을 실시하는 방역 소독의 날을 운영한다. / 요즘 식중독, 장티푸스 등 수인성 감염병이 일어나기 쉽다.

수인성 질병(水因性疾病)〔명구〕원생생물, 세균, 바이러스 등 병원성 미생물에 오염된 물에 의해 전달되는 감염성 질병이다. ¶기후변화와 환경오염으로 인

해 깨끗한 물을 얻기 어려운 지역이 늘어나고 있으며 이에 따라 '수인성 질
병'이 심각한 문제로 대두되고 있다.

수인성^전염병 (水因性傳染病)[ ] (명구)《의학》〈전염병일반〉물이나 음식물에
들어 있는 세균에 의하여 전염되는 병. 이질, 장티푸스, 콜레라 따위의 소화
기관 병이 있다. ¶정수장 피해도 추측돼 콜레라나 장티푸스 등과 같은 수인
성 전염병이 우려된다고 RFA는 보도했다.

수족구-병 (手足口病)[수족꾸병] (명)《의학》〈소아피부병-풍진〉주로 소아의 손,
발, 입속에 작은 수포가 생기는 감염병. 경중이지만 감염력이 높으며 주로
여름철에 발병한다. ¶수족구병을 앓다.수족구병에 걸리다. 수두와 수족구
병은 대표적인 유행성 질환이다.

수통스럽다 (羞痛스럽다)[수통스럽따] (형)〈통증 일반〉부끄럽고 가슴 아픈 데
가 있다. ¶그는 남에게 구걸을 해야 하는 자신의 처지가 한없이 수통스러웠
다. / 수통스러운 꼴이 나고 안 나는 게 형님께 달렸으니 생각해 하시우.

수통하다 (羞痛하다)[수통하다] (형)〈통증 일반〉부끄럽고 가슴 아프다.

수포-창 (水疱瘡)[수포창] (명)《한의》〈소아피부병-수두〉'수두01'를 한방에서
이르는 말. ¶혈액질환 면역 혈소판 감소증에 사용되며 피부와 점막에 물집
이 일어나는 병인 수포창(水疱瘡) 환자에게 효능이 있는 것으로 나타났다.

수혈^간염 (輸血肝炎)[ ] (명구)《의학》〈간염〉에이치비 바이러스의 감염에 의한
간염. 성인은 성교나 수혈을 통해서 감염되고 일과성 감염의 경과를 거치지
만, 신생아나 소아는 지속적으로 감염되는 일이 많다. 〈유〉비형 간염(B型肝
炎) ¶수혈 간염(수혈을 받은 후 간의 염증)은 1969년에 기술되었지만 C형
간염은 1989년이 되어서야 처음으로 확인되었습니다.

수혈^황달 (輸血黃疸)[ ] (명구)《의학》〈간염〉「1」비형 간염 바이러스를 가진 혈
액을 수혈한 결과로 감염되는 간염. 「2」부적합한 수혈을 하였거나 이미 용
혈한 혈액을 수혈하였을 때 일어나는 황달. 극히 드문 일이나, 매우 위독한
상태가 된다.

ㅅ

수혈-되다(輸血되다)[수혈되다/수혈뒈다] **동**《의학》〈전염병일반〉빈혈이나 그 밖의 치료를 목적으로, 건강한 사람의 혈액이 환자의 혈관 내에 주입되다. 외상(外傷) 또는 수술로 인한 실혈(失血)·위장 출혈·쇠약(衰弱)과 그 밖에 전염성 질환 따위의 경우에 하는데, 혈액형이 적합해야 한다. ¶수술 환자에게 수혈되는 혈액.

수혈-하다(輸血하다)[수혈하다] **동**《의학》〈전염병일반〉빈혈이나 그 밖의 치료를 위하여, 건강한 사람의 혈액을 환자의 혈관 내에 주입하다. 외상(外傷) 또는 수술로 인한 실혈(失血)·위장 출혈·쇠약(衰弱)과 그 밖에 전염성 질환 따위의 경우에 하는데, 혈액형이 적합해야 한다. ¶피가 모자라면 급한 환자에게 먼저 수혈해 주세요.이 부상자들을 병원으로 옮겨 주세요, 그리고 수혈할 피도 제공해 주세요.

수화(水花)[수화] **명**《한의》〈소아피부병-수두〉'수두01'를 한방에서 이르는 말.

숨이 가쁘다( )[ ] **형구**〈통증 일반〉숨이 몹시 차다. ¶그가 숨을 가쁘게 쉬면서 말을 이어 나갔다. / 폐 한쪽을 들어낸 소령은 침대에서 내려서는 것만으로도 숨이 가빠서 네댓 번은 쉬어야 된다.

숨통이 막히다( )[ ] **동구**〈통증 일반〉숨을 쉴 수 없을 정도로 답답함을 느끼다.〈유〉숨이 막히다 ¶숨을 쉬려면 숨통이 꽉꽉 막히는 것 같고, 가슴이 짓눌리는 듯이 갑갑해서 견딜 수가 없었다.

스멀거리다( )[스멀거리다] **동**〈통증 일반〉(몸이나 몸의 일부가) 살갗에 벌레 따위가 기어가는 것처럼 근질근질하다.〈유〉스멀대다, 스멀스멀하다〈참〉사물거리다 ¶흐르는 땀방울들로 그의 가슴팍이 스멀거렸다. / 풀밭을 걷는데 그녀는 다리가 왠지 모르게 스멀거려 불쾌했다.

스멀대다( )[스멀대다] **동**〈통증 일반〉(몸이나 몸의 일부가) 살갗에 벌레 따위가 기어가는 것처럼 근질근질하다.〈유〉스멀거리다, 스멀스멀하다〈참〉사물대다 ¶옷 속에 벌레가 들어갔는지 등이 자꾸 스멀대었다.

스멀스멀하다( )[스멀스멀하다] **동**〈통증 일반〉(몸이나 몸의 일부가) 살갗에 벌레 따위가 기어가는 것처럼 근질근질하다. 〈유〉스멀거리다, 스멀대다 〈참〉서물서물하다, 사물사물하다 ¶그 영화는 사람을 깜짝 놀래지는 않지만 온몸이 스멀스멀하는 공포감을 준다.

스물스물하다 ( )[ ] 〈통증 일반〉 '스멀스멀하다'의 비표준어.

스텔스 오미크론 감염자 (stealth omicron 確诊者)[ ] 명구 〈코로나19〉 코로나19 바이러스의 변종인 오미크론의 하위 변종인 스텔스 오미크론에 감염된 환자. 일반 환자에 비해 감염의 전파 속도가 더 빠르고 범위가 넓지만 감염에 의한 위험도는 더 낮다. ¶스텔스 오미크론 감염자는 초기 인후통 증상을 종종 경험하며, 목이 간질거리거나 메마른 느낌을 받을 수 있어요.

스텔스 오미크론 전파자 (stealth omicron 傳播者)[ ] 명구 〈코로나19〉 코로나19 바이러스의 변종인 오미크론의 하위 변종인 스텔스 오미크론을 전파시키는 감염자. 일반 감염자에 비해 감염의 전파 속도가 더 빠르고 범위가 넓게 영향을 미치지만 감염에 의한 위험도는 더 낮다. ¶코로나19가 한 지역을 거쳐, 국가를 넘어 전 세계로 확산된 것은 역학조사에서 파악되지 않은 '스텔스 오미크론' 전파자가 중요한 역할을 한다는 연구결과가 발표됐다.

스펜데믹 (spendemic)[ ] 명 〈코로나19〉 자가격리된 사람들이 격리 후 지나치게 과한 소비를 하게 되는 현상. ¶특히 지난해부터 이어져 온 스펜데믹 현상은 올해까지도 이어지면서 유통업계에선 프리미엄 가전, 럭셔리 인테리어 소품 등에 대한 구매 수요는 여전히 높은 것으로 나타났다.

스푸트니크 브이 ( )[ ] 명구 《약학》〈코로나19〉 2020년 8월 11일 러시아 연방에 의해 개발된 최초의 코로나19 백신.

스피라마이신 (spiramycin)[ ] 명 《약학》〈성병〉 임질, 성병성 림프종 따위의 치료에 쓰는 방선균(放線菌)으로 만드는 항생 물질. 에리트로마이신과 비슷한 작용을 한다.

스피로헤타 (spirochaeta)[ ] 명 〈성병〉 '매독균'을 일상적으로 이르는 말. ¶항생제는 스피로헤타 감염과 싸우는 데 효과적이지만 항생제의 선택과 치료는 특정 감염 및 개인 요인에 따라 다를 수 있습니다.

슬슬( )[슬슬]**부**〈통증 일반〉배가 조금 쓰리면서 아픈 모양.〈참〉살살, 쌀쌀 ¶
저녁 먹은 것이 잘못 되었는지 슬슬 배가 아파 오기 시작했다.

습리(濕痢)[습니]**명**《한의》〈이질〉습사(濕邪)로 생기는 이질. 배가 더부룩하
고 검붉은 진액이 섞인 설사를 한다.

습역(濕疫)[스벽]**명**《한의》〈전염병일반〉겨울철에 유행하는 전염병. 심한
기침과 구역이 나고 열이 심하며 붉은 반점이 돋는다.

습열 요통(濕熱腰痛)[ ]**명구**《한의》〈통증 일반〉습열로 인한 요통. 허리 부위
에 열이 있고 아프다. ¶기름진 음식을 자주 먹으면 순환과 소화 능력이 떨
어져 여름철 덥고 습한 기운이 몸 안에 정체되게 되는데, 이는 습열 요통의
원인이 된다.

습요통(濕腰痛)[습뇨통]**명**《한의》〈통증 일반〉축축하거나 찬 곳에 오래 앉아
있을 때 생기는 요통. 허리가 무겁고 아프며 차다. 날이 흐리거나 습할 때
증세가 더 심해지고 오줌이 잦다. ¶습요통은 특히 장마철에 주로 통증이 심
해지고 비가 오려면 허리가 더 아파진다고 호소하는 경우에 해당한다.

승홍-수(昇汞水)[승홍수]**명**《약학》〈성병〉이염화 수은의 수용액. 강력한 살균
력이 있어 기물(器物)의 살균이나 피부 소독에는 0.1% 용액, 매독성 질환에
는 0.2% 용액을 쓰며, 점막이나 금속 기구를 소독하는 데는 적당하지 않다.

시근거리다( )[시근거리다]**동**〈통증 일반〉(사람이나 신체의 일부분이) 뼈마디
따위가 조금 심하게 자꾸 시리고 쑤시다. 〈유〉시근대다, 시근시근하
다〈참〉시큰거리다, 새근거리다 ¶그는 허리가 아프고 발목이 시근거리는
것을 참고 마지막 순서까지 진행하였다.

시근대다( )[시근대다]**동**〈통증 일반〉(사람이나 신체의 일부분이) 뼈마디 따
위가 조금 심하게 자꾸 시리고 쑤시다. 〈유〉시근거리다, 시근시근하
다〈참〉시큰대다, 새근대다 ¶온몸의 뼈마디가 시근댄다.

시근시근하다( )[시근시근하다]**동**〈통증 일반〉관절 따위가 신 느낌이 들다. ¶

이제는 나이가 들었는지 팔다리가 시근시근하기 시작한다.

시근하다 ( )[시근하다]혱〈통증 일반〉(사람이나 신체의 일부분이) 뼈마디 따위가 조금 저리고 시다.〈참〉시큰하다, 새근하다

시기(時氣)[시기]몡《한의》〈전염병일반〉때에 따라 유행하는 상한병(傷寒病)이나 전염성 질환.

시다1( )[시다]혱〈통증 일반〉관절 따위가 삐었을 때처럼 거북하게 저리다.¶어금니가 시다. / 그녀는 어깨가 쑤신다, 가슴이 결린다, 발목이 시다, 늘 불평이었다.

시다2( )[시다]혱〈통증 일반〉(눈이) 강한 빛을 받아 슴벅슴벅 찔리는 듯하다.¶햇살이 비쳐 눈이 시다. / 지갑을 찾다가 눈이 시어 눈을 감았다.《최인석, 구렁이들의 집》

시령(時令)[시령]몡《한의》〈조선시대전염병〉때에 따라 유행하는 상한병(傷寒病)이나 전염성 질환.〈유〉시환¶12월의 겨울은 과거를 교훈 삼아 미래를 설계하라는 시령(時令)이 내려진 시기다.

시령-병(時令病)[시령병]몡《한의》〈전염병일반〉때에 따라 유행하는 상한병(傷寒病)이나 전염성 질환.¶온병(溫病)은 시령병(時令病)이므로 뚜렷한 계절성이 있다.

시리다 ( )[시리다]혱〈통증 일반〉(몸의 한 부분이) 차가운 것에 닿아서 춥고 얼얼하다.¶양말을 두 켤레나 신었는데도 발가락이 시렸다. / 바람이 어찌나 찬지 코끝이 시려서 가만히 서 있을 수가 없었다.

시먼즈-병(Simmonds病)[ ]몡《의학》〈성병〉뇌하수체의 순환 장애, 결핵, 매독, 종양 따위가 원인이 되어 일어나는 내분비 질환. 뇌하수체 기능이 저하되어 몸털이 줄고 몸이 여위며 여자는 월경이 없어지고 남자는 고환이 위축되는 따위의 증상이 나타나는데, 보통 여자에게 많으며 남자에게는 드문 병으로, 1914년 독일의 의사 시먼즈(Simmonds, M.)가 발견하였다.〈유〉온뇌하수체 저하증(온腦下垂體低下症)¶1914년 독일의 M.시몬즈가 최초로 기

술하여 시몬즈병(病)이라고도 한다.

시병(時病)[시병]명《한의》〈전염병일반〉 때에 따라 유행하는 상한병(傷寒病)
이나 전염성 질환.

시설 격리 비용( )[ ]명구〈코로나19〉¶시설 격리 비용 역시 자부담 해야 합니다.

시안-수은(cyaan水銀)[ ]명《약학》〈성병〉 재귀열, 매독 따위의 치료에 쓰는 주
사액.

시절-병(時節病)[시절뼝]명《한의》〈전염병일반〉 때에 따라 유행하는 상한병
(傷寒病)이나 전염성 질환.¶가령 어린 시절병에 걸리거나, 영양을 섭취를
제대로 못해 지능에 악영향을 끼치면, 어른이 된 이후에도 극복할 수 없다.

시질(時疾)[시질]명《한의》〈전염병일반〉 때에 따라 유행하는 상한병(傷寒
病)이나 전염성 질환.

시큰거리다( )[시큰거리다]동〈통증 일반〉(팔다리나 뼈마디가) 심하게 자꾸
시리고 쑤시다.〈유〉시큰대다 〈참〉시근거리다, 새큰거리다 ¶테니스를 너
무 오래 쳤더니 손목이 시큰거린다. / 이빨 부러진 곳이 욱신거리기도 하고
시큰거리기도 해.《유시춘, 닫힌 교문을 열며》

시큰대다( )[시큰대다]동〈통증 일반〉(팔다리나 뼈마디가) 심하게 자꾸 시리
고 쑤시다.〈유〉시큰거리다 〈참〉시근대다, 새큰대다 ¶피아노 앞에 앉은 아
이는 이유 없이 시큰대는 손목을 어루만지며 침을 삼켰다.

시큰시큰하다( )[시큰시큰하다]형〈통증 일반〉(팔다리나 뼈마디가) 심하게 자
꾸 시리고 쑤시는 느낌이 있다.〈참〉시근시근하다, 새큰새큰하다 ¶다리가
시큰시큰해서 더 이상 걷지 못하겠다. / 학교에 가서도 층층대를 오르내리
려면, 다리가 무겁고 무릎이 시큰시큰하여서 매우 괴로웠다.

시큰하다( )[시큰하다]형〈통증 일반〉(팔다리나 뼈마디가) 조금 시리고 쑤신
느낌이 있다.〈참〉시근하다, 새큰하다 ¶너무 오래 앉아 있었더니 허리가 시
큰하며 아프다. / 무르팍이 시큰했다.《김소진 , 열린 사회와 그 적들》

시통(始痛)[시:통]명《한의》〈소아피부병-천연두/통증 일반〉 천연두를 앓을

때, 발진이 돋기 전에 나타나는 통증. 열이 오르거나 두통 따위의 증세가 있다. ¶약록에는 본편에 시통(始痛)에 쓰이는 투사전(透邪煎), 시귀음(柴歸飮), 청열투기탕(淸熱透肌湯)으로부터 통치방으로 쓰이는 가미소독음, 양영탕, 소반화진탕에 이르기까지 252방이 실려 있고 이어 마진제증에 쓰이는 방풍통성산, 화반탕, 현삼승마탕을 비롯해 소풍산, 갈근귤피탕, 누로탕에 이르기까지 23방을 더해, 마진치료에 응용할 수 있는 처방 도합 272방을 수재하고 있다.

시행(時行)[시행] **명**《한의》〈전염병일반〉계절에 따라 발생하는 전염병.

시행^여기(時行癘氣)[ ] **명구**《한의》〈전염병일반〉계절에 따라 유행하는 전염성이 강한 나쁜 기운.

시행^역려(時行疫癘)[ ] **명구**《한의》〈전염병일반〉「1」계절에 따라 전염병을 일으키는 병의 원인.「2」계절에 따라 전염을 일으키는 병.

시행-감모(時行感冒)[시행감모] **명**《한의》〈전염병일반〉주로 추운 계절에 아주 심하게 전염을 일으키는 감기.

시행-병(時行病)[시행뼝] **명**《한의》〈전염병일반〉계절에 따라 전염을 일으키는 병.

시환(時患)[시환] **명**《한의》〈조선시대전염병〉때에 따라 유행하는 상한병(傷寒病)이나 전염성 질환. ¶혹은 호환(虎患), 흉년(凶年), 시환(時患)으로 삼재를 지칭하기도 한다.

식도^경련^수축(食道痙攣收縮)[ ] **명구**《의학》식도 아랫부분에 발작적으로 경련을 일으키면서 식도가 좁아지는 증상. 음식을 삼키기 어렵고 가슴에 압박을 느끼며 숨이 가쁘고 아프며 심한 열이 나는데, 원인은 식도의 궤양이나 염증, 광견병, 파상풍, 뇌막염, 신경 쇠약, 담배 남용 따위이다.

식문(瘜門)[싱문] **명**《민속》〈소아피부병-천연두〉천연두로 죽은 사람의 영혼.

식심통(食心痛)[식씸통] **명**《한의》〈통증 일반〉음식을 먹고 탈이 나서 가슴과 배가 그득하며 아픈 증상. 생것이나 차가운 음식을 과음·과식하여 생긴다.

식적 요통(食積腰痛)[ ][명구]《한의》〈통증 일반〉먹은 음식이 잘 소화되지 않고 위장에 체기가 있어 허리가 아픈 증상. ¶식적요통을 피하려면 술자리에서 자극적이고 기름진 음식을 피해야 합니다.

식적-리(食積痢)[식쩡니][명]《한의》〈이질〉음식에 체하여 생긴 이질(痢疾).

식품^매개성^질환(食品媒介性疾患)[ ][명구]《의학》〈전염병일반〉식품이나 물이 오염원으로 작용하여 많은 사람에게 전염되는 질병. 식품이나 물을 매개로 하는 질병은 주로 창자 속의 병이며, 몸에서 나온 병원균은 분변(糞便) 물질을 통하여 오염을 일으킨다. ¶농업부문의 식품매개성 질환의 문제점과 해결방안

신경^마비(神經痲痹)[ ][명구]《의학》뇌 및 척수에서 나와 근육에 도달하는 말초 신경이 손상되어 그 지배 영역의 근육이나 지각(知覺)에 마비를 일으키는 일. 운동이나 감각 작용에 장애를 받으며, 외상이나 신경염이 원인이 되어 나타난다. 치료는 주로 전기 요법이나 마사지와 같은 물리적 요법을 쓴다. ¶이어, 13년 전 뇌 신경마비 발병 당시 상황과 이후 생긴 후유증을 털어놓으며 모두를 안타깝게 했다.

신경^매독(神經梅毒)[ ][명구]《의학》〈성병〉매독 병원체가 신경 조직을 침범했을 때 일어나는 병. 매독의 제삼 기, 제사 기에 해당한다. ¶중추 신경계를 침범하는 신경매독의 경우 증상이 없거나, 뇌막 자극 증상, 뇌혈관 증상 등이 발생할 수 있다.

신경-병(神經病)[신경뼝][명]《의학》신경 계통과 관련되는 여러 가지 질병을 통틀어 이르는 말. 신경증, 정신병을 비롯하여 뇌중풍, 신경통, 척수염 따위가 있다.

신경-염(神經炎)[신경념][명]《의학》〈전염병일반〉신경 섬유나 그 조직에 생기는 염증. 외상, 과로, 전염병, 영양 장애, 중독, 냉각, 류머티즘 따위로 일어나는데 신경의 길에 따라 통증, 압통(壓痛), 이상 감각, 운동 마비 따위의 증상이 나타난다. ¶수두는 보통 자연적으로 치유되지만 드물게 세균 감염과

폐렴, 패혈증, 관절염, 골수염, 신경염 등으로 이어질 수 있다.

신경통(神經痛)[신경통]명《의학》〈통증 일반〉말초 신경이 자극을 받아 일어나는 통증. 아픈 부위가 한 개의 말초 신경의 지배 영역에 일치하고, 예리하면서 격심한 아픔이 발작적으로 일어나 짧게 지속되다 멈추기를 되풀이한다. 통증이 없는 상태에서도 해당 말초 신경 부위를 누르면 통증이 유발되는 특징이 있다. 원인이 뚜렷한 증후 신경통과 특정한 원인이 없는 특발 신경통으로 나눈다. ¶영검하게도 미리 알고 쿡쿡 쑤시기 시작하는 외할머니의 신경통과 함께 역시 그것은 오래지 않아 비가 내릴 거라는 징조였다.

신규 확진자(新确诊者)[ ][명구]〈코로나19〉신규로 확진판정을 받은 사람. ¶신규확진자 오늘이 최고 많은 날인가요?

신물이 넘어오다( )[ ][동구]〈통증 일반〉음식에 체하거나 과식하였을 때 트림과 함께 위에서 목으로 넘어오는 시척지근한 액체가 목구멍 밖으로 나오다 ¶저녁을 급히 먹었더니 소화가 되지 않고 자꾸 신물이 넘어오는구나.

신산통(腎疝痛)[신ː산통]명《의학》〈통증 일반〉'콩팥 급통증(콩팥急通症)'의 이전 말. 결석이 신장에 위치해 발생하는 통증. ¶신산통은 허리 깊숙한 곳에서 시작되어 허리 옆으로 퍼지게 되며 여성은 통증이 방광 쪽으로 이어지거나 남성은 고환을 향해 밑으로 퍼질 수 있다.

신옹(腎癰)[시ː농]동《한의》〈종기〉콩팥에 생기는 종기. 신(腎)이 허해져서 침 자리 가운데 하나인 경문혈(京門穴) 부위가 약간 부어오르고 은근히 아프며 허리도 아프다.

신-육공육호(新六空六號)[신뉴꽁뉴코]명《약학》〈성병〉매독 치료에 쓰는 주사 용의 비소제. 재귀열, 말라리아를 치료하는 데도 쓴다.〈유〉네오살바르산(Neosalvarsan)

신종 코로나 바이러스(新種corona virus)[ ][명구]〈코로나19〉새로 보고되는 코로나바이러스로, 다음과 같은 코로나바이러스가 있다. 중증급성호흡기증후군 코로나바이러스(2002-nCoV, SARS-CoV, 속칭 SARS, 사스): 중증급성호흡기증후군을 일으키는 바이러스. 인간 코로나바이러스 HKU1(2005-nCoV, HCoV-HKU1) 중동호흡기증후군 코로나바이러스(2012-nCoV, MERS-CoV, 속칭 MERS, 메르스): 중동호흡기증후군을 일으키는 바이러스 SARS-CoV-2(2019-nCoV) ¶신종코로나바이러스 백신을 맞으면 신종코로나바이러스에 걸립니다.

신종 코로나바이러스 감염증 (新種corona virus 感染症)[ ] 〔**명구**〕〈코로나19〉신종 코로나바이러스감염증의 공식 명칭을 'COVID-19'로 정했다고 발표했는데, 여기서 'CO'는 코로나(corona), 'VI'는 바이러스(virus), 'D'는 질환(disease), '19'는 신종 코로나바이러스 발병이 처음 보고된 2019년을 의미한다. 이에 우리 정부는 2월 12일 '신종코로나바이러스감염증'의 한글 공식 명칭을 '코로나바이러스감염증-19'(국문 약칭 코로나19)로 명명한다고 발표했다. ¶신 종 코로나바이러스 감염증(코로나19) 확산으로 연기했던 결혼이 지난해부 터 재개된 영향이라는 분석이 나온다.

신종 폐렴 (新種肺炎)[ ] 〔**명구**〕〈코로나19〉신종 코로나바이러스 감염증(코로나 19)을 달리 이르는 말.〈참〉우한 폐렴 ¶신종 폐렴이 뜬 지 좀 됐나요?

신허 요통 (腎虛腰痛)[ ] 〔**명구**〕《한의》〈통증 일반〉신장의 기능이 쇠약하거나 과 도한 성교로 인하여 허리가 아픈 증세 ¶아침에 허리 통증이 더 심해지거나 오래 서 있을 때 통증이 나타났다면 신허 요통을 의심해 봐야 한다.

실리마린 (silymarin)[ ] 〔**명**〕《의학》〈간염〉간 질환 치료제의 하나. 간염, 간 경화 증 따위에 쓴다. ¶실리마린은 간 세포 보호, 간세포 재생 효과가 있다.

실질^각막염 (實質角膜炎)[ ] 〔**명구**〕《의학》〈성병〉선천 매독 등으로 각막에 염증 이 생겨 시야가 흐려지는 병.

심복통 (心腹痛)[심복통-] 〔**명**〕《한의》〈통증 일반〉근심 따위로 인하여 명치 아래 와 배가 동시에 아픈 증상. ¶각총(산마늘)은 비위를 따뜻하게 하며, 건위작 용 및 해독작용이 있어 심복통에 쓰인다.

심옹 (心癰)[시몽] 〔**명**〕《한의》〈종기〉젖가슴에 나는 종기.

심장통(心臟痛)[심장통]몡《의학》〈통증 일반〉복장뼈 아래쪽의 심장 부위에 일어나는 통증. 심장 동맥의 기능 부족으로 일어나거나 신경성 이상 감각이 원인이 되어 일어난다. ¶혈액 순환을 개선하면 요통이나 심장통뿐만 아니라 당뇨병성 신경통 치료에도 도움이 된다.

심층 역학 조사(深層疫學調査)[ ]몡구〈코로나19〉확진자가 진술한 동선, 접촉자를 확인하고 누락된 내용이 없는지 GPS와 카드 사용 기록 등을 살펴보는 것. ¶기존의 면접조사와 수동 데이터 분석에 기반한 심층 역학조사 방식은 대규모 확진자 발생으로 인하여 역학조사관의 업무를 폭증시키고 있습니다.

심통하다(心痛하다)[심통하다]혱〈통증 일반〉마음이 아프다. ¶심통한 표정. / 심통한 모친의 모습을 보자 나 또한 마음이 아파 왔다.

심하통(心下痛)[심하통]몡《한의》〈통증 일반〉'위통'을 한방에서 이르는 말.〈유〉위완통(胃脘痛) ¶소설 동의보감에는 허준이 심하통(心下痛)으로 죽은 유의태의 위를 수술하는 것으로 그려진다.

십미-패독탕(十味敗毒湯)[십미패독탕]몡《한의》〈종기〉가려운 피부병이나 습진, 화농성 종기에 쓰는 처방. 생강, 길경 따위의 열 가지 약재가 쓰인다.

싸리-말( )[싸리말]몡《민속》〈소아피부병-천연두〉싸리를 서로 어긋나게 엮어 짜서 만든 말. 배송굿을 하면서 천연두의 두신(痘神)을 태워 보내는 의식을 할 때 쓴다.

싸리말(을) 태우다( )[ ]관용〈소아피부병-마마〉(비유적으로) 반갑지 아니한 손님을 쫓아내다. ¶두고 보는 의중을 알 수는 없었지만 당장 싸리말을 태워 내쫓지를 않으니 그런대로 견딜 만한 것이었다.

싸하다( )[싸하다]혱〈통증 일반〉혀나 목구멍 또는 코에 자극을 받아 아린 듯한 느낌이 있다. ¶코가 싸하다. / 하품을 하고 난 뒤처럼 코 속이 싸하게 쓰리면서 눈물이 징 솟아올랐다.

쌀뜨물 설사몡구콜레라의 주요 증상 중 하나. 설사는 쌀뜨물 모양인 수양성인 것이 많고, 나쁜 냄새가 나는 설사. ¶콜레라의 가장 특징적인 증상은 쌀뜨물 설사이다.

쌀뜨물 설사병(쌀뜨물설사 病)명구 콜레라를 민간에서 이르는 말. 콜레라에 걸리면 쌀뜨물 모양의 수양성 질병으로 나쁜 냄새가 나는 설사가 난나는 데서 붙여진 이름이다. ¶콜레라의 가장 특징적인 증상은 쌀뜨물 설사이다.

쌀쌀( )[쌀쌀]부〈통증 일반〉배가 조금씩 쓰리며 아픈 모양. '살살'보다 센 느낌을 준다.〈참〉살살, 슬슬 ¶난 종일 물을 부었더니만 배탈이 났는지 어째 쌀쌀 아랫배가 아파 오네.

쏙쏙( )[쏙쏙]부〈통증 일반〉자꾸 쑤시듯이 아픈 모양. ¶뼈끝마다 쏙쏙 쑤신다. / 몸살인지 온몸이 바늘로 쏙쏙 찌르듯이 아프다. / 무섭게 여윈 그 얼굴을 대할 때에 어린 이 몸의 가슴은 바늘로 쏙쏙 찌르는 듯하였나이다.

쑤시다( )[쑤시다]동〈통증 일반〉신체의 일부분이 바늘로 찌르는 것처럼 아픈 느낌이 들다 ¶머리가 지끈지끈 쑤시다. / 잇몸이 붓고 쑤신다. / 사지가 쑤셔 댄다.

쓰라리다( )[쓰라리다]동〈통증 일반〉상처가 쓰리고 아리다. ¶며칠을 굶었더니 속이 쓰라리다. / 부르튼 발이 쓰라려서 걷기가 힘들다.

쓰리다( )[쓰리다]형〈통증 일반〉1.(몸이) 쑤시는 것처럼 아프다. 2.(뱃속이) 몹시 시장하거나 과음하여 쓸어내리듯 아프다. ¶1. 뜨거운 모래가 허벅지에 닿아서 살갗이 몹시 쓰리고 아팠다. / 이미 실밥까지 뽑아낸 다 아문 상처는 새살이 빨갛게 돋아나서 조금만 스쳐도 불에 덴 듯이 쓰리고 아프다. 2. 하루 종일 굶었더니 속이 너무 쓰리네. / 어제 빈속에 술을 너무 많이 마셨나 봐. 속이 쓰려.

씀벅씀벅하다( )[씀벅씀버카다]동〈통증 일반〉눈이나 살 속이 찌르듯이 잇따라 시근시근하다.

한국어 질병 표현 어휘 사전 Ⅲ

ㅇ

아나팔락시스 (Anaphylaxis)[ ] 명 《의학》〈코로나19〉특정 물질에 대해 몸에서 과민 반응을 일으키는 것. 특정 물질을 극소량만 접촉하더라도 전신에 증상이 나타나는 심각한 알레르기 반응이다.

아나팔락틱 쇼크 (Anaphylactic shock)[ ] 명구 《의학》〈코로나19〉특정 물질에 대해 몸에서 과민 반응을 일으키는 일. 특정 물질을 극소량만 접촉하더라도 전신에 증상이 나타나는 심각한 알레르기 반응이다.

아데노바이러스^감염증 (adenovirus感染症)[ ] 명구 《의학》〈전염병일반〉아데노바이러스의 감염으로 생기는 전염병. 고열, 중간 정도의 전신 중독 증상, 입안염, 결막염, 기관지 폐렴, 설사, 뇌염, 두드러기 따위의 여러 증상이 나타난다. ¶아데노바이러스감염증을 조기에 치료해야 하는 이유는 전염성 때문이기도 하다.

아데노바이러스^감염증 (adenovirus感染症)[ ] 명구 《의학》아데노바이러스의 감염으로 생기는 전염병. 고열, 중간 정도의 전신 중독 증상, 입안염, 결막염, 기관지 폐렴, 설사, 뇌염, 두드러기 따위의 여러 증상이 나타난다.

아득하다 ( )[아드카다] 형 〈통증 일반〉(정신이) 갑자기 어지럽고 흐리멍덩하다. 〈참〉어득하다 ¶덜컹거리는 기차 안에서 멍하니 앉아 있자니 꿈이라도 꾸는 듯이 정신이 아득하였다.

아뜩아뜩하다 ( )[아뜨가뜨카다] 형 〈통증 일반〉(정신 따위가) 있다가 없다가 하여 자꾸 조금씩 매우 어지럽거나 까무러칠 듯하다. ¶산을 내려오는데 갑자기 앞이 캄캄해지더니 정신이 아뜩아뜩했어요. / 나는 눈앞이 아뜩아뜩하여 그대로 바닥에 주저앉아 버렸다.

아뜩하다 ( )[아뜨카다] 형 〈통증 일반〉(눈앞이나 정신이) 갑자기 캄캄해지거나 어지러워 까무러칠 듯하다. 〈참〉아득하다, 어뜩하다 ¶나는 갑자기 현기증이 일어나며 눈앞이 아뜩하였다. / 노인은 정신이 아뜩하고 속이 느글거려 땅바닥에 주저앉고 말았다.

아르르하다 ( )[아르르하다] 형 〈통증 일반〉(혀끝이) 매운 음식 따위를 먹어 알알하고 쏘는 느낌이 있다. ¶멋모르고 입속에 집어넣은 청양고추 때문에 혀 끝이 아르르하다. / 기름에 덴 손가락이 아직도 아르르하다.

아르보바이러스 (arbovirus)[ ]**명**《수의》절지동물에 기생하는 바이러스를 통틀 어 이르는 말. 각종 모기와 진드기에 의하여 사람에게 전파되어 황열이나 뇌염을 일으킨다. ¶바로 아르보바이러스 때문인데요, 이 바이러스는 모기 에 의해 전파되며 황열과 같은 질병을 일으킬 수 있습니다.

아르스페나민 (arsphenamine)[ ]**명**《약학》〈성병〉매독이나 바일병을 치료하는 최초의 화학 요법제.〈유〉육백륙호(六百六號) ¶그러다 마침내 606번째 물 질 아르스페나민이 매독균을 죽였다.

아르지닌 (arginine)[ ]**명**《생명》단백질을 구성하는 염기성 아미노산의 하나. 간 속에 있는 아르지네이스에 의하여 오니틴과 요소로 분해되며, 몸속에서 생기는 암모니아의 독성을 없애는 작용을 한다.〈유〉아르기닌(arginine)

아리다 ( )[아리다]**형**〈통증 일반〉1. 혀끝을 찌를 듯이 알알한 느낌이 있다.2. 상처나 살갗 따위가 찌르는 듯이 아프다. ¶1. 마늘을 깨물었더니 혀가 아리 다. 2. 불에 덴 상처가 아리다.

아리딸딸하다 ( )[아리딸딸하다]**형**〈통증 일반〉(머리가) 어떤 것에 부딪쳐서 약간 울리고 어지럽다. ¶그는 집에 오는 길에 축구공에 맞아 머리가 아리딸 딸하였다.

아리아리하다 ( )[아리아리하다]**형**〈통증 일반〉(사람이 신체 부위가) 계속해서 약간 아픈 느낌이 있다. ¶동생에게 꼬집힌 데가 아직도 아리아리하다.

아릿아릿하다 ( )[아리다리타다]**형**〈통증 일반〉(신체 부위나 상처가) 찌르는 듯이 조금씩 아픈 느낌이 있다.〈참〉어릿어릿하다

아릿하다 ( )[아리타다]**형**〈통증 일반〉(혀나 코가) 조금 알알한 느낌이 있 다.〈참〉어릿하다 ¶혀끝이 아릿하다. / 그의 말을 듣고 있던 나는 코가 아릿 하면서 눈물이 핑 돌았다.

아메바ᄉ이질 (amoeba痢疾)[ ]**명구**《의학》〈전염병 일반〉이질아메바의 감염으

로 생기는 소화 기관 전염병. 주로 열대와 아열대 지방에 많으며 우리나라
에도 있다. 큰창자 점막에 특유한 궤양이 생기고 피가 섞여 나오는 설사가
며칠 동안 계속되는데, 재발하기가 쉽다. ¶환자들의 증상만 봐서는 소화기
전염병의 하나인 아메바성 이질로 추정할 뿐이었다.

아메바^이질(amoeba痢疾)[ ]**명**《의학》〈이질〉 이질아메바의 감염으로 생기는
소화 기관 전염병. 주로 열대와 아열대 지방에 많으며 우리나라에도 있다.
큰창자 점막에 특유한 궤양이 생기고 피가 섞여 나오는 설사가 며칠 동안
계속되는데, 재발하기가 쉽다. ¶아메바 이질 환자의 경우 격리는 필요하지
않다. 그러나 음식에 접촉하거나 환자를 간호하는 일을 해서는 안 된다.

아메바-증(amoeba症)[ ]**명**《의학》〈전염병일반〉 이질아메바의 감염으로 생기
는 소화 기관 전염병. 주로 열대와 아열대 지방에 많으며 우리나라에도 있
다. 큰창자 점막에 특유한 궤양이 생기고 피가 섞여 나오는 설사가 며칠 동
안 계속되는데, 재발하기가 쉽다.

아질아질하다( )[아질아질하다]**형**〈통증 일반〉(눈앞이나 정신이) 자꾸 조금
어지럽고 아득하다.〈참〉어질어질하다, 아찔아찔하다

아질하다( )[아질하다]**형**〈통증 일반〉(눈앞이나 정신이) 갑자기 어지럽고 조
금 아뜩하다.〈참〉어질하다, 아찔하다 ¶그녀는 머리가 아질해 주저앉고 말
았다. / 자리에서 갑자기 일어난 나는 머리가 아질함을 느꼈다.

아찔아찔하다( )[아찔아찔하다]**형**〈통증 일반〉(눈앞이나 정신이) 자꾸 어지럽
고 아득하다.〈참〉아질아질하다, 어찔어찔하다

아찔하다( )[아찔하다]**형**〈통증 일반〉(눈앞이나 정신이) 갑자기 어지럽고 아
뜩하다.〈참〉어찔하다 ¶갑자기 눈앞이 아찔하면서 심한 현기증이 났다. /
사고를 당할 뻔했던 그때를 생각하면 지금도 아찔하다.

악병(惡病)[악뼝]**명**《의학》〈조선시대전염병〉 고치기 힘든 병.〈유〉악질 ¶그
러나 유의할 점도 많다.구워 먹으면 소갈증(消渴症)에 걸리며 마름과 함께
먹으면 간질에 걸리고 버들치(물고기의 일종)와 먹으면 악병을 얻는다.

악실(惡實)[악씰]**명**《한의》〈소아피부병-홍역〉우엉의 씨를 한방에서 이르는
말. 열을 내리고 독을 푸는 작용을 하여 인후염, 홍역 초기, 해수(咳嗽) 따위
에 쓰인다. ¶〈식료본초〉에는 우엉을 악식(惡食)이라고 했고 〈본초강목〉
에서는 우엉 씨를 악실(惡實)이라고 했다.

안면통(顔面痛)[안면통]**명**《의학》〈통증 일반〉삼차 신경의 분포 영역에 생기
는 통증 발작. 얼굴 한쪽이 심하게 아프며 후두부나 어깨까지 아플 수도 있
는데 중년 이후의 여성에게 많다. 원인은 분명하지 않으나, 뇌줄기에 발생
한 종양이나 뇌동맥 자루가 원인일 가능성이 있고, 다발 경화증의 증상으로
나타날 수도 있으며 뇌 바닥 세동맥의 동맥 경화증이 원인이 되는 경우도
있다. 〈유〉삼차 신경통(三叉神經痛), 얼굴 신경통(--神經痛)

안심 외래 진료소(   )[   ]**명구**〈코로나19〉일반 외래환자가 안심하고 병원 진료를
받고, 이 가운데 발열 및 호흡기 유증상자를 병원 외부 별도로 독립된 장소
에서 진료 및 검사하도록 하는 공간. 호흡기질환 유증상자 및 의심환자의
원내 유입 차단과 환자와 의료진 사이의 교차 감염 방지 및 감염 확산을 차
단해 의료진을 보호하고 검사 대상자의 안전과 편의성을 향상시켰다.

알근하다(   )[알근하다]**형**〈통증 일반〉(음식이나 그 맛이) 매워서 입안이 조금
알알하다. 〈참〉얼큰하다, 알큰하다, 얼근하다 ¶이 집 매운탕은 맛이 알근한
것이 독특한 맛이 난다.

알딸딸하다(   )[알딸딸하다]**형**〈통증 일반〉(머리가) 어떤 것에 부딪쳐서 약간
울리고 어지럽다. 〈본〉아리딸딸하다 〈참〉얼떨떨하다

알싸하다(   )[알싸하다]**형**〈통증 일반〉(음식이나 그 맛, 냄새가) 맵거나 독해서
콧속이나 혀끝이 아리고 쏘는 느낌이 있다. ¶입안이 알싸하다.

알알하다(   )[아랄하다]**형**〈통증 일반〉(몸의 일부가) 상처가 나거나 하여 꽤 아
린 느낌이 있다. 〈참〉얼얼하다 ¶매 맞은 자리가 알알하다.

알짝지근하다(   )[알짝찌근하다]**형**〈통증 일반〉(살이) 따끔따끔 찌르는 듯이
아프다. 〈참〉알찌근하다, 얼쩍지근하다 ¶몸살이 났는지 살가죽이 알짝지

근하다.

알찌근하다 ( )[알찌근하다] 혱〈통증 일반〉(살이) 따끔따끔 찌르는 듯이 아프
다.〈참〉알짝지근하다, 얼찌근하다 ¶계단에서 넘어지면서 짚은 손이 알찌
근했다.

압통(壓痛)[압통]몡〈통증 일반〉피부를 세게 눌렀을 때에 느끼는 아픔. ¶나
무 기둥에 깔린 인부가 압통을 참지 못해 비명을 질렀다.

압통점(壓痛點)[압통쩜]몡《의학》〈통증 일반〉피부를 눌렀을 때에 아픔을 특
히 강하게 느끼는 부위. 신경이 갈라지거나 깊은 층에서 얕은 층으로 나타
나는 곳에 있는데, 특정 지점의 비정상적인 아픔은 특정 병과 관계가 있으
므로 진단의 한 방법이 된다. ¶그는 압통점과 기맥에 수지침을 놓았다.

애리다 ( )[ ]혱〈통증 일반〉'아리다'의 방언(강원, 경상, 전라, 평안, 중국 길림
성, 중국 요령성, 중국 흑룡강성)

애완동물-병(愛玩動物病)[애 : 완동물뼝]몡《의학》〈전염병일반〉애완동물을
통하여 사람에게 전염하여 생기는 병을 통틀어 이르는 말. 앵무병, 톡소포
자충증 따위가 있다.

애통하다1(哀痛하다)[애통하다]동〈통증 일반〉슬퍼하고 가슴 아파하다. ¶한
이 많은 생애, 사연이 복잡했던 영결식, 애통하는 혈육 하나 없는 망자를 실
은 상여는 고개를 넘어간다.

애통하다2(哀痛하다)[애통하다]혱〈통증 일반〉슬프고 가슴 아프다. ¶부모는
자식의 죽음이 애통하여 한없이 눈물만 흘릴 뿐이었다. / 꽃다운 나이에 세
상을 하직하니 애통한 일이다. / 댁의 아드님 최상묵 일등병은 지난 이 월
이십육 일, 적과의 치열한 야간 전투 중 눈부신 전과를 올리고, 애통하게도
전사했습니다.

애프터 코로나(after corona virus)[ ]명구《삶》〈코로나19〉코로나19의 세계적
대유행이 종식된 뒤의 시기. ¶코로나19로 인해 힘든 관광업계에서 애프터
코로나를 대비하고 현 상황을 타개하기 위해 한 기업 총수가 직접 현장을

챙기고자 나섰다.

앵도-창(櫻桃瘡)[앵도창] 🕲《한의》〈종기〉목에 나는 종기. 크기가 앵두만 하다.

앵무-병(鸚鵡病)[앵무뼝] 🕲《의학》〈전염병일반〉조류, 특히 앵무새, 카나리아, 비둘기 따위로부터 사람에게 전염되는 바이러스 질환. 병원체가 사람 몸에 흡입되면 잠복기를 지나 발열·두통·기침 따위가 시작되며 발병한다.

야간통(夜間痛)[야:간통] 🕲《의학》〈통증 일반〉밤에 잠들어 있을 때에만 일어나는 통증. ¶오십견의 경우에는 저녁에 통증이 심해지는 야간통이 발생해 수면 장애가 일어나기도 한다.

야차-두(夜叉頭)[야:차두] 🕲《한의》〈소아피부병-홍역〉우엉의 씨를 한방에서 이르는 말. 열을 내리고 독을 푸는 작용을 하여 인후염, 홍역 초기, 해수(咳嗽) 따위에 쓰인다.

약독^생백신(弱毒生vaccine)[ ] 🕲구《약학》〈소아피부병-홍역〉독이 약한 생균 또는 생바이러스를 쓰는 백신. 생균을 쓰는 비시지(BCG) 백신과 생바이러스를 쓰는 우두, 홍역 따위의 백신이 있다. ¶병원성을 약화시킨 약독화한 생백신인 수두 백신은 접종 후 대상포진을 일으킬 수 있지만 미접종자가 수두에 걸려 대상포진으로 이환되는 경우보다 증상이 경미한 것으로 알려졌다.

양궐(陽厥)[양궐] 🕲《한의》〈통증 일반〉1. 궐증의 하나. 몸에 열이 난 뒤에 몸 안에 열이 막히고 팔다리가 차가워진다. 2. 예전에, 지나치게 심한 자극을 받았을 때 성을 내면서 발광하는 증상을 이르던 말. 〈유〉열궐

양독(陽毒)[양독] 🕲《한의》〈소아피부병-홍역〉「1」어린아이에게 나타나는 열병의 하나. 관절이 붓고 아프며 열이 나면서 얼굴 및 그 밖의 부위에 홍역 때보다 굵은 두드러기가 돋는다.「2」'성홍열'을 한방에서 이르는 말.

양독-발반(陽毒發斑)[양독빨반] 🕲《한의》〈소아피부병-홍역〉어린아이에게 나타나는 열병의 하나. 관절이 붓고 아프며 열이 나면서 얼굴 및 그 밖의 부

위에 홍역 때보다 굵은 두드러기가 돋는다. ¶어느 날은 다른 소양인 사내가
상한병에 걸린 이후 꿩고기탕을 먹고 나서 온 몸의 피부에 양독발반(陽毒發
斑)이 피어올랐다.

양두 (羊痘)[양두][명]《수의》〈소아피부병-천연두〉면양(緬羊)의 천연두.

양매-창 (楊梅瘡)[양매창][명]《한의》〈성병〉'매독'을 한방에서 이르는 말. ¶한
의서에는 쇠비름을 마치현이라고 해서 종기 치질 사마귀 곤충독 양매창(매
독) 구충 이질 등 치료 효과와 함께 다양한 효능이 기록되어 있습니다.

양일-학 (兩日瘧)[양:일학][명]《약학》〈학질〉학질의 하나. 이틀을 걸러서 발
작하며, 좀처럼 낫지 않는다.〈동〉이틀거리.

양제근 (羊蹄根)[양제-근][명]《한의》〈종기〉소루쟁이의 뿌리. 옴, 종기, 탈모
따위의 치료에 쓴다.

양종 (陽腫)[양종][명]《한의》〈종기〉피부에 난 종기.

양종-다리 (陽腫다리)[양종다리][명]《한의》〈종기〉다리에 난 종기. 또는 그 다
리.

양충-병 (恙蟲病)[양:충뼝][명]《의학》〈전염병일반〉털진드기의 유충에 물려
옮는 전염병. 일주일 동안 잠복하였다가 오한이 일어나며 물린 자리에 고름
물집이 생기고, 주위 림프샘이 붓고 얼굴에 장미진이 돋는다.

어 코로난가 ( )[ ][명구]〈코로나19〉재채기나 잔기침에도 코로나가 아닐까 걱정
하게 되는 말.

어깨통 (어깨痛)[어깨통][명]《의학》〈통증 일반〉목덜미로부터 어깨에 걸쳐 일
어나는 근육통을 통틀어 이르는 말. 피로가 주된 원인이며 대개 어깨에 둔
한 통증이 있다. ¶밤 중 욱신거리는 어깨통 때문에 잠을 설치고 팔을 들어
올릴 때 일정 각도와 동작에서 통증이 나타난다.

어득어득하다 ( )[어드어드카다][형]〈통증 일반〉(정신이) 희미해지면서 자꾸 어
지럽거나 까무러칠 듯하다.〈참〉어뜩어뜩하다, 아득아득하다

어득하다 ( )[어드카다][형]〈통증 일반〉(정신이) 갑자기 매우 어지럽고 흐리멍

덩하다. ¶친한 친구의 부고에 정신이 어득하니 아무 생각이 나지 않았다.

어뜩어뜩하다 ( )[어뜨거뜨카다]톙〈통증 일반〉(정신이) 희미해지면서 자꾸 매
우 어지럽거나 까무러칠 듯하다.〈참〉어득어득하다, 아뜩아뜩하다 ¶의식
은 회복했지만 아직도 눈앞은 어뜩어뜩하였다.

어뜩하다 ( )[어뜨카다]톙〈통증 일반〉(눈앞이나 정신이) 갑자기 몹시 어지러
워 까무러칠 듯하다.〈참〉아뜩하다 ¶웅이는 축구를 하다가 상대 선수와 부
딪치는 순간 정신이 어뜩하며 그대로 쓰러지고 말았다.

어리바리하다 ( )[어리바리하다]톙〈통증 일반〉(사람이) 정신이 또렷하지 못하
거나 기운이 없어 몸을 제대로 놀리지 못하다.

어릿어릿하다 ( )[어리더리타다]톙〈통증 일반〉(신체 부위나 상처가) 찌르는
듯이 몹시 아프거나 쓰린 느낌이 있다.〈참〉아릿아릿하다 ¶무리를 했더니
허리가 어릿어릿하게 쑤신다.

어릿하다 ( )[어리타다]톙〈통증 일반〉(혀나 혀끝이) 몹시 쓰리고 따가운 느낌
이 있다. ¶가지를 날로 먹으니 혀끝이 어릿하다.

어제정(魚臍疔)[어제정]똉《한의》〈종기〉짐승 가죽과 털을 다루는 사람에게
독이 침입하여 생긴 부스럼. 종기 부리의 한가운데가 움쑥 들어가고, 이것
이 터지면 누르스름한 물이 흐르고 가장자리가 붓는다.

어지럽다 ( )[어지럽다]톙〈통증 일반〉몸을 제대로 가눌 수 없이 정신이 흐리
고 얼떨떨하다. ¶아버지가 돌아가셨다는 소식을 듣자 갑자기 머리가 어지
러워서 몸을 가눌 수가 없었다. / 그는 몹시 어지러운 듯 비틀거렸다.

어질어질하다 ( )[어질어질하다]톙〈통증 일반〉자꾸 또는 매우 정신이 아득하
고 어지럽다. ¶허기 때문에 머리가 어질어질하다. / 그게 이것 같고 이게
그것 같아서, 제자리에 서서 맴을 돈 것처럼 어질어질했다.

어질하다 ( )[어질하다]톙〈통증 일반〉(사람이) 갑자기 정신이 아득하고 어지
럽다.〈참〉아질하다 ¶뙤약볕 아래서 한 시간째 훈련을 받으려니까 머리가
어질하여 금방이라도 쓰러질 것 같다.

어찔어찔하다( )[어찔어찔하다]⟨형⟩〈통증 일반〉(눈앞이나 정신이) 자꾸 몹시 희미해지고 어지럽다. 〈참〉어질어질하다, 아찔아찔하다 ¶고층 빌딩에서 아래를 내려다보니 머리가 어찔어찔하다. / 어린 시절 마당에서 빙글빙글 맴돌았을 때처럼 머리가 어찔어찔하고 배 속까지 메슥메슥했다.

어찔하다( )[어찔하다]⟨형⟩〈통증 일반〉(눈앞이나 정신이) 갑자기 쓰러질 듯이 어지럽다. 〈참〉어질하다, 아찔하다 ¶술을 너무 많이 마셨는지 머리가 어찔하고 앉은 자리가 휘휘 둘리는 것 같았다. / 갑작스러운 부모님의 사고 소식에 그녀는 정신이 어찔할 정도로 충격을 받았다.

어혈 요통(瘀血腰痛)[ ]⟨명구⟩《한의》〈통증 일반〉외상(外傷)으로 인하여 또는 산후(産後)에 허리에 어혈이 생겨서 나타나는 요통(腰痛). ¶어혈 요통은 밤에 통증이 심해지는 것이 특징이다.

어혈종(瘀血腫)[어ː혈쫑]⟨명⟩《한의》〈종기〉어혈로 생긴 종기. 처음에는 검푸른 빛을 띠다가 부어오른다.

어혈통(瘀血痛)[어ː혈통]⟨명⟩《한의》〈통증 일반〉어혈이 진 부위가 아픈 증상. ¶교통사고나 사다리에서 떨어지는 등 타박에 의한 내상으로 생기는 어혈통은 처음에는 통증을 느끼지 못하다가도 시간이 지나면서 서서히 몸이 무겁거나 통증을 느끼게 된다.

언택트 시대(untact時代)[ ]⟨명구⟩〈코로나19〉는 '접촉'을 뜻하는 콘택트(contact)에 반대를 뜻하는 'Un-'을 붙인 코로나19 사태 이후 시대를 지칭하는 말. '비접촉'이 일상이 된 시대라는 의미이다. 사람의 안내를 받는 것에 익숙하던 일상의 습관들로부터 비대면 환경으로 빠르게 바뀌는 시점에서 만들어졌다. ¶언택트 시대는 2020년 코로나 바이러스가 생긴 후부터 나타난 건가요?

얼굴통(얼굴痛)[얼굴통]⟨명⟩《의학》〈통증 일반〉삼차 신경의 분포 영역에 생기는 통증 발작. 얼굴 한쪽이 심하게 아프며 후두부나 어깨까지 아플 수도 있는데 중년 이후의 여성에게 많다. 원인은 분명하지 않으나, 뇌줄기에 발생한 종양이나 뇌동맥 자루가 원인일 가능성이 있고, 다발 경화증의 증상으로 나타날 수도 있으며 뇌 바닥 세동맥의 동맥 경화증이 원인이 되는 경우도 있다. 〈유〉삼차 신경통(三叉神經痛), 안면통(顔面痛)

얼떨떨하다 ( )[얼떨떨하다]휑〈통증 일반〉(머리가) 속이 울리고 아프다. 〈유〉 얼떨하다, 떨떨하다 〈본〉어리떨떨하다 〈참〉알딸딸하다 ¶술을 몇 잔 연거 푸 마셨더니 머리가 얼떨떨하다. / 기둥에 머리를 부딪친 후로 영주는 계속 머리가 얼떨떨했다.

얼얼하다 ( )[어럴하다]휑〈통증 일반〉1.(몸의 일부가) 상처가 나거나 하여 몹시 아리다. 2.(입안이나 혀가) 몹시 맵거나 독한 것이 닿아 아리고 쏘는 느낌이 있다. 〈참〉알알하다 ¶1. 맞은 뺨이 아직도 얼얼하다. 2. 냉면이 얼마나 매운지 혀가 다 얼얼하다.

얼쩍지근하다 ( )[얼쩍찌근하다]휑〈통증 일반〉(살이) 얼얼하게 아프다. 〈유〉 얼찌근하다 〈참〉알짝지근하다 ¶영희에게 맞은 뺨이 아직도 얼쩍지근했다.

얼찌근하다 ( )[얼찌근하다]휑〈통증 일반〉(살이) 얼얼하게 아프다. 〈유〉 얼쩍지근하다 〈참〉알찌근하다 ¶영이는 얼음판 위에서 넘어져 얼찌근한 엉덩이를 매만지며 걸음을 재촉했다.

에다 ( )[에다]동〈통증 일반〉(사람이 무엇을) 칼 따위로 도려내듯 베다. 〈참〉(피동) 에이다 ¶살을 에는 듯한 강추위가 연일 계속되고 있습니다. / 급하게 밥을 먹다가 그만 혀끝을 살짝 에는 듯이 물었다.

에이다 ( )[에이다]동〈통증 일반〉(사람이나 사물이 날카로운 연장 따위에) 도려내듯 베이다. '에다'의 피동사. 〈참〉(능동) 에다 ¶추위에 살이 에일 것 같다.

에이즈 (AIDS)[ ]명《의학》〈성병〉인간 면역 결핍 바이러스에 의하여 면역 세포가 파괴됨으로써 인체의 면역 능력이 극도로 저하되어 병원체에 대하여 무방비 상태에 이르는 병. 최초 감염으로부터 증상이 나타나기까지는 평균

10년 정도 걸리며 사망률이 대단히 높다. 성적 접촉, 오염 주사기 사용, 오염 혈액 및 혈액 제제 사용, 감염된 산모로부터의 수직 감염 따위에 의하여 감염된다. 〈유〉후천 면역 결핍증(後天免疫缺乏症) ¶과거에 에이즈가 걸리면 죽는 질병이었다면 지금은 당뇨나 고혈압처럼 약을 먹고 관리를 잘한다면 수명껏 사는 것도 가능하리라고 전문가들은 예측하고 있다.

에이형^간염 (A型肝炎)[ ][**명구**]《의학》〈간염〉에이형(A型) 간염 바이러스의 경구 감염으로 일어나는 간염. 늦은 여름에 4~10세의 어린이에게 감염되며, 15~30일의 잠복기를 거쳐 식욕 부진, 발열, 황달, 간 비대, 복통 따위의 증상을 보인다. 집단적으로 발병하는 일도 있다. 〈유〉유행성 간염(流行性肝炎) ¶에이형간염은 특히 집단 감염으로 이어지기 쉬운 특징이 있는데요.

에코^바이러스^감염증 (echo virus感染症)[ ][**명구**]《의학》〈전염병일반〉에코 바이러스가 감염하여 일으키는 전염병. 근육통을 비롯하여 신경 계통, 순환 계통, 호흡 기관 따위에서 증상을 나타낸다.

에피데믹 (epidemic)[ ][**명**]〈코로나19〉특정 지역에서만 발생하는 감염병을 말한다. ¶코로나19 유행 초기에는 첫 발원지인 중국 우한을 중심으로 특정 지역에서만 유행하는 감염병으로 생각돼 에피데믹으로 평가됐다.

엔데믹 (endemic)[ ][**명**]〈코로나19〉주기적으로 발생하거나 풍토병으로 고착화되는 감염병. ¶'엔데믹'인데 코로나19 확진자 왜 또 늘어나나?

엔차 감염 (N次感染)[ ][**명구**]〈코로나19〉감염의 전파 단계. ¶지인이나 n차 감염으로 인한 확진이 계속 나오고 있는 상황이다.

엘토르-콜레라 (El Tor cholera)[ ][**명**]《의학》〈전염병일반〉엘토르콜레라균에 오염된 물이나 음식을 먹었을 때 생기는 전염병. 콜레라의 한 형태로 증상도 비슷하다.

여기 (癘氣/厲氣)[여:기][**명**]《한의》〈조선시대전염병〉못된 돌림병을 일으키는 기운. ¶외인(外因)에는 육음 이외에 여기(癘氣)도 있습니다.

여역 (癘疫)[여:역][**명**]《한의》〈조선시대전염병〉전염성 열병을 통틀어 이르는 말.〈유〉여질, 역려, 온역. ¶조선시대 민간 전염병을 통틀어 여역(癘疫)이라 불렀는데, '여(癘)'는 악질(惡疾)이나 악창(惡瘡)과 함께 나병(癩病)을 뜻하는 의미로도 쓰였으며, '역(疫)'은 '민개병야(民皆病也)'로 민간에 널린 퍼진 질병이나 유행병으로, 여귀(癘鬼)와 같은 말에서 비롯된 것으로 알려져 있습니다.

여옹(癘癰)[여:옹-]**명**《한의》〈종기〉새끼발가락이나 발의 양옆에 난 종기.

여질(癘疾)[여:질]**명**《한의》〈전염병일반〉전염성 열병을 통틀어 이르는 말.

여창(癘瘡)[여:창]**명**《의학》〈나병〉'나병'을 한방에서 이르는 말.

여할하다(如割하다)[여할하다]**형**〈통증 일반〉벤 것같이 아프다.

역려(疫癘)[영녀]**명**《한의》〈조선시대전염병〉전염성 열병을 통틀어 이르는 말.〈유〉여역(癘疫), 여질3(癘疾), 온역1(溫疫)(2) ¶"내년 봄에 성을 쌓을 군사가 많이 모이면 반드시 전염병[역려(疫癘)]이 돌 것입니다. 태조께서 나라를 세우신 초기에 도성을 쌓으실 때 전염병이 크게 일어났는데, 화엄종 승려 탄선(坦宣)이 그것[여질(癘疾)]을 두려워하지 않고 마음을 다하여 구휼하였습니다."

역병(疫病)[역뼝]**명**《의학》〈전염병일반〉대체로 급성이며 전신(全身) 증상을 나타내어 집단적으로 생기는 전염병. ¶「2」역병이 돌다. 「2」길거리는 인적이 드물어 흡사 역병이 쓸고 간 마을같이 괴괴됐다.

역병-신(疫病神)[역뼝신]**명**《민속》〈소아피부병-천연두〉천연두를 맡았다는 신. ¶진짜로 뭔가 일이 터지면 주인공이 숨겨서 이렇게 된 거라 주변이 착각하고 주인공은 이걸 바로 잡지 않으니 걸어 다니는 역병신 취급 당하기 일쑤.

역신(疫神)[역씬]**명**「1」민속「2」한의》〈소아피부병-천연두〉「1」천연두를 맡았다는 신. 「2」'천연두'를 한방에서 이르는 말. ¶「1」역신을 쫓다. 「2」역신이 들다.

역질(疫疾)[역찔]**명**《한의》〈소아피부병-천연두/조선시대전염병〉'천연두'를

한방에서 이르는 말. 〈유〉두역(痘疫), 두창(痘瘡), 역신(疫神), 천연두(天然
痘), 천연두(天然痘) ¶역질이 창궐하다. 지난 계묘년의 역질에 겹친 기근 때
에는 수만 명이 죽었다 한다.

역질 흑함(黑陷) 되듯 한다 ( )[ ]㊌〈소아피부병-천연두〉'두창'의 화독이 너무
강해서 밖으로 나오지 못하고 안으로 함몰하여 검은색으로 변하여 잠복하
게 되는 상황을 어떤 일에 불길한 징조가 나타나는 데에 비유하여 이르는
말.

역학(疫瘧)[여칵]㊍《의학》〈학질〉유행성을 띤 학질. 추운 느낌이 들면서 몸
이 떨리다가 열이 나는데, 하루에 한두 번씩 발작하며 열이 비교적 심하게
나고 번갈(煩渴)이 있으며 땀이 많이 난다.

역학 조사(疫學調査)[ ]㊂〈코로나19〉전염병의 발생 원인과 역학적 특성을
밝히는 일. 이를 토대로 합리적 방역 대책을 세우는 것이 목적이다. ¶산재
보험 역학조사에 대해 궁금한 게 있는데, 역학조사가 끝나면 보상 신청자에
게 따로 연락이 가나요?

역학 조사관(疫學調査官)[ ]㊂〈코로나19〉감염병의 원인과 특성을 찾아내,
감염병 유행을 차단하는 방법을 밝히는 역학조사를 진행하는 국가·지방 공
무원. ¶이렇게 역학 조사관은 초기 조사, 검체 조사, 현장 조사, 진단 단계
를 거치며 감염원을 파악합니다. 바이러스와 연관된 부분으로 말씀드리자
면, 검체 조사 단계에서 바이러스를 분석하여 감염된 바이러스의 종류를 확
인합니다.

역환(疫患)[여콴]㊍《한의》〈소아피부병-천연두/조선시대전염병〉'천연두'를
한방에서 이르는 말. 〈유〉역질(疫疾), 호역2(戶疫), 포창1(疱瘡), 시두(時痘),
마마1(媽媽) ¶늦더위가 더욱 심한데 기체(氣體)가 어떠하며, 또 궁중(宮中)
의 역환(疫患)이 어떠한지 모르겠습니다.

연관통(聯關痛)[연관통]㊍《의학》〈통증 일반〉특정한 내장 질환이 있을 때
신체의 일정한 피부 부위에 투사되어 느껴지는 통증. 이자염일 때 좌측 흉

부의 피부에 통증을 느끼거나 요석이 있을 때 샅굴 부위에 통증을 느낀다.

연구창(燕口瘡)[연:구창] 명《한의》〈종기〉 입술에 생긴 종기. 주로 입가가 헐며, 진물이 난다. 〈동〉구문창.

열궐(熱厥)[열궐] 명《한의》〈통증 일반〉궐증의 하나. 몸에 열이 난 뒤에 몸 안에 열이 막히고 팔다리가 차가워진다. 〈유〉양궐01

열궐 두통(熱厥頭痛)[ ] 명구《한의》〈통증 일반〉머리가 아프고 번열이 나고 몹시 추운 겨울이라도 찬바람만 좋아하고 찬바람을 쐬면 아픈 것이 잠깐 동안 멎었다가도 따뜻한 곳에 가거나 불을 보면 다시 아픈 증상.

열-꽃(熱꽃)[열꼳] 명〈소아피부병-홍역〉홍역·수두 따위를 앓을 때, 피부의 여기저기에 돋아나는 붉은 점. ¶어린 몸에 뜨거운 열꽃이 피어 사나흘 동안 이승 반, 저승 반 하다가 그때를 무사히 넘기면…. 아침 무렵만 해도 안면 부위에만 머물러 있던 열꽃이 점차 아래쪽으로 번지더니 인제는 불티를 뒤집어쓴 듯 숫제 전신이 빨긋빨긋했다.

열대-열(熱帶熱)[열때열] 명《의학》〈학질〉열원충이 적혈구 내에서 48시간 또는 그 이하의 시간 동안 분화되어 열이 오르는 말라리아. ¶열대 열원충에 의해 감염되는 열대열 말라리아 감염은 가장 위험한 형태의 말라리아이며, 치료를 받지 않는 경우 치명적일 수 있다. 열대열 말라리아에 감염되면 감염 적혈구 세포가 소혈관 벽에 붙어 특히 뇌(뇌 말라리아), 폐, 신장 및 위장 기관 등 많은 기관의 혈관을 막아 손상을 준다.

열병(熱病)[열병] 명《의학》〈장티푸스〉「1」 열이 몹시 오르고 심하게 앓는 병. 두통, 식욕 부진 따위가 뒤따른다. 「2」'장티푸스'를 일상적으로 이르는 말. 「3」 어떤 일에 몹시 흥분한 상태를 비유적으로 이르는 말. 〈유〉열성병, 열증. ¶짝사랑의 열병을 앓다.

열복통(熱腹痛)[열복통] 명《한의》〈통증 일반〉배 속에 열이 몰려 갑자기 배가 아팠다 멎었다 하는 병. ¶열복통은 배를 만지면 뜨겁고 손이 닿으면 통증이 더욱 심해지는 특징이 있다.

열사흘-부스럼( )[열싸흘부스럼]몡〈소아피부병-천연두〉'천연두'를 일상적으
로 이르는 말.

열사흘부스럼을 앓느냐( )[ ]속담〈소아피부병-천연두〉망령된 말을 많이 하는
사람을 놀림조로 이르는 말.

열통(熱痛)[열통-]몡《한의》〈통증 일반〉열을 동반하는 통증. 또는 열로 인한
통증.

열학(熱瘧)[열학]몡《의학》〈학질〉더위가 심하여 몸에 열이 심하게 나고 가
슴이 답답한 학질. 갈증이 심하게 난다.〈유〉단학, 서학.

염(染)[ ]몡《한의》〈조선시대전염병〉전염병. 돌림병.〈유〉옮다, 전염되다(傳
染--)

염병(染病)[염:병]몡《의학》〈장티푸스/조선시대전염병〉「1」'장티푸스'를 속
되게 이르는 말. 「2」『의학』전염성을 가진 병들을 통틀어 이르는 말. 곧 세
균, 바이러스, 리케차, 스피로헤타, 진균, 원충 따위의 질병.〈유〉전염병 ¶
1.염병이 나다. / 염병을 앓다. / 염병에 걸려 죽다.

염병에 까마귀 소리( )[ ]속담불길하여 귀에 아주 거슬리는 소리를 이르는
말.〈유〉돌림병에 까마귀 울음.

염병에 땀을 못 낼 놈( )[ ]속담염병을 앓으면서도 땀도 못 내고 죽을 놈이라는
뜻으로, 남을 욕하여 이르는 말.

염병에 보리죽을 먹어야 오히려 낫겠다( )[ ]속담염병은 병 중에서 가장 악질이
요 보리죽 또한 가장 좋지 아니한 음식이니, 너무 어처구니없어서 논박할
필요조차 느끼지 아니하는 경우를 비유적으로 이르는 말.

염병을 떨다( )[ ]관용엉뚱하거나 나쁜 짓을 하다. ¶네 엄마가 도망갔는데, 너
는 그까짓 화분이 뭐가 중요하다고 품에 안고 염병을 떨고 있어!

염병쟁이(染病쟁이)[염:병쟁이]몡〈장티푸스〉장티푸스를 앓고 있는 사람을
낮잡아 이르는 말.

염병-할(染病할)[염:병할]관〈장티푸스〉염병을 앓을 정도로 재수 없는.

염병-할(染病할)[ ]〈감〉〈장티푸스〉'염병을 앓을'이라는 뜻으로, 매우 못마땅할
때 욕으로 하는 말.

염역(染疫)[여:먹]〈명〉《한의》〈조선시대전염병〉유행병에 전염됨. ¶오늘날처
럼 전염(傳染)이라는 표현을 썼고, 염역(染疫)은 '하나가 앓고 두셋이 아파
서로 전염하는 병'이라 정의했다.

염역하다(染疫하다)[여:며카다]〈동〉《한의》[(명)이] (사람이나 동물이) 유행병
에 전염되다.

염질(染疾)[염:질]〈명〉《한의》〈조선시대전염병〉계절에 따라 유행하는 상한
(傷寒)이나 전염성 질환.〈유〉시기6(時氣), 시령2(時令)(2), 시병4(時病)(1),
시절병(時節病), 시질(時疾), 시환(時患), 시령병(時令病) ¶이어 준례에서
초헌관 이상호 원임 전교는 "염질(染疾)이 기승하는 와중에도 향내 유림이
정성을 모아 간소하나마 석전 봉행을 성료하게 되어 감사하고 예에 어긋남
이 없이 준비한 장의 여러분께 감사하다"고 했다.

염통(染痛)[ ]〈명〉《한의》〈조선시대전염병〉전염병으로 인한 통증.

염환(染患)[ ]〈명〉《한의》〈조선시대전염병〉전염병에 걸림. ¶《三國遺事 4, 義
解, 圓光西學》

영아^반마비(嬰兒半痲痹)[ ]〈명구〉《의학》유아가 갑자기 경련을 일으키며 의식
장애를 초래하여 몸의 한쪽이 마비되는 병을 통틀어 이르는 말. 동맥 폐색,
뇌염 따위가 원인이다.

예방적 코호트 격리( )[ ]〈명구〉〈코로나19〉대규모의 집단감염 사례가 발생하지
않기 위해 동일집단의 시설이나 거주지 전체를 격리하는 일. ¶코로나19 확
산을 막기 위해 일부 노인요양시설에서 실시된 예방적 코호트(동일집단) 격
리 조치가 인권 침해 우려가 높다는 조사결과가 나왔다.

오눙눙-열(onyongyong熱)[ ]〈명〉《의학》〈전염병일반〉모기가 옮기는 전염병.
아프리카의 풍토병으로 갑자기 열이 나면서 앓는다. 관절염, 관절통, 두통
따위의 증상이 있고 몸통과 팔다리의 피부에 반점이 생긴다. ¶그럼에도 아

쉽게 보여지는 내용이 있는 상황에 여럿 남성들이 속하는 오농농열에 연관 된 간단한 부분으로 구분하고 병이 의심되는 상태에도 내버려 두는 남성이 있어요.

오색리(五色痢)[오ː생니]몡《한의》〈이질〉이질의 하나. 여러 가지 색깔이 뒤 섞인 점액이 변에 섞여 나온다.

오십견(五十肩)[오ː십껸]몡《의학》〈통증 일반〉어깨 관절을 둘러싼 관절막 이 퇴행성 변화를 일으키면서 염증을 유발하는 질병. 50세 이후에 특별한 원인이 없이 나타나는 것이 특징이기 때문에 붙은 이름이다.〈유〉유착성 관 절낭염(癒着性關節囊炎)¶나이 먹어서 생기는 어깨 통증은 오십견일 확률 이 높다.

오염-되다(汚染되다)[오ː염되다/오ː염뒈다]동〈장티푸스〉더럽게 물들다.¶ 폐수에 오염된 강물.

오한(惡寒)[오한]몡《한의》〈장티푸스〉몸이 오슬오슬 춥고 떨리는 증 상.〈유〉오한증¶오한이 나다.

옥시-시안수은(oxycyan水銀)[ ]몡《약학》〈성병〉시안수은의 포화 수용액을 황산 수은과 함께 끓여 만든 흰색 가루. 수용성이고 살균력이 강하며 자극 이 적어 점막 소독제, 성병 예방제, 구매제(驅梅劑), 국소 방부제 따위로 쓰 인다. 일반적으로 주사(注射)로 사용하는데 성병 예방에는 젤리로 만들어 쓴다. 0.1% 용액으로 금속 기구를 소독하기도 한다.〈유〉산화 시안수은(酸 化cyaan水銀)¶일반적으로 병원에서는 일정 크기를 갖는 소독용 약솜에 알 콜(순도 약70%), 요오드팅크, 옥시시안수은과 같은 각종 소독약을 함유시 켜 별도의 용기에 보관시키고 필요시 핀세트나 집게를 사용하여 상처 부위 를 소독할 수 있도록 되어 있다.

옥신거리다( )[옥씬거리다]동〈통증 일반〉(머리나 상처가) 자꾸 조금씩 쑤시 는 듯이 아파 오다.〈유〉옥신옥신하다, 옥신대다¶등산을 다녀온 뒤로 온몸 이 옥신거린다.

옥신대다 ( )[옥씬대다]톱〈통증 일반〉(머리나 상처가) 자꾸 조금씩 쑤시는 듯이 아파 오다.〈유〉옥신옥신하다, 옥신거리다 ¶감기에 걸렸는지 아무 이유 없이 머리가 옥신댄다.

옥신옥신하다 ( )[옥씨녹씬]분〈통증 일반〉머리나 상처 따위가 자꾸 조금씩 쑤시는 듯이 아픈 느낌. ¶감기 몸살인지 온몸이 옥신옥신 아프다.

옥신옥신하다 ( )[옥씨녹씬하다]톱〈통증 일반〉(머리나 상처가) 자꾸 조금씩 쑤시는 듯이 아파 오다.〈유〉옥신거리다, 옥신대다 ¶주사 맞은 자리가 옥신옥신하다. / 감기 기운이 있는지 목이 칼칼하고 몸이 옥신옥신하다.

옥화^제이수은 (沃化第二水銀)[ ]명구《화학》〈성병〉수은과 아이오딘을 직접 작용시켜 얻는 아이오딘화 수은. 붉은색 결정으로 상온에서는 안정되지만 가열하면 노란색으로 변한다. 연고로 만들어 매독성 궤양을 치료하는 데 쓴다. 화학식은 HgI〈유〉다이아이오딘화 수은(diiodine化水銀)

온 (瘟)[온]명《한의》〈조선시대전염병〉급성 전염병의 하나. 사철의 고르지 못한 기후로 생기는데, 심하면 말을 못 하게 되고 뺨에 작은 부스럼이 나며 입이 헐고 기침이 난다.

온귀 (瘟鬼)[온귀]명《민속》〈소아피부병-천연두〉집집마다 찾아다니며 천연두를 앓게 한다는 여신. 강남(즉 중국)에서 특별한 사명을 띠고 주기적으로 찾아온다고 한다. ¶온귀가 있는 곳에도 의당 살펴서 출입해야 한다,

온기 (瘟氣)[온기]명《한의》〈조선시대전염병〉전염병의 기운.〈참〉열기2(熱氣)(2) ¶환자의 몸에 온기가 다시 돌기 시작하였다.

온뇌하수체^저하증 (온腦下垂體低下症)[ ]명구《의학》〈성병〉뇌하수체의 순환 장애, 결핵, 매독, 종양 따위가 원인이 되어 일어나는 내분비 질환. 뇌하수체 기능이 저하되어 몸털이 줄고 몸이 여위며 여자는 월경이 없어지고 남자는 고환이 위축되는 따위의 증상이 나타나는데, 보통 여자에게 많으며 남자에게는 드문 병으로, 1914년 독일의 의사 시먼즈(Simmonds, M.)가 발견하였다.〈유〉시먼즈병(Simmonds病)

온려(瘟癘)[ ]**명**《한의》〈조선시대전염병〉전염병. ¶온려인 것을 확실히 안 연후에 성밖으로 내보내는 것은 본디 바꿀 수 없는 법인데, 어제 승지의 말을 듣건대 감기를 조금 앓는 자를 문득 모두 그 병인가 의심하여 그리 보낸다고 한다. [정조실록 권제17, 47장 앞쪽, 정조 8년 4월 24일(무신)]

온병1(溫病)[온병]**명**《한의》〈조선시대전염병〉1. 여러 가지 외감성 급성 열병을 통틀어 이르는 말. 2. 상한(傷寒)의 하나. 3. 예전에, 봄에 생기는 열병을 이르던 말. ¶한사가 침범했으나 그 즉시에 앓지 않고 잠복하면 봄에는 온병(溫病)이 되고 여름에는 서병(暑病)으로 변한다.

온병2(瘟病)[온병]**명**《한의》외감(外感)으로 인한 급성열병을 이르는 말임 ¶급성 전염병인 온병(瘟病)을 치료하는 성산자(聖散子) 처방에도 들어가는데, 연구진은 코로나바이러스 감염 억제도 할 수 있다는 가설을 세웠다.

온역1(瘟疫)[오녁]**명**《한의》〈조선시대전염병〉급성 전염병의 하나. 사철의 고르지 못한 기후 때문에 생기는데, 심하면 말을 못 하게 되고 뺨에 작은 부스럼이 나며 입이 헐고 기침이 난다. ¶조선시대 여역은 명종(明宗)대 까지는 평안도와 황해도 지역에 온역(瘟疫)과 창진(瘡疹)이 많이 발생하였는데, 특히 황해도와 개성일대에서는 '악병(惡病)'이라 하여 병명조차 명확하지 않은 풍토병이 자주 발생한 것으로 나타나 있습니다.

온역2(溫疫)[오녁]**명**《한의》1. 봄철에 유행하는 급성 돌림병. 2. 전염성 열병을 통틀어 이르는 말. 〈유〉여역(瘟疫), 여질3(瘟疾), 역려2(疫癘) ¶세종 19년 2월4일자 봄에 한성부(漢城府), 이태이원(利泰二院), 진제장(賑濟場)에 염병(溫疫)으로 죽은 사람들의 사유를 구체적으로 기록하고, 밝히라고 명령했다.

온질(瘟疾)[ ]**명**《한의》〈조선시대전염병〉돌림병. 〈유〉온(瘟). 온역(瘟疫). ¶요즘 사람들이 품팔이 하는 것을 강서(江西)에서 호로(葫蘆)라고 부르고, 강북(江北) 사람들은 온질(瘟疾)을 호로병(葫蘆病)이라고 한다.

온황(瘟黃)[온황]**명**《한의》〈간염/전염병일반〉급성 전염성 간염으로 생긴

황달(黃疸). 몸과 눈이 누렇게 되고 열이 높으며 정신이 흐려지고, 입안이
마르며 배가 불러 오고 가슴이 답답하다. ¶또 동의보감에서는 "전염되는
황달은 온황이라 하는데 많이 죽는다"라고 간질환의 감염상태를 설명하고
있다.

올레산^수은(←oleic酸水銀)[ ]〔**명구**〕《화학》〈성병〉연한 노란색 연고 모양의 물
질. 독성이 있고 물에 녹지 않으며, 매독성 피부염을 치료하는 데에 쓰인다.
화학식은 Hg.

옴( )[옴]〔**명**〕《의학》〈옴〉옴진드기가 기생하여 일으키는 전염 피부병. 손가락
이나 발가락의 사이, 겨드랑이 따위의 연한 살에서부터 짓무르기 시작하여
온몸으로 퍼진다. 몹시 가렵고 헐기도 한다.

옴-벌레( )[옴 : 벌레]〔**명**〕《생명》〈옴〉옴진드깃과의 기생충. 몸의 길이는
0.3~0.4mm이고 원반형이며, 엷은 홍백색이다. 가로 주름이 있고 다리는 네
쌍이다. 암컷은 사람의 피부를 뚫고 산란한다. 부화하여 자란 벌레는 겨드
랑이, 음부 따위에서 옴을 일으킨다〈유〉옴진드기

옴-종(옴腫)[옴 : 종]〔**명**〕《한의》〈엄〉옴으로 인하여 부어오른 증상. ¶날이 지날
수록 옴종은 군데군데 곰기고, 곪은 것이 터져서는 더 큰 종기로 번지었다.

옴-진드기( )[옴 : 진드기]〔**명**〕《생명》〈옴〉옴진드깃과의 기생충. 몸의 길이는
0.3~0.4mm이고 원반형이며, 엷은 홍백색이다. 가로 주름이 있고 다리는 네
쌍이다. 암컷은 사람의 피부를 뚫고 산란한다. 부화하여 자란 벌레는 겨드
랑이, 음부 따위에서 옴을 일으킨다〈유〉개선충, 양충, 옴벌레 ¶옴 치료 약
물 사용에 대한 의사의 지시를 따른다면 예후는 아주 좋다. 대부분의 경우
옴 진드기는 곧 없어지지만, 가려움은 몇 주 동안 계속될 수 있다. 가려움증
이 심하다고 하여 피부를 긁으면 이차 감염 및 습진화 현상, 또는 태선화 현
상을 일으킬 수 있다.

옹(癰/廱/瘫/癕)[옹]〔**명**〕《의학/한의》〈조선시대전염병〉'큰종기'의 전 용어. ¶
창자 속에 옹(癰)이 생기다.

옹저(癰疽)[옹ː저]몜《한의》〈조선시대전염병/종기〉'큰종기'를 한방에서 이르는 말. ¶옹저(癰疽) 치료에 사용되는 경구복용 한약 처방의 치료 원칙을 분석한 연구 결과를 SCIE 저널인 'Healthcare'에 발표했다.

옹절(癰癤)[옹ː절]몜《한의》〈종기〉급성으로 곪으면서 한가운데에 큰 근(根)이 생기는 종기.

옹종(擁腫/臃腫)[옹ː종]몜《한의》〈조선시대전염병/종기〉작은 종기. ¶주로 옹종(擁腫)을 삭이고 혈훈(血暈)을 없애며, 징괴(癥塊)와 단단한 적(積)을 깨뜨리는 효능이 있지.

옹치(癰痔)[ ]몜《한의》〈조선시대전염병〉고름을 입으로 빨고 항문을 혀로 핥다 ¶"혹자가 이르기를 '공자께서 위(衛)나라에서는 옹치(癰痔)를 주인으로 삼으셨고, 제(齊)나라에서는 척환(瘠環)을 주인으로 삼으셨다.

완두창(豌豆瘡)[ ]몜《한의》〈조선시대전염병〉완두처럼 생긴 부스럼. 곧 두창(痘瘡)을 말함. ¶이종이 완두창(豌豆瘡)이 나서 병이 위독하였다.

완화된 거리두기( )[ ]몜구〈코로나19〉코로나19로 인한 사회적 거리두기에서 일정한 조건을 완화한 조치. ¶거리두기가 연장되어서 시험이나 채용일정 연기되는 거 아닌가 싶었는데 완화된 거리두기로 필수 자격시험 재개된다고 하더라구요!

외치^샛길(外齒샛길)[ ]몜《한의》〈종기〉치아의 염증으로 고름 구멍이 안면으로 나와 생기는 종기.

외피-세포종(外皮細胞腫)[외ː피세포종/웨ː피세포종]몜《한의》〈종기〉혈관이나 림프관을 둘러싼 세포의 바깥 부분에 생기는 혹 모양의 종기.

요각통(腰脚痛)[요각통]몜《한의》〈통증 일반〉허리와 다리가 아픈 질환을 말하며 크게 방광경(膀胱經)을 따라서 통증이 있는 경우와 담경(膽經)을 따라서 통증이 오는 경우로 나뉜다.〈유〉요족통(腰足痛)

요과통(腰跨痛)[요과통]몜《한의》〈통증 일반〉허리의 통증이 양쪽 다리까지 미치는 증상.〈유〉요수통(腰䯊痛)

요배통(腰背痛)[요배통-]**명**《한의》〈통증 일반〉허리와 등골이 켕기면서 아픈 병증.

요수통(腰脽痛)[요수통-]**명**《한의》〈통증 일반〉허리의 통증이 양쪽 다리까지 미치는 증상.〈유〉요과통(腰胯痛)

요오드화^제이수은(Jod化第二水銀)[ ]**명구**《화학》〈성병〉수은과 아이오딘을 직접 작용시켜 얻는 아이오딘화 수은. 붉은색 결정으로 상온에서는 안정되지만 가열하면 노란색으로 변한다. 연고로 만들어 매독성 궤양을 치료하는 데 쓴다. 화학식은 HgI〈유〉다이아이오딘화 수은(diiodine化水銀)

요제통(繞臍痛)[요제통-]**명**《한의》〈통증 일반〉배꼽노리가 아픈 병증.

요족통(腰足痛)[요족통-]**명**《한의》〈통증 일반〉허리와 다리가 아픈 병증.〈유〉요각통(腰脚痛)

요척통(腰脊痛)[요척통-]**명**《한의》〈통증 일반〉허리 부분의 척추뼈와 그 주위가 아픈 병증.

요통(腰痛)[요통-]**명**《의학》〈통증 일반〉허리나 엉덩이 부분에 느끼는 통증을 통틀어 이르는 말. 척추 질환, 외상, 추간판의 이상 이외에도 임신이나 부인과 질환, 비뇨기계 질환, 신경 질환, 근육 질환 등이 원인이 된다.〈유〉허리앓이 ¶접영은 수영 선수에게도 요통을 불러일으킬 수 있는 과격한 동작이다. / 명절이 끝나면 주부 명절 증후군은 물론이고 가사 노동에 요통과 관절통으로 온몸이 아프기 마련이다.

욕지기나다( )[욕찌기나다]**동**〈통증 일반〉(사람이) 속이 메스꺼워 토할 듯한 느낌이 나다.〈유〉구역나다(嘔逆나다), 메스껍다, 구역질나다(嘔逆질나다)¶상한 생선을 먹었는지 욕지기가 나서 뱉어 버리고 말았다.

용혈^빈혈(溶血貧血)[ ]**명구**《의학》〈성병〉적혈구 파괴가 계속되어 일어나는 빈혈. 황달, 관절통, 발진 따위가 따른다. 선천적으로 적혈구에 이상이 있는 경우에는 유전하며 후천적으로는 결핵·매독·말라리아 따위의 세균성, 자가 면역 질환, 약물 과민증, 신생아의 아르에이치 부적합, 이형(異型) 수혈

따위가 원인이다. ¶주기적인 의료 관리는 용혈 빈혈을 가진 개인에게 꼭 필
요합니다.

우두(牛痘)[우두]**명**《의학》〈소아피부병-천연두〉천연두를 예방하기 위하여
소에서 뽑은 면역 물질. 영국의 의사 제너(E.Jenner)에 의해 처음 발견되었
으며 우리나라에는 개화기에 지석영에 의해 도입되었다. ¶우두를 놓다.우
두를 맞다.

우두-약(牛痘藥)[우두약]**명**《약학》〈소아피부병-천연두〉두창에 걸린 소에서
뽑아낸 유백색의 우장(牛漿). 한때 천연두 백신의 원료로 썼다. ¶일본인에
게 얻어온 우두약인 두묘(痘苗)가 떨어지자 그는 직접 수신사 김홍집을 따
라 일본으로 건너가 본격적으로 우두법에 대해 연구합니다.

우리하다( )[우리하다]**형**〈통증 일반〉신체의 일부가 몹시 아리고 욱신욱신한
느낌이 있다. 경상 지방의 방언이다. ¶침이 꽂히는 순간 허리가 뜨끔하며
우리하게 울려와 날카로운 통증을 희석시켰다.《김하기, 완전한 만남》

우방-자(牛蒡子)[우방자]**명**《한의》〈소아피부병-홍역〉우엉의 씨를 한방에서
이르는 말. 열을 내리고 독을 푸는 작용을 하여 인후염, 홍역 초기, 해수(咳
嗽) 따위에 쓰인다. ¶우방자(우엉씨)는 청열해독약으로 해독, 해열, 소염,
배농 작용이 있고 항염, 항균, 항종양 작용이 보고됐다.

우상하다(憂傷하다)[우상하다]**형**〈통증 일반〉근심스러워 마음이 아프다.

우상해하다(憂傷해하다)[우상해하다]**동**〈통증 일반〉근심스러워 마음이 아파
하다. ¶그의 사고 소식을 접하고는 우리 모두 우상해했다.

우장(牛漿)[우장]**명**《약학》〈소아피부병-천연두〉천연두를 예방하기 위하여
우두에서 뽑아낸 면역성 액체. ¶여기서 가져온 두묘(痘苗) 즉 두창에 걸린
소에서 뽑아낸 유백색의 우장(牛漿)으로 천연두를 예방할 수 있었다.

우한 코로나(Wuhan corona virus)[ ]**명구**《보건·의학》〈코로나19〉'코로나바이
러스 감염증 일구'를 달리 이르는 말. ¶정부는 특정 지역에 대한 혐오를 조
장할 가능성이 있는 우한 코로나라는 용어 대신 공식 용어 사용을 장려했다.

우한 폐렴(武漢肺炎)[ ][명구]〈코로나19〉코로나19가 우한에서 시작된 폐렴 중 상과 같다해서 붙여진 이름.〈참〉신종 폐렴 ¶우한폐렴에 걸리지 않은 아주 건강한 사람에게 우한폐렴 바이러스 검사를 해도 우한폐렴이 걸렸다는 결과가 나온다는 것입니다.

욱신거리다( )[욱씬거리다][동]〈통증 일반〉(머리나 상처가) 자꾸 쑤시는 듯이 아파 오다.〈유〉욱신대다, 욱신욱신하다 ¶그녀는 병에 걸려 얼굴이 누렇게 뜨고 몸이 욱신거렸지만 참고 일을 했다. / 계단에서 넘어지면서 긁힌 손바닥이 욱신거리며 쓰렸다.

욱신욱신( )[욱씨눅씬][부]〈통증 일반〉머리나 상처 따위가 자꾸 쑤시는 듯이 아픈 느낌. ¶몸이 욱신욱신 쑤시다. / 소매를 바짝 걷어 올린 맨살에 돌을 맞았기 때문에 팔꿈치가 째지고 오랫동안 욱신욱신 아팠다. / 잘못 온 게 아닌가 싶은 초조함 때문에 초희는 욱신욱신 뒷골이 다 쑤셨다.

욱신욱신하다( )[욱씨눅씬하다][동]〈통증 일반〉(머리나 상처가) 자꾸 쑤시는 듯이 아파 오다.〈유〉욱신거리다, 욱신욱신하다 ¶정태는 공에 맞은 자리가 욱신욱신하여 잠을 이룰 수가 없었다.

울렁거리다( )[울렁거리다][동]〈통증 일반〉(사람이나 그 속이) 자꾸 토할 것같이 메슥거리다.〈유〉울렁대다, 울렁울렁하다, 울렁이다 ¶그는 배를 타자마자 속이 울렁거렸다. / 정인은 그 참혹한 광경에 다시 눈을 감았다. 그새 뒤집힐 듯 속이 울렁거렸다.

울렁대다( )[울렁대다][동]〈통증 일반〉(사람이나 그 속이) 자꾸 토할 것같이 메슥거리다.〈유〉울렁거리다, 울렁울렁하다, 울렁이다 ¶커피를 계속해서 마셨더니 속이 울렁댄다.

울렁울렁하다( )[울렁울렁하다][동]〈통증 일반〉(사람이나 그 속이) 자꾸 토할 것같이 메슥거리다.〈유〉울렁거리다, 울렁대다, 울렁이다 ¶급하게 먹은 밥이 체했는지 상호는 뱃속이 울렁울렁하고 식은땀이 흘렀다. / 나는 몸의 상태가 좋지 않을 때 자동차를 타면 멀미가 나서 속이 울렁울렁하다.

울렁이다 ( )[울렁이다] **동**〈통증 일반〉(사람이나 그 속이) 자꾸 토할 것같이 메
슥거리다.〈유〉울렁거리다, 울렁대다, 울렁울렁하다 ¶그녀는 울렁이는 속
을 부여잡고 화장실로 부리나케 달려갔다.

워킹 스루 검사(walk-thru test)[ ] **명구**〈코로나19〉음압 설비를 갖춘 공중전화박
스 형태의 부스 안에서 진행하는 검사. 검사 받을 사람이 들어서면 의료진
은 부스 밖에서 손만 집어넣어 콧구멍과 입안에서 검체를 채취하는 방식으
로 이뤄진다. 자동차가 없는 사람들도 감염 우려 없이 안전하게 진료를 받
을 수 있다. ¶코로나19 사태가 장기화로 들어서며 경기도 남양주시에 '워킹
스루'가 최초로 도입되었습니다.

워킹 스루 진료소(walking through診療所)[ ] **명구**《보건·의학》〈코로나19〉환자
가 걸어서 들어가거나 나오면서 의료진에게 진료를 받을 수 있도록 설비를
갖춘 곳. ¶공항의 워킹스루 진료소에서 한 해외 입국자가 코로나19 진단 검
사를 받고 있다.

원앙-등(鴛鴦藤)[워낭등] **명**《식물》〈성병〉인동과의 반상록 덩굴성 식물. 잎
은 마주나고 긴 타원형이다. 전체에 짧은 갈색 털이 나고 꽃은 초여름에 잎
겨드랑이에서 피는데 흰색에서 노란색으로 변한다. 열매는 가을에 검은색
으로 익으며 줄기·잎·꽃은 종기나 매독, 임질, 치질 치료의 약재로 쓰인다.
한국, 일본, 중국 등지에 분포한다.〈유〉인동(忍冬)

월경통(月經痛)[월경통] **명**《의학》〈통증 일반〉월경 때, 아랫배나 자궁 따위
가 아픈 증세〈유〉생리통(生理痛), 경통증(經痛症) ¶월경통이 심한 환자들
은 생리주기에 따라서 주기적으로 찾아오는 통증 때문에 삶의 질이 떨어지
고, 학업 및 업무의 효율성이 저하되며 심한 경우 전신통증, 구토, 설사, 어
지럼증 등의 증상이 동반되기도 한다.

위산통(胃疝痛)[위산통] **명**《의학》〈통증 일반〉위나 장의 병으로 명치 부근이
몹시 쓰라리고 아픈 증상.

위생 마스크(卫生mask)[ ] **명구**〈코로나19〉일반적으로 많이 사용하는 등급이

나 인증이 없는 마스크. 시중에서 흔히 구할 수 있는 부직포로 된 마스크이며, 일상생활에서 사용하기 좋다. ¶오늘은 총 3곳에서 발주 요청해 주신 마스케어 투명 위생 마스크 상품 납품 후기를 작성해 보려고 합니다.

위심통(胃心痛)[위심통]**명**《한의》〈통증 일반〉배가 불러 오고 가슴이 그득하며, 특히 심장 부위에 통증이 심한 궐심통.

위옹(胃癰)[위옹]**명**《한의》〈종기〉위장 속에 생긴 종기. 배가 은근히 아프고 편평하게 부어오르다가 구토가 나고 때로는 피고름을 토한다. 〈유〉위완옹

위완-옹(胃脘癰)[위와농]**명**《한의》〈종기〉위장 속에 생긴 종기. 배가 은근히 아프고 편평하게 부어오르다가 구토가 나고 때로는 피고름을 토한다.〈동〉위옹.

위완통(胃脘痛)[위완통]**명**《한의》〈통증 일반〉'위통'을 한방에서 이르는 말.〈유〉심하통(心下痛)

위턱굴-염(위턱窟炎)[위턱꿀렴]**명**《의학》〈전염병일반〉위턱굴에 생기는 염증. 감기, 유행성 감기, 폐렴과 같은 전염병 또는 코안 수술이나 치아의 질환이 원인이 되어 생기며 위턱굴의 통증, 치통, 이가 들뜬 느낌, 콧물·고름의 유출 따위의 증상이 나타난다.

위통(胃痛)[위통]**명**《의학》〈통증 일반〉여러 가지 위 질환에 걸렸을 때 나타나는 위의 통증. 폭음, 폭식, 위염, 위궤양 따위로 위에 분포된 지각 신경이 자극을 받아 생긴다. ¶가슴이나 치아에 통증이 오거나 식욕 부진, 구토, 위통 등은 협심증, 심근 경색, 심부전증 등 심장 질환의 가능성이 있다.

유령(幽靈)[유령]**명**《문학》〈성병〉노르웨이의 극작가 입센이 지은 희곡. 사회에서 명성이 있던 아버지로부터 성병을 이어받아 파멸되어 가던 아들을 어머니가 약을 주어 죽게 한다는 내용으로, 허위에 찬 결혼 생활에서 파생된 비극을 그린 사회극(社會劇)이다. 모두 3막으로 되어 있으며, 1881년에 발표하였다.

유아^매독(乳兒梅毒)[ ]**명구**《의학》〈성병〉임신 후반기에 병원체가 태반을 통

하여 감염하여 생후 2개월에서 3개월에 발병하는 선천 매독. 어른의 제2기, 제3기의 증상을 띠는데 피부에 특이한 발진, 뼈의 변화 따위가 나타난다. ¶ 또한 모친이 임신 후반에 매독에 걸린 경우, 그 시기에 따라서는 출생할 때까지 증세가 없고 출생 후에 유아매독으로 제2기 매독의 증세가 나타나며, 모친이 만기 매독인 경우에는 감염력이 약해서 아이에게는 영향을 주지 않는 경우도 있습니다.

유아^전염^설사병(幼兒傳染泄瀉病)[ ]**명구**《의학》〈전염병일반〉어린아이들 사이에서 전염되는 설사병.

유아(乳蛾)[유아]**명**《한의》〈종기〉후(咽喉)에 종기가 나서 목구멍, 입천장, 편도가 벌겋게 붓고 아픈 병증. 〈유〉후아

유전^매독(遺傳梅毒)[ ]**명구**《의학》〈성병〉'선천 매독'의 전 용어.

유증상자(有症狀者)[유증상자]**명**〈코로나19〉증상이 있는 사람 ¶유증상자의 경우 흉부 통증, 호흡 곤란, 기침 등의 증상이 계속 되는데, 이는 치료가 제대로 이루어지지 않았거나 건강 상태가 좋지 않아서 발생할 수 있습니다.

유착성 관절낭염(癒着性關節囊炎)[ ]**명구**《의학》〈통증 일반〉어깨관절을 이루는 조직 중에서 회전근개 관절 활액막, 상완이두근 및 주위조직을 침범하는 퇴행성 변화의 결과로 심한 운동장애를 일으키는 질환. 〈유〉오십견(五十肩) ¶'오십견'이라 불리는 유착성 관절낭염은 어깨관절을 감싸고 있는 관절낭에 염증이 생겨 주변 조직이 딱딱해져 어깨가 굳고, 운동 범위가 줄어드는 질환이다.

유창-목(癒瘡木)[유창목]**명**《식물》〈성병〉납가샛과의 상록 교목. 높이는 10미터 정도이며, 잎은 마주나고 축을 따라 잔잎으로 갈라져 있다. 꽃은 처음에는 밝은 푸른색이지만 점점 하얗게 바래 간다. 목재가 매우 단단하여 차량재나 볼링 공을 만드는 데에 쓰이고, 수액은 매독 약으로 쓰인다. 서인도 제도, 중부 아메리카, 남아메리카가 원산지이다. ¶수액은 매독 약으로 쓰였는데 상처난 들짐승들이 유창목 표피를 갉아 상처부위를 비벼대는 기 현

상을 보입니다.

유통(乳痛)[유통-]**명**《한의》〈통증 일반〉해산 후에 생기는 병의 하나. 젖이 아랫배까지 늘어지고 배가 몹시 아프다.〈유〉유현증(乳懸症), 유장증(乳長症)

유팽(乳膨)[유팽]**명**《한의》〈통증 일반〉출산 후에 유방이 불어나면서 몸살이 오고 아픈 증상. 젖몸살의 시초이다.

유행^각결막염(流行角結膜炎)[ ]**명구**《의학》〈전염병일반〉아데노바이러스에 의하여 생기는 전염성 눈병. 각막이 충혈되고 눈물을 흘리는 증상을 보이다가, 이것이 발전하면 결막염에까지 이른다. 시력 장애가 생기기도 한다. ¶유행각결막염을 예방하기 위해서는 손을 자주 씻는 것이 중요합니다.

유행^뇌염(流行腦炎)[ ]**명구**《의학》〈전염병일반〉바이러스의 감염으로 일어나는 전염성 뇌염. 권태, 식욕 부진, 졸음 따위의 증상을 보이다가 열이 높아지고 몸이 마비되며 혼수 상태에 빠진다.〈참〉기면성^뇌염(嗜眠性腦炎), 졸림-뇌염, 졸음^뇌염, 졸음증^뇌염.

유행^출혈열(流行出血熱)[ ]**명구**《의학》〈전염병일반〉아시아의 동북부에서 집단으로 발병하는 바이러스에 의한 급성 열병. 한타 바이러스에 감염된 쥐의 분비물에 직접·간접으로 접촉하여 전염된다. 두통, 권태, 근육통, 발열 따위의 증상이 나타나고 좁쌀 크기의 출혈진(出血疹)과 함께 단백뇨, 혈뇨가 생긴다. ¶한탄바이러스는 설치류로부터 사람에게 감염돼 유행성출혈열(신증후군출혈열)을 일으키며 발열, 신부전, 출혈, 혈소판 감소, 쇼크 등의 증상을 초래하는 바이러스다.

유행성 설사(流行性泄瀉)**명구**《의학》위장 안이 바이러스에 감염되어 생기는 설사. ¶유행성설사와 콜레라에 대해 접종이 실시된다.

유행성^간염(流行性肝炎)[ ]**명구**《의학》〈간염〉에이형(A型) 간염 바이러스의 경구 감염으로 일어나는 간염. 늦은 여름에 4~10세의 어린이에게 감염되며, 15~30일의 잠복기를 거쳐 식욕 부진, 발열, 황달, 간 비대, 복통 따위의 증상을 보인다. 집단적으로 발병하는 일도 있다.〈유〉에이형 간염(A型肝

炎), 전염성 간염(傳染性肝炎) ¶그러나 황달이 전혀 없이 경과하는 무황달성 유형성간염도 있다.

유행성^감기(流行性感氣)[ ] 명구《의학》인플루엔자 바이러스에 의하여 일어나는 감기. 고열이 나며 폐렴, 가운데귀염, 뇌염 따위의 합병증을 일으킨다.〈참〉돌림감기(돌림感氣)〈유〉독감01「2」(毒感), 인플루엔자(influenza) ¶확진 검사나 신속검사를 통해서 유행성감기를 진단합니다.

유행성^이하선염(流行性耳下腺炎)[ ] 명구《의학》〈전염병일반〉멈프스 바이러스의 감염에 따른 이하선의 염증. 2~3주일의 잠복기를 거쳐 귀밑의 이하선이 부어오르고 열이 나며 고환염, 난소염을 일으키기도 한다. 치유 뒤에는 평생 면역이 된다.

유행성^황달(流行性黃疸)[ ] 명구《의학》〈간염〉'유행성 간염'을 달리 이르는 말. 황달 증상이 뚜렷이 나타나서 이렇게 이른다. ¶대소장을 잘 통하게 하고 독약을 설사시키며, 유행성 황달과 온학을 내보내고 덩어리가 맺힌 것을 깨뜨리며, 낙태시킨다.

육백륙-호(六百六號)[육뺑뉴코] 명《약학》〈성병〉매독이나 바일병을 치료하는 최초의 화학 요법제.〈유〉아르스페나민(arsphenamine)

육신-환(六神丸)[육씬환] 명《한의》〈이질〉황련, 목향 따위의 여섯 가지 약재를 넣어서 갈아 만든 환약. 이질 치료에 쓴다.

육아-종(肉芽腫)[유가종] 명《의학》〈성병〉육아 조직을 형성하는 염증성 종양. 결핵균, 나병균, 매독균, 바이러스 따위로 인하여 생긴 혹에서 볼 수 있다. ¶육아종이 매독 증상인 거로 아는데 저 질환도 매독이랑 연관이 있나요?

육일니(六一泥)[유길리] 명《한의》〈이질〉지렁이의 똥을 한방에서 이르는 말. 이질의 만성열(漫性熱), 단독열(丹毒熱)의 치료에 약재로 쓴다.〈동〉구인니

윤활막-염(潤滑膜炎)[윤ː활망념] 명《의학》〈결핵병〉관절이나 힘줄의 윤활막에 생기는 염증. ¶호주 연구진은 5개 도시에서 2016년 12월부터 2019년 6

월까지 무릎 골관절염을 판정받거나 MRI(자기공명영상)를 통해 심각한 무릎 통증을 동반한 삼출성 윤활막염을 앓고 있는 환자를 대상으로 임상시험을 진행했다.

은통(隱痛)[은통-]**명**《한의》〈통증 일반〉은근히 아픔. 또는 그런 증상.

은통하다(隱痛하다)[은통하다]**형**《한의》〈통증 일반〉은근히 아프다.

음식-창(陰蝕瘡)[음식창]**명**《한의》〈성병〉매독의 초기 궤양으로서 무통·경화성(硬化性)·부식성 구진이 감염 부위에 발생하는 것.〈유〉하감01(下疳)¶만약 하부로 유주하여 하감독임 음식창이 생겨나는 경우는 이 처방이 주치하는 것이다.

음압 격리 병상( )[ ]**명구**〈코로나19〉호흡기 매개 감염병 환자의 격리를 위해 조성된 특수한 병상. 기압 차이를 만들어 공기 중 바이러스가 병실 밖으로 나가지 못하도록 만들어 놓은 시설이다. 코로나19 등 호흡기 매개 감염병 환자를 격리 치료할 때 쓴다. ¶겨우 음압격리병상에 들어갔고 해열제랑 진통제가 투여되었지만 그때부터 구토가 시작되었다.

음압 격리 병실(陰壓隔離病室)[ ]**명구**〈코로나19〉호흡기 매개 감염병 환자의 격리를 위해 조성된 특수한 병실. 병실 내부의 압력을 외부보다 낮게 유지함으로써 공기가 항상 병실 안에서만 흐르도록 유도[1], 병실 내 공기가 외부로 유출되는 것을 차단하고 병실 내부에 있는 자체 정화시설을 통해 정화된 공기만을 외부로 배출하는 방식으로 운용된다. ¶제36조,「의료법 시행규칙」제34조 및 별표4에 따라 설치하는 음압격리병실의 설치 및 운영기준에 대한 세부내용을 정하려는 것임.

음압 격리실(陰壓隔離室)[ ]**명구**〈코로나19〉호흡기 매개 감염병 환자의 격리를 위해 조성된 특수한 병실. 병실 내부의 압력을 외부보다 낮게 유지함으로써 공기가 항상 병실 안에서만 흐르도록 유도[1], 병실 내 공기가 외부로 유출되는 것을 차단하고 병실 내부에 있는 자체 정화시설을 통해 정화된 공기만을 외부로 배출하는 방식으로 운용된다. ¶특히 근래 음압격리실은 따

로 외부적인 시설이 없이, 컨테이너 안에 필요한 다양한 시설들을 준비하여
감염병을 앓고 있는 이들이 격리되어 입원할 수 있도록 마련해 놓은 것으로
서, 많은 수요가 발생하고 있는데요.

음창 (淫瘡)[음창] 몡 《의학》〈조선시대전염병〉 부녀자의 음부에 나는 부스
럼. ¶음창(陰瘡)이 생기면서 가려울 때, 한 홉을 잘게 썰어서 물 두 사발을
넣고 달인 물로 음부를 씻어주면 효과가 좋다.

의사 환자 (擬似患者)[ ] 몡구 〈코로나19〉 코로나19 바이러스 등 병원체가 인체
에 침입한 것으로 의심되나 감염병 환자로 확인되기 전 단계에 있는 사
람. ¶간이 Kit로 시행한 A형 간염검사에서 양성 확인되어 감염병 의사환자
로 신고 완료 후 검사의뢰처에 온라인으로 해당 부분 결과 확인만 가능한
상태입니다.

의심 증상 (疑心症狀)[ ] 몡구 〈코로나19〉 질병에 걸렸거나 감염이 되었을 가능
성이 있다고 여겨지는 증상. ¶생후 12개월에서 12세 이하 아동은 일본 뇌
염 예방 접종을 빠짐없이 받도록 하고 말라리아 유행 지역을 여행하고 난
뒤에는 발열, 오한 등 의심 증상이 보이면 보건소에 신고해 검사와 치료를
받도록 해야 한다. / 최초 검사에서 음성이었으나 격리 중 의심 증상을 보이
거나 해제 전 검사에서 확진된 사례는 10명이다. / 정확한 원인은 파악되지
않았지만 식중독 의심 증상을 호소하며 보건소 등 진료를 받은 어르신만 20
여 명에 달했다.

의원-병 (醫原病)[의원뼝] 몡 《의학》 의사의 과잉 치료나 의료 사고, 또는 치료
의 합병증으로 생기는 질병과 장애를 통틀어 이르는 말. 종두 뇌염, 페니실
린 쇼크, 약물 중독에 의한 간 기능 장애 따위가 있다. ¶종래에 의사의 치료
과정에서 사망한 사람들은 본래의 질병 때문에 사망한 것이 아니라 이와 같
은 의원병 때문에 사망한 것입니다.

이급 (裏急)[이:급] 몡 《한의》 〈이질〉 이질의 증상. 배변하기 전에는 배가 아프
고 급하여 참기 어려우며 일단 배변을 하더라도 시원하게 되지 않고 뒤가

묵직한 느낌이 있다.

이급-증(裏急症)[이:급쯩]〈이질〉이질의 증상. 배변하기 전에는 배가 아프고 급하여 참기 어려우며 일단 배변을 하더라도 시원하게 되지 않고 뒤가 묵직한 느낌이 있다.〈동〉이급후중

이급후중(裏急後重)[이:그푸중]**명**《한의》〈이질〉이질의 증상. 배변하기 전에는 배가 아프고 급하여 참기 어려우며 일단 배변을 하더라도 시원하게 되지 않고 뒤가 묵직한 느낌이 있다.〈유〉이급, 이급증, 후중

이동 검체 채취(移動檢體採取)[ ]**명구**《보건·의학》〈코로나19〉직접 병원에 방문하여 검사를 받기 어려운 환자를 위해 의료진이 병원 밖의 환자가 있는 곳으로 가서 검체를 받는 일. ¶정부는 이달 말부터 거동이 불편한 분들 을 대상으로 이동 검체 채취를 실시할 계획이다.

이동 선별 진료(移動選別診療)[ ]**명구**《의학》〈코로나19〉정한 기준에 따라 환자를 선별하여 병 원 밖에서 진찰과 치료를 하는 일. ¶지난번 한 학교에서 진행된 이동 선별 진료에서 모든 학생과 교직원이 음성 판정을 받았다.

이동 선별 진료소(移動選別診療所)[ ]**명구**《보건 일반》〈코로나19〉일정한 기준에 따라 환자를 선별하여 진찰과 치료를 하기 위해 자동차나 간이 시설을 따위를 활용하여 임시로 마련한 진료소 ¶방역 당국은 다수의 확진자가 발생한 학원 인근의 초등학교에 이동 선별 진료소를 설치하여 확진자와 접촉한 사람들이 신속하게 검사를 받을 수 있도록 하였다.

이분(膩粉)[이:분]**명**《한의》〈성병〉'염화 수은'을 한방에서 이르는 말. 매독, 매독성 피부병, 변비 치료제 및 외과 살충제, 안정제로 쓰인다.〈유〉경분 01(輕粉)

이비(耳泌)[이비]**명**《한의》〈통증 일반〉어린아이의 귀 안이 붓고 아픈 증세.

이앓이( )[이아리]**명**《의학》〈통증 일반〉이가 아파서 통증(痛症)을 느끼는 증세.〈유〉치통(齒痛) ¶조 차장은 내가 이앓이를 핑계로 술잔을 밀쳐놓자 끌탕을 하며 핀잔을 주었다.《김소진 , 열린 사회와 그 적들》

이일-학(二日瘧)[이:일학]**명**《의학》〈학질〉학질의 하나. 이틀을 걸러서 발작하며, 좀처럼 낫지 않는다. 〈동〉이틀거리.

이증(痢症)[이:증]**명**《한의》〈이질〉「1」《의학》변에 곱이 섞여 나오며 뒤가 잦은 증상을 보이는 법정 감염병. 세균성과 원충성으로 구별한다. =이질. 「2」《한의》이질의 증상.

이질(痢疾)[이:질]**명**《의학》〈이질〉변에 곱이 섞여 나오며 뒤가 잦은 증상을 보이는 법정 감염병. 세균성과 원충성으로 구별한다. 〈유〉이점, 이증, 하리 ¶세균성 이질은 감염성 대장염의 일종으로, 우리나라 법정감염병의 제2급감염병으로 분류된다. 세균성 이질의 원인균은 시겔라이다.

이질-균(痢疾菌)[이:질균]**명**《보건 일반》〈이질〉질의 병원체. 그람 음성균으로 운동성이 없으며, 장1균과 성질이나 상태가 비슷하다. 〈유〉적리균. ¶세균성 이질은 이질균(Shigella) 감염에 의한 급성 염증성 장염이다. 세균성 이질은 법정 2급 감염병으로, 적은 양의 세균으로도 전염될 수 있으며, 치명률이 높은 병입니다.

이질대공통(痢疾大孔痛)[이:질대공통]**명**《한의》〈통증 일반〉이질이 심하여 항문이 벌어진 채 오므라들지 않고 아픈 증상.

이질-대공통(痢疾大孔痛)[이:질대공통]**명**《한의》〈이질〉이질이 심하여 항문이 벌어진 채 오므라들지 않고 아픈 증상.

이통(耳痛)[이:통]**명**《의학》〈통증 일반〉'귀통증(-痛症)'의 이전 말.

이틀-거리( )[이틀거리]**명**《의학》〈학질〉학질의 하나. 이틀을 걸러서 발작하며, 좀처럼 낫지 않는다. 〈유〉노학, 당고금, 당학, 삼일열, 양일학, 이일학, 해학.

인동(忍冬)[인동]**명**《식물, 한의》〈성병〉인동과의 반상록 덩굴성 식물. 잎은 마주나고 긴 타원형이다. 전체에 짧은 갈색 털이 나고 꽃은 초여름에 잎겨드랑이에서 피는데 흰색에서 노란색으로 변한다. 열매는 가을에 검은색으로 익으며 줄기·잎·꽃은 종기나 매독, 임질, 치질 치료의 약재로 쓰인다. 한국, 일본, 중국 등지에 분포한다.〈유〉금은등(金銀藤), 금은목(金銀木), 금차고(金釵股), 노사등(鷺鷥藤), 노옹수(老翁鬚), 밀보등(密補藤), 수양등(水楊藤), 원앙등(鴛鴦藤), 인동덩굴(忍冬덩굴), 인동초(忍冬草), 좌전등(左纏藤), 통령초(通靈草) ¶인동 줄기와 잎에는 타닌, 로가닌, 프라보노이드 등이 함유되어 있어, 소염, 항균, 해독, 해열 등의 작용을 한다.

인동-초(忍冬草)[인동초]**명**《식물》〈성병〉인동과의 반상록 덩굴성 식물. 잎은 마주나고 긴 타원형이다. 전체에 짧은 갈색 털이 나고 꽃은 초여름에 잎겨드랑이에서 피는데 흰색에서 노란색으로 변한다. 열매는 가을에 검은색으로 익으며 줄기·잎·꽃은 종기나 매독, 임질, 치질 치료의 약재로 쓰인다. 한국, 일본, 중국 등지에 분포한다.〈유〉인동01「1」(忍冬)

인진-고(茵蔯膏)[인진고]**명**《한의》〈간염〉사철쑥 원액, 삽주 원액을 섞어서 만든 약엿. 주로 이담제로 이용하며 간염 치료에 쓴다.

인진-오령산(茵蔯五苓散)[인지노령산]**명**《한의》〈간염〉오령산에 인진을 넣어서 만든 약. 습열로 인한 황달이나 간염에 쓴다.

인진-오령환(茵蔯五苓丸)[인지노령환]**명**《한의》〈간염〉인진, 복령을 비롯한 여러 가지 약재로 만든 알약. 간염 치료제로 쓴다. ¶인진오령산을 황달에 사용하는 이유도 인진의 작용 덕분이겠네요

인진-탕(茵蔯湯)[인진탕]**명**《한의》〈간염〉인진, 대황, 치자를 비롯한 여러 가지 약재로 만든 탕약. 황달, 변비, 간염 따위에 쓴다.

인터페론(interferon)[ ]**명**《생명》〈간염〉바이러스에 감염된 동물 세포가 생성하는 당단백질. 바이러스의 감염과 증식을 저지하는 작용을 한다. 유전 공학의 발달로 대량 생산되며, 비형(B型) 간염이나 헤르페스 따위의 바이러스 질병의 치료에 쓰인다. ¶세 가지 인터페론 모두 종양세포에서 제1형 MHC 발현을 증가시킨다.

인포데믹(Infodemic)[ ]**명**〈코로나19〉코로나19 시기에 악성 정보가 확산되는 양상.〈유〉정보 전염병 ¶인포데믹에 효과적으로 대응하기 위해서는 크게

두 가지 측면에서의 전략이 필요하다.

인플루엔자 (influenza)[ ] **명**《의학》인플루엔자 바이러스에 의하여 일어나는 감기. 고열이 나며 폐렴, 가운데귀염, 뇌염 따위의 합병증을 일으킨다.〈유〉유행성 감기(流行性感氣) ¶인플루엔자에 감염된 환자는 가능하면 외부 출입을 자제하는 것이 좋습니다.

인플루엔자^뇌염 (influenza腦炎)[ ] **명구**《의학》인플루엔자 바이러스로 인하여 일어나는 뇌염. 임상 증상이 유행 뇌염과 비슷하다. ¶다양한 남성이 보유하고 있는 인플루엔자 뇌염에 관하여 틈틈이 다양한 의문을 보유하고 있는 상황이라 할 수 있었어요.

인후통 (咽喉痛)[인후통-] **명**《한의》〈통증 일반〉목구멍이 아픈 병이나 증세. ¶최근 코로나19 환자에게서 강한 인후통, 기침, 근육통이 주된 증상으로 나타난다.

일본^뇌염 (日本腦炎)[ ] **명구**《의학》바이러스의 감염으로 일어나는 유행 뇌염. 늦여름에 모기가 퍼뜨리는데 혼수상태, 두통, 근육 강직 따위의 증상이 나타나며 사망률이 높다. ¶일본뇌염 환자는 주로 가을 모기 개체수가 증가하는 9~10월에 집중 발생한다.

일본^뇌염^바이러스 (日本腦炎virus)[ ] **명구**《보건 일반》〈일본뇌염〉일본 뇌염을 일으키는 바이러스. ¶일본 뇌염은 모기에 의해 전염되는 일본 뇌염 바이러스에 의한 감염 질환입니다.

일상 접촉자 (日常接觸者)[ ] **명구**〈코로나19〉의심 또는 확진환자와 일상적으로 함께 생활하며 접촉한 사람. ¶밀접접촉자와 일상접촉자를 구분하던 종래 접촉자 구분을 없애고, 일괄 '접촉자'로 구분한 뒤 자가 격리 조치한다.

일일-학 (一日瘧)[이릴학] **명**《의학》〈학질〉날마다 일정한 시각에 발작을 일으키는 학질.〈유〉단일학, 일학.

일차^감염소 (一次感染巢)[ ] **명구**《의학》〈성병〉병원체에 처음 감염된 자리. 결핵의 경우에는 흔히 폐에 생기거나 드물게는 장에도 생기며, 매독의 경우에는 성기(性器)와 입술에 생긴다.

일학(日瘧)[일학]**명**《의학》〈학질〉날마다 일정한 시각에 발작을 일으키는 학질.〈동〉일일학.

임질(淋疾/痳疾)[임:질]**명**《의학》〈성병〉임균이 일으키는 성병. 주로 성교로 옮아 요도 점막에 침입하며, 오줌을 눌 때 요도가 몹시 가렵거나 따끔거리고 고름이 심하게 난다. 여자는 동시에 방광염을 일으키며 내부 생식 기관에 염증을 일으키고 불임의 원인이 될 수 있다. ¶임질에 걸리다.

입앓이( )[이바리]**명**〈통증 일반〉입을 앓는 일.

한국어 질병 표현 어휘 사전 Ⅲ

ㅈ

자가 격리 면제서 (子氣隔離免除書)[ ]**명구** 《정치와 행정》〈코로나19〉코로나19 대유행 이후에, 감염병의 확산을 방지하기 위하여 해외에서 입국한 사람은 일정 기간 동안 자가 적리를 해야 하지만, 부득이한 사유로 자가 격리 의무를 면해 줄 필요가 있는 경우에 정부에서 발급하여 주는 문서. ¶외교나 공무 등의 목적으로 한국 대사관에서 자가 격리 면제서를 입국 전에 미리 발급받은 경우에는 자가 격리를 하지 않고 입국할 수 있다.

자가격리 (自家隔離)[ ]**명** 〈코로나19〉전염병에 감염되었거나 병원에서 검사로 전염병 걸렸음을 통보받거나 감염되었을 가능성이 있는 자가 자신의 집에 칩거하여 스스로를 사회로부터 격리시키는 것. ¶자가격리 권고 기간에 코로나에 걸렸을 때, 의사나 보건 당국에서 권장하는 자가격리 기간은 5일입니다.

자가격리 관리시스템 ( )[ ]**명구** 〈코로나19〉코로나 확진으로 인한 자가격리자가 방역 수칙을 위반, 격리 장소에서 이탈하는 문제를 방지하기 위해 방역당국이 운영하는 관리시스템. ¶이러한 문제에 대응하기 위해 아이리시스는 생체정보를 이용해 자가격리관리시스템을 개발했다고 밝혔다.

자가품 ( )[자가품]**명** 〈통증 일반〉손목, 발목, 손아귀 따위의 이음매가 과로로 말미암아 마비되어 시고 아픈 증상. ¶이 추운 겨울밤에 다리에서 자가품이 나도록 뛰어다녀야만 하는 제 신세가 새삼스럽게 가엾은 생각이 들었다.

자근 (紫根)[자ː근]**명** 《한의》〈소아피부병-홍역〉홍역(紅疫), 창양(瘡瘍), 습진 따위에 쓰는 약. 말린 지치의 뿌리를 한방에서 이르는 말. ¶아직 덜 익은 산딸기가 대부분이고 가끔은 자근이나 오래된 더덕 등 귀한 약초들이 한두 뿌리씩 있기도 했다.

자근거리다 ( )[자근거리다]**동** 〈통증 일반〉(몸이나 머리가) 자꾸 가볍게 쑤시듯 아프다. 〈유〉자근대다, 자근자근하다 〈참〉지근거리다, 자끈거리다 ¶하루 종일 쉬지도 못하고 일을 했더니 뼈마디가 자근거린다.

자근대다 ( )[자근대다]**동** 〈통증 일반〉(몸이나 머리가) 자꾸 가볍게 쑤시듯 아프다. 〈유〉자근거리다, 자근자근하다 〈참〉지근대다, 자끈대다

자근자근 ( )[자근자근]閉〈통증 일반〉머리가 자꾸 가볍게 쑤시듯 아픈 모양. ¶머리가 자근자근 쑤시다.

자근자근하다 ( )[자근자근하다]圖〈통증 일반〉(몸이나 머리가) 자꾸 가볍게 쑤시듯 아프다.〈유〉자근거리다, 자근대다〈참〉지근지근하다, 자끈자끈하다

자끈거리다 ( )[자끈거리다]圖〈통증 일반〉(몸이나 머리가) 몹시 아프고 자꾸 쑤시다.〈유〉자끈자끈하다, 자끈대다〈참〉자근거리다, 지끈거리다

자끈대다 ( )[자끈대다]圖〈통증 일반〉(몸이나 머리가) 자꾸 몹시 쑤시듯 아프다.〈유〉자끈자끈하다, 자끈거리다〈참〉자근대다, 지끈대다

자끈자끈 ( )[자끈자끈]閉〈통증 일반〉머리가 자꾸 가볍게 쑤시듯 아픈 모양. '자근자근'보다 센 느낌을 준다. ¶머리가 자끈자끈 쑤시다.

자끈자끈하다 ( )[자끈자끈하다]圖〈통증 일반〉(몸이나 머리가) 자꾸 몹시 쑤시듯 아프다.〈유〉자끈거리다, 자끈대다〈참〉자근자근하다, 지끈지끈하다

자르르하다 ( )[자르르하다]웹〈통증 일반〉(뼈마디나 몸의 일부 또는 마음이) 자릿한 느낌이 있다.〈참〉지르르하다, 짜르르하다 ¶날씨가 안 좋고 비가 오면 팔다리가 자르르한다.

자리 (子痢)[자리]똉《한의》〈이질〉임신 중에 앓는 이질. 피가 섞인 대변을 보며 배가 아프고 뒤가 묵직하다.

자리다 ( )[자리다]웹〈통증 일반〉(뼈마디나 몸의 일부가) 오래 눌려 움직이기 거북하고 감각이 둔하다.〈참〉저리다

자리자리하다 ( )[자리자리하다]웹〈통증 일반〉(팔다리가) 피가 잘 돌지 못하여 감각이 둔하고 아리다.〈참〉저리저리하다 ¶팔베개를 하고 있었던 팔이 자리자리하다.

자릿자릿하다 ( )[자릳짜리타다]웹〈통증 일반〉(몸이) 피가 잘 돌지 못하여 감각이 무디고 자꾸 아린 느낌이 있다.〈참〉저릿저릿하다, 짜릿짜릿하다

자릿하다 ( )[자리타다]웹〈통증 일반〉(몸이나 몸의 일부가) 피가 잘 돌지 못하거나 전기가 통해서 조금 감각이 무디고 아린 느낌이 있다.〈참〉저릿하다,

짜릿하다 ¶언 손을 따뜻한 물에 담그니 손끝이 자릿하다.

자발적 자가격리( )[ ]**명구**〈코로나19〉코로나19로 인해 확진자와 접촉한 경우 아직 감염 여부가 확진되기 전에 스스로 사람들과 접촉을 피하기 위해 취하는 격리 조치. ¶워낙 늘어나는 확진자 수에 쫄았던 우리 가족은 누가 시키지도 않았는데 자발적 자가격리를 유지하고 있습니다.

자연^면역(自然免疫)[ ]**명구**《의학》〈소아피부병-홍역〉모체로부터 선천적으로 받은 면역. 이것 때문에 생후 6개월까지 신생아는 천연두나 홍역에 잘 걸리지 않는다. ¶미국 조지아대 연구팀은 '네이처 리뷰 미생물'(nature Reviews Microbiology) 최신호에서 최근의 백일해에 대해 자연 면역과 백신 유래 면역의 지속 기간, 백신의 감염병 예방 능력, 세균의 진화가 백신 면역 회피에 미치는 영향 등을 둘러싼 논란이 있다고 소개했습니다.

자초-근(紫草根)[자:초근]**명**《한의》〈소아피부병-홍역〉말린 지치의 뿌리를 한방에서 이르는 말. 홍역(紅疫), 창양(瘡瘍), 습진 따위에 쓴다. ¶봄과 가을에 가늘고 긴 뿌리를 캐서 그늘에 말린 것을 자초근(紫草根) 또는 자근(紫根)이라고 하여 주성분인 acetylshikonin의 항비만 효과 및 지방세포분화 억제 효능 등이 있으며 한방에서 해독제·해열제·이뇨제·피임약으로 쓰며, 화상이나 동상 또는 물집이나 습진 치료에 쓰기도 한다. 뿌리에서 자줏빛의 물감을 얻어 쓰기도 한다.

자통(刺痛)[자:통]**명**〈통증 일반〉찌르는 것 같은 아픔.

자학(子瘧)[자학]**명**《의학》〈학질〉임신 중에 앓는 학질.

작열통(灼熱痛)[장녈통]**명**《의학》〈통증 일반〉상처를 입은 곳이 불에 타는 듯이 따갑고 아픈 통증. ¶제2형인 작열통(causalgia)은 말초 신경 손상후에 발생하는 지역성 통증 증후군을 말한다. /흔히 일어나는 감각 장애로는 저린감, 통각, 작열통 혹은 압통 등이 있다.

작은-마마(작은媽媽)[자근마마]**명**〈소아피부병-수두〉'수두01'를 일상적으로 이르는 말.

잘리다 ( )[잘리다](통)〈통증 일반〉(물체가) 날카로운 연장 따위로 베여 동강이 나거나 끊어지다. ¶그 긴 머리카락이 가위로 싹둑 잘렸다.

잠-병 (잠病)[잠뼝](명)《의학》〈전염병일반〉서아프리카의 콩고강, 남아메리카의 아마존강 유역 등에 발생하는 전염성 풍토병. 트리파노소마라고 하는 편모충류가 체체파리 따위를 매개로 하여 사람의 혈액 속에 기생함으로써 발생하는데, 두통·부기를 일으키며 수면 상태에 빠지고, 마침내 혼수상태가 되어 사망하게 된다.

잠복^매독 (潛伏梅毒)[ ](명구)《의학》〈성병〉이차 매독 뒤에 감염된 환자는 증상이 없으나 매독 혈청 검사에서 양성으로 나타나는 단계. ¶초기 잠복 매독의 경우 페니실린 근육주사를 1번 맞는 것으로 치료 가능합니다.

장 병증 (腸病症)(명구)《의학》창자의 질병을 통틀어 이르는 말. ¶이 결과는 전형적인 장병증에서 확인할 수 있는 결과이다.

장 질환 (腸疾患)(명구)《의학》감염·염증·출혈 및 기능 이상 등, 장에 생기는 병. 장염, 크론병, 과민성 장 증후군, 소장암, 대장암, 기계적 장 폐쇄, 탈장, 장중첩증 등이 있다. ¶위장을 건강하고 튼튼하게 만들어 준다면 다양한 장 질환을 예방할 수 있다.

장관 감염증 (腸管感染症)(명구)세균이나 바이러스 등의 병원체에 의한 구토와 설사를 주 증상으로 하는 감염병. ¶장관감염증은 매년 꾸준히 발생하고 있으며, 치료제나 백신이 없기에 지속적인 병원체 감시가 요구된다.

장내성^전염병 (腸內性傳染病)[ ](명구)《의학》〈전염병일반〉병원체가 일차적으로 장의 점막에 붙어서 여러 가지 증상을 일으키는 전염병. 티푸스, 이질, 콜레라 따위가 있다. 주로 대변을 통하여 감염된다.

장려 (瘴癘)[장:녀](명)《약학》〈학질〉기후가 덥고 습한 지방에서 생기는 유행성 열병이나 학질.

장류 (腸瘤)[장:뉴](명)《한의》〈종기〉장이나 창자간막에 생긴 종기.

장미-진 (薔薇疹)[장미진](명)《의학》〈성병〉모세 혈관의 충혈에 의하여 일어나

는 장밋빛의 작은 홍반(紅斑). 매독 제2기의 초기 따위에 나타난다. ¶장미
진은 체간을 중심으로 얼굴이나 손발에서 볼 수 있으며, 1~2cm 크기의 눈
에 띄지 않는 담홍색 반점입니다.

장병(臟病)[장병]**명**《한의》〈이질〉오장(五臟)에 생긴 병. 또는 오장과 관련
된 병.

장-질부사(腸窒扶斯)[장질부사]**명**《의학》티푸스균이 창자에 들어가 일으키
는 급성 법정 감염병. 경구 감염에 의하여 1~2주의 잠복기 후에 발병한다.
특유한 열 형태를 보이며 발열, 설사, 지라 비대, 창자 출혈, 뇌 증상, 발진
따위의 증상을 나타낸다.〈유〉장티푸스(腸typhus)

장질부사-균(腸窒扶斯菌)[장질부사균]**명**《보건 일반》〈장티푸스〉장티푸스의
병원균. 살모넬라균에 속하는 간균(桿菌)으로 8~12개의 편모로써 운동한
다. 경구 침입으로 소장에 이르면 발병하며, 직사 일광·열·건조 따위에 약
하다. 에베르트(Eberth, K. J.)와 가프키(Gaffky, G. T. A.)가 발견하였
다.〈동〉장티푸스균 ¶가축, 육류고기, 닭고기, 애완용 뱀이나 거북이 등 동
물이 보균한 장질부사균에 감염되어 장질부사를 앓을 수 있다.

장-티푸스(腸typhus)[ ]**명**《의학》〈장티푸스〉티푸스균이 창자에 들어가 일으
키는 급성 법정 감염병. 경구 감염에 의하여 1~2주의 잠복기 후에 발병한
다. 특유한 열 형태를 보이며 발열, 설사, 지라 비대, 창자 출혈, 뇌 증상, 발
진 따위의 증상을 나타낸다.〈유〉장질부사 ¶1879년 독일 출신 병리학자 카
를 에베르트가 장티푸스로 사망한 환자의 비장과 장간막 림프샘(임파선)에
서 막대 모양의 세균을 발견하고 이듬해 그 결과를 발표했다.

장티푸스-균(腸typhus菌)[ ]**명**《보건 일반》〈장티푸스〉장티푸스의 병원균. 살
모넬라균에 속하는 간균(桿菌)으로 8~12개의 편모로써 운동한다. 경구 침
입으로 소장에 이르면 발병하며, 직사 일광·열·건조 따위에 약하다. 에베르
트(Eberth, K. J.)와 가프키(Gaffky, G. T. A.)가 발견하였다.〈유〉장질부사균,
티푸스균 ¶장티푸스는 살모넬라 타이피균(Salmonella typhi)에 감염되어 발

생하며 발열과 복통 등의 신체 전반에 걸친 증상이 나타나는 질환이다.

장학(瘴瘧)[장ː학][명]《의학》〈학질〉덥고 습한 지역에서 생기는 학질. 발작할 때 정신이 혼미해지고 헛소리를 하거나 말을 하지 못한다.

재귀-열(再歸熱)[재ː귀열][명]《의학》〈장티푸스〉피로헤타의 침입으로 일어나는 감염병. 이, 벼룩, 진드기, 모기 따위가 매개하는 감염병으로, 오한, 고열, 두통, 피부 황색 변성 따위의 증상을 나타내다가 5~7일 뒤에 없어지고 약 일주일이 지나면 다시 같은 증상이 되풀이된다. 〈유〉되풀이열, 회귀열. ¶ 재귀열과 홍반열은 붉은색 또는 엷은 붉은색의 발진과 발열, 두통, 피로감 등을 나타내지만 일반적으로 경증이며 증상이 없는 감염자도 많다.

재양성자(載陽性者)[ ][명]《보건 일반》〈코로나19〉바이러스 따위의 병원체에 감염 되어 완치되었다가 다시 같은 종류의 감염원으로 인해 감염된 사람. ¶ 코로나 확진자 중 재양성자의 비율이 점점 늘고 있다.

재통(再痛)[재ː통][명]《한의》〈통증 일반〉나았던 병이 다시 도져서 앓는 일.

재통하다(再痛하다)[재ː통하다][동]《한의》〈통증 일반〉나았던 병이 다시 도져서 앓다.

저리다( )[저리다][동][형]〈통증 일반〉(근육이나 뼈마디가) 오래 눌리거나 추위로 인해 피가 잘 통하지 못하여, 감각이 둔하고 아리며 움직이기가 거북하다. / (근육이나 뼈마디가) 오래 눌리거나 추위로 인해 피가 잘 통하지 못하여, 감각이 둔하고 아리며 움직이기가 거북한 느낌이 들다. ¶나는 수갑을 찬 채로 고개를 푹 숙이고 앉아 있으면서도, 다리가 저리고 아파서 몸을 자주 뒤틀면서 자세를 바로잡곤 하였다. / 두 팔로 온몸을 지탱하고 있다. 손가락 마디가 저린다.

저리저리하다( )[저리저리하다][형]〈통증 일반〉(살이나 뼈마디가) 피가 잘 돌지 못하여 감각이 둔하고 자꾸 몹시 아리다. 〈참〉자리자리하다 ¶무릎을 꿇고 앉아 있었더니 다리가 저리저리해.

저린감(저린感)[저린감][명]《의학》〈통증 일반〉몸이 부분적으로 감각이 없어지는 증상.

저릿저릿하다 ( )[저릳쩌리타다]〖형〗〈통증 일반〉(몸이나 몸의 일부가) 피가 잘 돌지 못하여 몹시 감각이 무디고 자꾸 세게 아린 느낌이 있다.〈참〉쩌릿쩌 릿하다, 자릿자릿하다 ¶저이는 특별히 아픈 데도 없는데 늘 손목 발목이 저 릿저릿하답니다.

저릿하다 ( )[저리타다]〖형〗〈통증 일반〉(몸이나 몸의 일부가) 피가 잘 돌지 못하 거나 전기가 통하여 감각이 무디고 아린 느낌이 있다.〈참〉쩌릿하다, 자릿 하다 ¶어제 과로를 했는지 온몸이 나른하고 저릿하다.

적랭복통 (積冷腹痛)[정냉복통-]〖명〗《한의》〈통증 일반〉배 속에 찬 기운이 몰려 배가 찌르듯이 아픈 증상.

적리 (赤痢)[정니]〖명〗《한의》〈이질〉급성 전염병인 이질의 하나. 여름철에 많 이 발생하며, 입을 통하여 전염하여 2~3일 동안의 잠복기가 지난 후, 발열 과 복통이 따르고 피와 곱이 섞인 대변을 누게 된다. 세균성 적리와 아메바 적리로 나눈다. ¶감염자 또는 보균자가 배출한 대변을 통해 구강으로 감염 되며, 매우 적은 양(10~100개)의 세균도 감염을 일으킨다. 대표적 증상이 피가 섞인 피똥을 싸는 것이므로 이질을 적리(赤痢)라고도 일컫고 영어권 에서는 피가 흐른다는 의미로 blood flux라고 불렀다.

적리-균 (赤痢菌)[정니균]〖명〗〈이질〉이질의 병원체. 그람 음성균으로 운동성 이 없으며, 장티푸스균과 성질이나 상태가 비슷하다.〈동〉비질균 ¶돼지 적 리균에 감염되게 되면 2~10주간의 잠복기를 거쳐 결장점막의 염증으로 인 해 결장 흡수 불량 현상을 일으킴으로써 식염성분이나 세포외액을 흡수하 지 못하기 때문에 설사를 일으키게 된다.

적사병 (赤死病)[적싸뼝]〖명〗《의학》'콜레라'를 달리 이르는 말. 콜레라에 걸리 면 온몸에 붉은 물집이 잡혔다가 심하면 죽음에 으르게 된다는 데서 이르는 말이다.〈유〉천연두

적색^아이오딘화^수은 (赤色iodine化水銀)[ ]〖명구〗《화학》〈성병〉이가(二價) 수

은의 아이오딘화물. 검은빛을 띤 붉은색의 작은 결정으로 된 가루로, 알코올에 잘 녹고, 매독과 성병 따위에 약으로 쓰인다. 화학식은 HgI$_2$. 〈유〉적색 옥도홍(赤色沃度汞), 적색 옥화 수은(赤色沃化水銀), 적색 요오드화 수은(赤色Jod化水銀), 적옥화 수은(赤沃化水銀)

적색^옥도홍(赤色沃度汞)[ ]图구《화학》〈성병〉이가(二價) 수은의 아이오딘화물. 검은빛을 띤 붉은색의 작은 결정으로 된 가루로, 알코올에 잘 녹고, 매독과 성병 따위에 약으로 쓰인다. 화학식은 HgI$_2$. 〈유〉적색 아이오딘화 수은(赤色iodine化水銀)

적색^옥화^수은(赤色沃化水銀)[ ]图구《화학》〈성병〉이가(二價) 수은의 아이오딘화물. 검은빛을 띤 붉은색의 작은 결정으로 된 가루로, 알코올에 잘 녹고, 매독과 성병 따위에 약으로 쓰인다. 화학식은 HgI$_2$. 〈유〉적색 아이오딘화 수은(赤色iodine化水銀)

적색^요오드화^수은(赤色Jod化水銀)[ ]图구《화학》〈성병〉이가(二價) 수은의 아이오딘화물. 검은빛을 띤 붉은색의 작은 결정으로 된 가루로, 알코올에 잘 녹고, 매독과 성병 따위에 약으로 쓰인다. 화학식은 HgI$_2$. 〈유〉적색 아이오딘화 수은(赤色iodine化水銀)

적옥화^수은(赤沃化水銀)[ ]图구《화학》〈성병〉이가(二價) 수은의 아이오딘화물. 검은빛을 띤 붉은색의 작은 결정으로 된 가루로, 알코올에 잘 녹고, 매독과 성병 따위에 약으로 쓰인다. 화학식은 HgI$_2$. 〈유〉적색 아이오딘화 수은(赤色iodine化水銀)

적유-풍(赤遊風)[저규풍]图《한의》〈전염병일반〉피부의 헌데나 다친 곳으로 세균이 들어가서 열이 높아지고 얼굴이 붉어지며 붓게 되어 부기(浮氣), 동통을 일으키는 전염병.

적창(赤瘡)[적창]图《한의》〈소아피부병-홍역〉'홍역'을 한방에서 이르는 말.

전격-간염(電擊肝炎)[전ː격까념]图《의학》〈간염〉급성 황달, 고열, 의식 장애, 출혈 따위 증상을 나타내며 혼수를 일으키는 바이러스 간염.

전광(顚狂)[전광]**명**《한의》〈조선시대전염병〉정신에 이상이 생겨 일어나는 미친 증세.〈유〉광증(狂症), 광질(狂疾) ¶한의학에서는 오래 전부터 전광(癲狂)으로 조현병을 다뤄 왔다. 광(狂)은 양성에, 전(癲)은 음성 증상에 해당된다.

전광증(癲癎症)[전간쯩]**명**《의학/한의》〈조선시대전염병〉갑자기 온몸에 경련이나 의식 장애 따위의 발작이 되풀이되는 질병. 유전적인 경우도 있으나, 외상, 뇌종양 따위가 원인이 되어 나타나기도 한다.〈유〉간질1(癎疾), 간기3(癎氣), 간질병1(癎疾病), 전간2(癲癎), 전질2(癲疾), 하늘병(--病) ¶이 때문에 '미친병' '지랄병'이라는 의미의 간질(癎疾)이나 전간증(癲癎症)으로 불리며 꽁꽁 숨겨야 하는 질환으로 인식돼 왔다.

전구^증상(前驅症狀)[ ]**명구**《의학》〈전염병일반〉잠복 전염병이나 뇌출혈, 간질 따위가 일어나기 직전에 나타나는 증상. ¶우리나라 노인 2명 중에서도 1명은 뇌졸중에 대해 잘 모르는 만큼 이상 증상이 발생하더라도 이 증상이 뇌졸중 전구증상인지도 자각하지 못하다가 질병을 더욱 악화시킬 위험이 높다.

전수 검사( )[ ]**명구**〈코로나19〉검사할 물품 전체에 대해 어느 기준의 적합 여부나 이상 유무를 조사함. 검사 물품 가운데에서 일부 시료만을 빼내어 검사하는 발췌 검사에 상대하여 쓰는 용어이다. ¶저희 회사는 완제품에 대해 전수검사를 하고 있지만 그 외에 정기검사가 있어야 한다고 하더군요.

전염(傳染)[저념]**명**〈코로나19〉다른 생물 개체와의 접촉을 통해 병이 확산하는 일. 'contagion'의 번역어이다. ¶전염을 막기 위해 사회적 거리두기도 권장됩니다.

전염^단핵구증(傳染單核球症)[ ]**명구**《의학》〈전염병일반〉바이러스 감염에 의한 급성 감염 질환. 말초 혈액의 비정형 림프구가 증가하며 발열·인후통과 림프샘·지라의 비대를 일으킨다.

전염^물렁종(傳染물렁腫)[ ]**명구**《의학》〈전염병일반〉살가죽에 밥알만 하게 돋은 군살. 주로 어린아이에게 많으며 전염된다.

전염^피부병(傳染皮膚病)[ ]**명구**《의학》〈성병〉세균, 바이러스, 진균 따위의 감염으로 생기는 피부병. 주로 접촉으로 감염되며 무좀, 백선(白癬), 무사마귀, 고름 딱지증, 성병 따위가 있다.

전염^황달(傳染黃疸)[ ]**명구**《의학》〈전염병일반〉스피로헤타의 일종인 황달 출혈성 렙토스피라에 의한 급성 전염병. 쥐의 오줌에 있는 병원체가 피부나 점액을 통하여 전염되며, 처음에는 높은 열이 나고 점차 황달, 심부전 따위의 증상을 보인다. 1886년 독일의 바일(Weil, A.)이 처음으로 보고하였다.

전염-되다(傳染되다)[저념되다/저념뒈다]**동**〈장티푸스〉병이 남에게 옮다.

전염병(傳染病)[저념뼝]**명**《의학》〈조선시대전염병〉전염성을 가진 병들을 통틀어 이르는 말. 곧 세균, 바이러스, 리케차, 스피로헤타, 진균, 원충 따위의 병원체가 다른 생물체에 옮아 집단적으로 유행하는 병들을 이른다. 공중 위생의 측면에서 예방이 중요하다. 〈유〉염병(染病) ¶1.전염병에 걸리다.

전염병 봉쇄 전략( )[ ]**명구**〈코로나19〉전염병이 발생한 특정 지역을 봉쇄하여 해당 지역 거주자가 타 지역으로 이동하지 못하도록 봉쇄하는 전략. 전염병 봉쇄 전략은 전염병 확산 방지에 중요한 역할을 하며, 이러한 전략은 병원균의 전염을 제한하고 발병이 공중 보건에 미치는 영향을 완화하는 것을 목표로 한다.

전염성 설사증(傳染性泄瀉症)**명구**《보건 일반》전염력이 강한 설사 증세. 특히 신생 동물에서 설사 또는 이질 증세을 보인다. ¶병원성 대장균은 영유아에게는 전염성 설사증, 성인게에는 금성 장염을 일으키는 대장균으로, 덥고 습한 여름철(6~8월)에 가장 많이 발생한다.

전염성^간염(傳染性肝炎)[ ]**명구**《의학》〈간염〉에이형(A型) 간염 바이러스의 경구 감염으로 일어나는 간염. 늦은 여름에 4~10세의 어린이에게 감염되며, 15~30일의 잠복기를 거쳐 식욕 부진, 발열, 황달, 간 비대, 복통 따위의 증상을 보인다. 집단적으로 발병하는 일도 있다. 〈유〉유행성 간염(流行性肝

炎) ¶전염성 간염 보균자를 가진 사람과는 키스나 여러 행위를 통해서 전염이 될수 있다고 하던데요….

전염성^단핵구증(傳染性蛋核球症)[ ](명구)《의학》〈전염병일반〉'전염 단핵구증'의 전 용어.

전염성^설사병(傳染性泄瀉病)[ ](명구)《의학》〈전염병일반〉'유아 전염 설사병'의 전 용어.

전염성^연속종(傳染性軟屬腫)[ ](명구)《의학》〈전염병일반〉살가죽에 밥알만하게 돋은 군살. 주로 어린아이에게 많으며 전염된다.

전염성^연속증(傳染性軟屬症)[ ](명구)《의학》〈전염병일반〉살가죽에 밥알만하게 돋은 군살. 주로 어린아이에게 많으며 전염된다.

전염성^피부병(傳染性皮膚病)[ ](명구)《의학》〈전염병일반〉'전염 피부병'의 전 용어.

전염성^황달(傳染性黃疸)[ ](명구)《의학》〈전염병일반〉'전염 황달'의 전 용어.

전염성^회저성^간염(傳染性壞疽性肝炎)[ ](명구)《수의》〈간염〉비(B)형 노비균에 감염된 결과 발생하는 양의 괴사성 간염.

전염하다(傳染하다)[저념하다](동)〈조선시대전염병〉(기본의미)(병 따위가 사람이나 동물에게) 옮아가다. 〈유〉옮다(1) ¶내 병이 그에게 전염한 모양이다.

전이^눈속염(轉移눈속炎)[ ](명구)《의학》〈전염병일반〉눈알 이외의 곳에 있는 고름소로부터 세균이 피 또는 림프의 흐름을 타고 눈알 안으로 들어와 일으키는 염증. 주로 각종 열성(熱性) 전염병이나 피부의 상처 따위가 원인이다.

전이^안구내염(轉移眼球內炎)[ ](명구)《의학》〈전염병일반〉눈알 이외의 곳에 있는 고름소로부터 세균이 피 또는 림프의 흐름을 타고 눈알 안으로 들어와 일으키는 염증. 주로 각종 열성(熱性) 전염병이나 피부의 상처 따위가 원인이다.

전정통(巓頂痛)[전정통](명)《한의》〈통증 일반〉정수리가 몹시 아픈 증상.

절증(癤症)[절쯩](명)《한의》〈종기〉'큰종기증'의 전 용어.

점막-진(粘膜疹)[점막찐]**명**《의학》〈소아피부병-홍역〉점막에 생기는 발진.
홍역 초기에 입천장에 나는 붉은 반점 같은 것이 이에 속한다. ¶주 증상으
로는 발열, 콧물, 결막염, 홍반성 반점, 구진이 복합적으로 나타나며 질병
특유의 점막진을 특징으로 한다.

접촉^감염(接觸感染)[ ]**명구**《의학》〈성병〉환자, 감염 동물, 병원소(病原巢)
따위와의 접촉으로 일어나는 전염. 성병 등의 직접 접촉 감염과 유행성 감
기, 트라코마 등 비말(飛沫)이나 손가락, 물건 따위가 매개하는 간접 접촉
감염으로 구분한다. 〈유〉접촉 전염(接觸傳染) ¶접촉감염(contact
transmission)은 COVID-19 확산에 중요한 역할을 하는 또 다른 경로이다.

접촉^전염(接觸傳染)[ ]**명구**《의학》〈성병〉환자, 감염 동물, 병원소(病原巢)
따위와의 접촉으로 일어나는 전염. 성병 등의 직접 접촉 감염과 유행성 감
기, 트라코마 등 비말이나 손가락, 물건 따위가 매개하는 간접 접촉 감염으
로 구분한다. 〈유〉접촉 감염(接觸感染) ¶접촉전염 농가진은 주로 피부의
병변을 통해 진단될 수 있으며, 이 병변에서 발생하는 물집과 고름은 그람
염색이나 세균 배양 검사를 통해 감염원을 확인할 수 있습니다.

접촉자(接觸者)[접촉짜]**명**《의학》〈코로나19〉병균에 감염된 환자나 보균자,
또는 그 배설물과 접촉한 사람. 잠복기가 지나면 환자나 보균자가 될 수 있
다. ¶방역당국이 지난해 발생한 결핵 환자의 접촉자들을 역학조사한 결과
200명이 추가로 감염된 사실을 알아냈다.

정두통(正頭痛)[정ː두통]**명**《한의》〈통증 일반〉두통의 하나. 머리 전반이 아
픈 것을 말한다.《동의보감(東醫寶鑑)》에 따르면 정두통은 수족육양경맥
(手足六陽經脈)과 궐음경맥(厥陰經脈)·독맥(督脈)·소음경(少陰經)에 병이
있을 때 생긴다. 머리가 치받치는 것같이 아프고 눈이 빠지는 것 같으며 목
덜미가 빠지는 것 같은 통증이 있다.

정맥 수액 치료(靜脈輸液治療)**명구**콜레라의 치료법으로 환자에게 수액을 주입
함으로써 손실된 수분과 전해질을 공급하는 방법. ¶정맥 수액치료의 효과

　　를 극대화하고 부작용을 최소화할 수 있다.

정보 감염증 ( )[ ]〔**명구**〕〈코로나19〉 정보의 과잉, 홍수 상태에서 제대로 된 정보
　　를 찾기 어렵게 되는 상태로 잘못된 정보가 감염병처럼 사람들에게 퍼지는
　　것. 2020년 코로나바이러스감염증-19 사태가 시작되면서 이 단어가 본격적
　　으로 알려졌다.〈유〉인포데믹

정소-염(精巢炎)[정소염]〔**명**〕《의학》〈성병〉 고환에 생기는 염증. 급성은 외상
　　이나 급성 전염병으로 발생하는 경우가 있으며 아프고 발열 증상이 따른다.
　　만성은 주로 매독에 의하여 나타나며 자각 증상이 적다.〈유〉고환염(睾丸
　　炎) ¶사춘기 이후의 남성은 정소염(精巢炎), 여성은 난소염(卵巢炎) 등의 합
　　병증도 알려지고 있습니다.

정식통(停食痛)[정식통]〔**명**〕《한의》〈통증 일반〉 음식이 체하여 명치 밑이 묵직
　　하면서 아픈 증상.

정신적^유행병(精神的流行病)[ ]〔**명구**〕《의학》〈전염병일반〉 정신적 전염으로
　　다수의 사람에게 일어나는 정신병. ¶앞서 히틀러는〈나의 투쟁〉(1925)에
　　서 "유대인은 흑사병보다 더 나쁜 정신적 유행병(…), 그러한 역병을 제거하
　　는 유일한 방법은 뿌리를 제거하는 것"이라고 천명했다.

정진(正疹)[정 : 진]〔**명**〕《한의》〈소아피부병-홍역〉 '홍역'을 한방에서 이르는
　　말. ¶진중(疹證)에도 여러 가지가 있으나 이 마진만이 정진(正疹)이라 했으
　　나 그 병증이 올바른 것이 아니라 다른 유사 증상을 감별하는 기준이 되기
　　에 그렇게 이른 것이다.

젖병(젖病)[젇뼝]〔**명**〕〈통증 일반〉 젖을 앓는 병을 통틀어 이르는 말.〈유〉젖앓이

젖앓이 ( )[저자리]〔**명**〕〈통증 일반〉 젖을 앓는 병을 통틀어 이르는 말.〈유〉젖병

제-구실 ( )[제구실]〔**명**〕〈소아피부병-홍역〉 어린아이들이 으레 치르는 홍역 따
　　위를 속되게 이르는 말.

제구실-하다 ( )[제구실하다]〔**동**〕〈소아피부병-홍역〉(속되게, 어린아이들이 으
　　레) 홍역 따위를 치르다.

제너 (Jenner, Edward)[ ] **명**《인명》〈소아피부병-천연두〉영국의 의사 (1749~1823). 우두에 의한 천연두의 면역에 대하여 연구하여 1796년에 우두 종두법(種痘法)을 발명하였다. ¶천연두는 19세기 영국 의사인 에드워드 제너(Edward Jenner)가 우두접종법을 발견하기 전까지 대유행을 되풀이하며 많은 사망자를 냈다.

제물포-숲모기 (濟物浦숲모기)[제ː물포숨모기] **명**《동물》〈일본뇌염〉모깃과의 곤충. 몸의 빛깔은 검은색이다. 사람과 짐승의 피를 빨아 먹는데 일본 뇌염균을 퍼뜨리는 매개체이다. ¶참, 제물포숲모기도 있네요.

제사^급^감염병(第四級感染病)[ ] **명구**《법률》〈성병〉제일급 감염병부터 제삼급 감염병까지의 감염병 외에 유행 여부를 조사하기 위하여 표본 감시 활동이 필요한 감염병. 인플루엔자, 매독, 회충증 따위가 있다.

제삼^급^감염병(第三級感染病)[ ] **명구**《법률》〈일본뇌염〉발생을 계속 감시할 필요가 있어 발생 또는 유행 시 24시간 이내에 신고하여야 하는 감염병. 파상풍, 일본 뇌염, 말라리아 따위가 있다.¶제3급감염병(28종)이란 그 발생을 계속 감시할 필요가 있어 발생 또는 유행 시 24시간 이내에 신고하여야 하는 다음 각 목의 감염병을 말한다.

제삼^종^전염병(第三種傳染病)[ ] **명구**《법률》〈성병〉예전에 법정 감염병을 분류하던 체계의 하나. 결핵, 매독, 나병 따위로, 현재의 분류 체계로는 결핵은 제일급 감염병, 나병은 제이급 감염병, 매독은 제사급 감염병에 해당한다.〈유〉제이종 전염병(第二種傳染病), 제일종 전염병(第一種傳染病)

제삼기^매독(第三期梅毒)[ ] **명구**《의학》〈성병〉감염된 뒤 3년 이상 지나서 나타나는 매독의 증상. 결절성 매독, 고무종성 매독, 점막성 매독 따위가 있다. ¶하지만 잠복기에도 적절한 치료를 받지 않으면 수년 후 심각한 건강 문제로 이어질 수 있으며 이는 셋째 단계인 제삼기 매독에서 신경계 심혈관계 간 뼈와 관절 등에 심각한 손상을 입히는 것을 말합니다.

제이^급^감염병(第二級感染病)[ ] **명구**《법률》〈소아피부병-홍역〉전파 가능성

을 고려하여 발생 또는 유행 시 24시간 이내에 신고하여야 하고, 격리가 필
요한 감염병. 결핵, 수두, 홍역 따위가 있다.

제이^종^전염병 (第二種傳染病) [ ] **명구** 《법률》 〈소아피부병-홍역〉 예전에 법정
감염병을 분류하던 체계의 하나. 백일해, 홍역, 유행성 귀밑샘염, 말라리아,
파상풍 따위로, 현재의 분류 체계로는 백일해, 홍역, 유행성 귀밑샘염은 제
이급 감염병, 말라리아, 파상풍은 제삼급 감염병에 해당한다.

조각-자1 (皁角子) [조각짜] **명** 《한의》 〈종기〉 쥐엄나무 열매의 씨. 피를 잘 돌
게 하고 부은 것을 내리고 고름을 빼며 풍을 없애고 독을 푼다. 〈동〉 조협자.

조각-자2 (皁角刺) [조각짜] **명** 《한의》 〈종기〉 쥐엄나무의 가시. 성질은 따뜻하
고 맛은 매우며 종기를 없애고 고름을 빼내는 데에 쓰인다. 〈동〉 조협자.

조류-병 (鳥類病) [조류뼝] **명** 《의학》 〈전염병일반〉 조류, 특히 앵무새, 카나리
아, 비둘기 따위로부터 사람에게 전염되는 바이러스 질환. 병원체가 사람
몸에 흡입되면 잠복기를 지나 발열·두통·기침 따위가 시작되며 발병한
다. ¶국토의 99.9%가 문제 없다는데 0.1% 살쾡이만 파업을 주장한다. 이
정도면 질서를 어지럽히는 살쾡이는 조류병처럼 살처분이 필요하다.

조역 (燥疫) [조역] **명** 《한의》 〈전염병일반〉 건조한 기후로 인하여 생기는 열성
전염병. 입이 마르며 목이 막히고 쉰다. ¶봄 날씨는 따뜻해야 하나 도리어
서늘하면 여름에 가서 조역(燥疫)이 생긴다.

조용한 전파자 (조용한傳播者) [ ] **명구** 〈코로나19〉 자신도 모르는 사이, 코로나19
바이러스의 '전파자'가 될 가능성이 있는 유형. ¶중국에서 코로나19가 급격
히 확산된 이유를 조용한 전파자가 많기 때문으로 지적하는 전문가도 많다.

조이다 ( ) [조이다] **동** 〈통증 일반〉 (사람이 신체 부위를 손이나 끈 따위로) 그 둘
레를 잡아 힘껏 누르다. ¶강도가 장갑을 낀 손으로 내 목을 서서히 조여 왔
다. / 그의 팔이 그녀의 허리를 꽉 조이는 바람에 그녀는 전혀 움직일 수 없
었다.

조협자 (皁莢子) [조협짜] **명** 《한의》 〈종기〉 쥐엄나무 열매의 씨. 피를 잘 돌게

하고 부은 것을 내리고 고름을 빼며 풍을 없애고 독을 푼다. 〈유〉아조자, 조
각자, 천정.

족발배(足發背)[족빨배]명《한의》〈종기〉발등에 종기가 생겨 딴딴하게 부으
면서 아프고 곪는 병증.

족심통(足心痛)[족씸통]명《한의》〈통증 일반〉발바닥의 한가운데가 아픈 증
상〈유〉각심통(脚心痛)

족통(足痛)[족통]명〈통증 일반〉발이 아픈 증세.

졸림-뇌염(졸림腦炎)[졸:림뇌염/졸:림눼염]명《의학》열이 몹시 오르며 두
통, 전신 권태, 구토, 운동 마비 따위가 일어나고 하루 종일 잠들어 있는 상
태에 있는 뇌염.〈참〉유행 뇌염(流行腦炎)〈유〉기면성 뇌염(嗜眠性腦炎)

졸심통(卒心痛)[졸씸통]명《한의》〈통증 일반〉갑자기 가슴이나 명치 밑이 아
픈 증상.

졸후비(卒喉痺)[졸후비]명《한의》〈통증 일반〉갑자기 목구멍이 붓고 아픈 증
세.〈유〉급후비

종(腫/瘇)[종:]명《한의》〈조선시대전염병〉피부의 털구멍 따위로 화농성 균
이 들어가서 생기는 염증.〈유〉종기

종궤(腫潰)[종:궤]명《한의》〈조선시대전염병〉종기가 터진 후의 예후. ¶종
궤(腫潰)가 낫지 않다.

종기(腫氣)[종:기]명《헌의》〈조선시대전염병〉사람이나 동물의 피부가 곪아
고름이 차는 질환.〈참〉부스럼; 〈유〉종물3(腫物), 종7(腫) ¶1.그는 등에 종
기가 나서 목욕탕에도 가지 못한다.

종두(種痘)[종두]명《의학》〈소아피부병-천연두〉천연두를 예방하기 위하여
백신을 인체의 피부에 접종하는 일. 1796년에 제너가 우두 바이러스에 의한
인공 면역법을 발견한 이래 널리 보급되었는데 우리나라에는 개화기에 지
석영에 의해 도입되었다. ¶예를 들어 1930년대 천연두가 온 나라를 덮쳤을
때 민중은 아리랑 가사에 '종두(種痘)를 맞고 천연두를 이겨 내자'는 가사를

담아 전파했다.

종두-법(種痘法)[종두뻡]**명**《의학》〈소아피부병-천연두〉천연두를 예방하기
위하여 백신을 인체의 피부에 접종하는 방법. ¶인체에 매우 심각한 위협을
초래했던 천연두(天然痘)를 예방하기 위해 종두법(種痘法)을 도입해 전국
에 보급함으로써 전염병 퇴치에 공헌한 한의사 지석영(池錫永) 선생의 삶과
업적을 기리는 자리가 마련됐다.

종병(腫病)[ ]**명**《한의》〈조선시대전염병〉전염병으로서의 종기. 다리에 질병
이 생긴다.

종의(腫醫)[종ː의/종ː이]**명**《한의》〈종기〉예전에, 종기를 잘 고치는 의원을
이르던 말.

종증(腫症/腫證)[ ]**명**《한의》〈조선시대전염병〉전염병으로서의 종기.

종질(腫疾)[ ]**명**《한의》〈조선시대전염병〉전염병으로서의 종기.

종창1(腫瘡)[종ː창]**명**《한의》〈조선시대전염병〉마르지 않은 송진과 함께 같
은 양씩 넣고 풀이 나도록 찧어 부스럼에 붙이면 나쁜 것은 빨아내고 새살
이 돋아난다. ¶말 치료 하던 침술을 종창(腫瘡)을 앓는 사람에게 써 봤더니
종종 탁월한 효험이 있기에 사람을 치료하는 데 전적으로 힘쓰게 됐다.

종창2(腫脹)[종ː창]**명**《의학》〈조선시대전염병〉부종(浮腫)으로 인하여 부은
상태.〈유〉부기(浮氣) ¶담종(痰腫)은 피부나 근육에 결절이 잡히는 종창(腫
脹)를 말하고 담증(痰症)은 가래를 포함해서 근육통도 의미하는 병증이다.

종처(腫處)[종ː처]**명**《한의》〈조선시대전염병〉부스럼이 난 자리. ¶신식 의
사라는 놈들이 종처를 째는 것밖에야 뭘 아나 하며 다시는 의사에게 보이거
나 병원 약을 쓰려고 하지 않았다.

종핵(腫核)[ ]**명**《한의》〈조선시대전염병〉작고 딱딱하게 부어오른 증상. ¶입
술에 종핵(腫核)이 생기다.

종환(腫患)[종ː환]**명**《한의》〈조선시대전염병〉남을 높여 그가 앓는 종기를
이르는 말. ¶1.지난여름 할아버지께서는 등에 난 종환으로 고생하셨다.

좌섬 요통(挫閃腰痛)[ ]**명구**《한의》〈통증 일반〉뼈마디를 다치거나 접질려서 일어나는 요통.〈유〉염좌 요통(捻挫腰痛)¶좌섬 요통을 예방하기 위해서 평소에 허리가 유연하고 순환이 잘 되는 상태를 유지하고 관리하는 것이 필요하다.

좌전-등(左纏藤)[좌:전등]**명**《식물》〈성병〉인동과의 반상록 덩굴성 식물. 잎은 마주나고 긴 타원형이다. 전체에 짧은 갈색 털이 나고 꽃은 초여름에 잎겨드랑이에서 피는데 흰색에서 노란색으로 변한다. 열매는 가을에 검은색으로 익으며 줄기·잎·꽃은 종기나 매독, 임질, 치질 치료의 약재로 쓰인다. 한국, 일본, 중국 등지에 분포한다.〈유〉인동01「1」(忍冬)¶줄기가 왼쪽으로 감아 올라가기에 좌전등이라 하고, 귀신을 다스리는 효험이 있는 식물이라 여겼다.

죄어들다( )[죄어들다/줴여들다]**동**〈통증 일반〉안으로 바싹 죄어 오그라들다.〈유〉조여들다¶아니, 부아와 두려움들이 마구 뒤섞여 뒤통수의 근육이 조여드는 기분이었다.

주마-감(走馬疳)[주마감]**명**《한의》〈소아피부병-천연두〉천연두를 앓은 후에 생기는 병. 입과 잇몸이 헐고 피가 나며 악취가 나고, 심하면 이가 꺼멓게 변하여 빠지기도 한다.¶주마감(走馬疳)으로 치근(齒根)이 궤란되어 이(齒)가 검게 되면서 빠지고 신문에 구멍이 생기는 것을 주마감(走馬疳)이라 한다.

주마-창(走馬瘡)[주마창]**명**《한의》〈종기〉여기저기 온몸으로 돌아가며 생기는 종기.

주옹(肘癰)[주옹]**명**《한의》〈종기〉팔꿈치에 생긴 종기.

죽염(竹鹽)[주겸]**명**《한의》〈간염〉한쪽이 막힌 대나무 통 속에 천일염을 다져 넣고 황토로 봉한 후, 높은 열에 아홉 번 거듭 구워 내어 얻은 가루. 피를 맑게 하는 효과가 있어서 간염 따위의 난치병을 치료하는 데 쓴다.¶죽염은 나트륨과 염소뿐만 아니라 칼륨, 인, 칼슘, 마그네슘 등 인체에 필요한 80가지 이상의 미네랄을 함유하고 있습니다.

죽침(竹鍼)[죽침]**명**《한의》〈종기〉대로 만든 침. 주로 종기 수술에 쓴다.

중독^간염(中毒肝炎)[ ]**명구**《의학》〈간염〉약제나 독물의 중독으로 일어나는 간염. ¶그다음으로 알코올성 간염이 있고 또 중독성 간염도 있다.

중복^감염(重複感染)[ ]**명구**《「1」생명「2」의학》〈전염병일반〉「1」한 개체가 동시에 두 종류 이상의 균에 감염되는 현상. 「2」어떤 전염성 질환에 걸렸을 때, 같은 병원체가 다시 침입하여 감염되는 일. ¶연세대학교 의과대학 의생명과학부 연구팀은 바이러스 감염 시 호흡기관 표면 세포에서 비정상적으로 증가하는 수용체가 체내 중복감염을 유발하며, 이를 억제하면 세균 중복감염이 일으키는 균혈증으로 인한 전신 감염 사망률을 최대 55% 낮출 수 있다고 발표했다.

중설(重舌)[중ː설]**명**《한의》〈종기〉혓줄기 옆으로 희고 푸른 물집을 이루는 종기. 점차 커지면 달걀만 하게 되어 별로 아프지는 않으나 말하기가 거북하여진다. 〈동〉중혀.

중설-풍(重舌風)[중ː설풍]**명**《한의》〈종기〉혓줄기 옆으로 희고 푸른 물집을 이루는 종기. 점차 커지면 달걀만 하게 되어 별로 아프지는 않으나 말하기가 거북하여진다. 〈동〉중혀.

중이-염(中耳炎)[중이염]**명**《의학》〈전염병일반〉고름 병원균 때문에 일어나는 가운데귀의 염증. 급성 전염병, 감기, 폐렴, 코나 목의 병, 고막 외상 따위로 생기며 급성과 만성이 있다. 고열, 심한 통증, 귀울림, 귀 안 충만감 따위의 증상이 나타난다. ¶아이가 갑자기 귀를 자꾸 만지거나, 보챈다든지, 고름이 흘러나올 때는 급성 중이염(中耳炎, acute otitis media)을 의심할 수 있고 병원에서 치료가 이뤄진다.

중종(重腫)[중ː종]**명**《한의》〈종기〉혓줄기 옆으로 희고 푸른 물집을 이루는 종기. 점차 커지면 달걀만 하게 되어 별로 아프지는 않으나 말하기가 거북하여진다. 〈동〉중혀.

중증 확진자(重症确诊者)[ ]**명구**〈코로나19〉중증 질환이나 중증 장애를 가지고 있는 상태에서 코로나19 등 감염병 증세가 확진된 환자. ¶대구에서만 24명 사망…중증 확진자는 355명.

중추성＾마비 (中樞性痲痹) [ ] **명구**《의학》뇌가 손상되어 운동 기능이 마비된 상태. 태아기의 감염, 발육 장애, 출생 시의 뇌 손상, 신생아의 중증 황달, 수막염 따위가 원인이다. 〈유〉뇌성 마비(腦性痲痹) ¶중풍으로 인한 중추성 마비는 조금 다릅니다.

중통 (重痛) [중:통] **명**〈통증 일반〉심하게 병을 앓음. ¶산후에 중통을 하고 난 그의 아내는 발치 목에서 어린애 젖을 빨리고 있다가….

중통하다 (重痛하다) [중:통하다] **동**〈통증 일반〉심하게 병을 앓다. ¶사흘 동안이나 중통한 장군은 겨우 정신을 수습해 일어나자 다시 진을 어란포로 옮겼다.

중혀 (重혀) [중:혀] **명**《한의》〈종기〉혓줄기 옆으로 희고 푸른 물집을 이루는 종기. 점차 커지면 달걀만 하게 되어 별로 아프지는 않으나 말하기가 거북하여진다. 〈유〉설종, 설창, 중설, 중설풍, 중종

쥐 나다 ( ) [ ] **동구**〈통증 일반〉(신체나 그 일부가, 또는 신체나 그 일부에) 경련이 일어나서 곤아지다 ¶운동을 너무 심하게 했더니 다리 근육이 긴장되어 쥐가 났다. / 그는 자다가 다리에 쥐가 나는 바람에 잠에서 깼다.

쥐어뜯다 ( ) [쥐어뜯따/쥐여뜯따] **동**〈통증 일반〉(사람이 신체의 일부분을) 손으로 쥐고 뜯어내듯이 당기거나 마구 꼬집다. ¶어머니는 병실에 누워 답답해서 못 견디겠다는 듯이 두 손으로 가슴을 쥐어뜯으며 괴로운 숨을 토했다.

쥐어짜다 ( ) [쥐어짜다/쥐여짜다] **동**〈통증 일반〉억지로 쥐어서 비틀거나 눌러 액체 따위를 꼭 짜내다. ¶속이 쥐어짜듯 아파 죽겠네.

지근거리다 ( ) [지근거리다] **동**〈통증 일반〉(몸이나 머리가) 자꾸 쑤시듯 크게 아프다. 〈유〉지근지근하다, 지근대다 ¶아들 녀석 걱정을 하다 보니 갑자기 골치가 지근거린다.

지근대다 ( ) [지근대다] **동**〈통증 일반〉(몸이나 머리가) 자꾸 쑤시듯 크게 아프

다. 〈유〉 지근거리다, 지근지근하다 ¶머리가 지근대고 오한이 있는 것을 보
니 감기가 드는 듯싶었다.

지근덕거리다 ( )[지근덕꺼리다]**동** 〈통증 일반〉 성가실 정도로 끈덕지게 자꾸
귀찮게 굴다. 〈유〉 지근덕대다 ¶내 동생에게 지근덕거리는 놈이 있으면 어
떤 놈이든 가만 있지 않을 테다. / 요즘 학교 주변에서 폭력배가 학생들을
지근덕거려 돈을 뜯어내는 사례가 늘고 있다.

지근덕대다 ( )[지근덕때다]**동** 〈통증 일반〉 성가실 정도로 끈덕지게 자꾸 귀찮
게 굴다. 〈유〉 지근덕거리다 ¶그가 자주 친구에게 지근덕대는구나 생각하
니 울화가 치밀었다. / 불량배가 행상들을 지근덕대어 돈을 뜯어내었다.

지근지근 ( )[지근지근]**부** 〈통증 일반〉 머리가 자꾸 쑤시듯 아픈 모양. ¶감기
에 걸렸는지 오한이 나고 골치가 지근지근 아파 왔다. / 꿈도 안 꾼 완전한
단절의 한밤을 보낸 뒤 이신은 지근지근 쑤시는 두통과 연이어 치미는 구역
증을 얻었다.

지근지근하다 ( )[지근지근하다]**동** 〈통증 일반〉 (몸이나 머리가) 자꾸 쑤시듯
크게 아프다. 〈유〉 지근거리다, 지근대다 〈참〉 지끈지끈하다, 자근자근하다

지끈거리다 ( )[지끈거리다]**동** 〈통증 일반〉 (몸이나 머리가) 자꾸 몹시 쑤시듯
크게 아프다. 〈유〉 지끈지끈하다, 지끈대다 ¶며칠 동안 잠을 제대로 못 잤더
니 머리가 몹시 지끈거린다. / 비닐우산을 개어 접으면서 그녀는 어깨를 들
어 올리고 숨을 깊이 들이쉬었다. 관자놀이가 지끈거리고 숨이 가빠졌다.

지끈대다 ( )[지끈대다]**동** 〈통증 일반〉 (몸이나 머리가) 자꾸 몹시 쑤시듯 크게
아프다. 〈유〉 지끈지끈하다, 지끈거리다 〈참〉 지근대다 ¶너무 신경을 써서
그런지 머리가 몹시 지끈댄다. / 지끈대는 두통 때문이라기에는 너무도 상
습적이었다.

지끈지끈 ( )[지끈지끈]**부** 〈통증 일반〉 머리가 자꾸 쑤시듯 아픈 모양. '지근지
근'보다 센 느낌을 준다. ¶머리가 지끈지끈 아프다. / 골치가 지끈지끈 쑤신
다. / 걸음을 걸을 때마다 머리가 지끈지끈 울리며, 콧물이 연하여 나오고….

지끈지끈하다 ( )[지끈지끈하다]동〈통증 일반〉(몸이나 머리가) 자꾸 몹시 쑤
시듯 크게 아프다.〈유〉지끈거리다, 지끈대다〈참〉지근지근하다, 자끈자끈
하다 ¶어제 마신 술이 깨지 않아 아직도 머리가 지끈지끈하다. / 모처럼 축
구 시합을 해서 온몸이 지끈지끈했지만 기분만큼은 상쾌했다.

지르르하다 ( )[지르르하다]형〈통증 일반〉(뼈마디나 몸의 일부 또는 마음이)
저릿한 느낌이 있다.〈참〉찌르르하다, 자르르하다 ¶아이가 잠들 때까지 팔
베개를 해 주었더니 팔이 지르르하다.

지방-병 (地方病)[지방뼝]명〈일본뇌염〉어떤 지역의 특수한 기후나 토질로 인
하여 발생하는 병. 열대 지방의 말라리아·황열병, 일본의 일본 뇌염 따위를
이른다.〈유〉풍토병(風土病) ¶발진티푸스와 파라티푸스는 우리나라의 지
방병으로 남아 있어서 틈만 나면 유행했고 많은 사람이 희생됐다.

지-석영 (池錫永)[지서경]명《인명》〈소아피부병-천연두〉의학자·국어학자
(1855~1935). 자는 공윤(公胤). 호는 송촌(松村). 1899년에 경성 의학교를
세웠고, 일본에서 종두 제조법을 배워서 우리나라에서 처음으로 종두를 시
행하여 국민 보건에 이바지하였다. 국어학도 깊이 연구하여 1905년에〈신
정국문(新訂國文)〉6개조를 상소하였고, 국문 연구소를 설치하였다. 저서
에《우두신설》이 있고,《자전석요》를 편찬하였다. ¶의사이자 국어학자인
지석영(池錫永)은 우리나라 어린이들을 천연두로부터 구해낸 인물이다.

지절통 (肢節痛)[지절통]명《한의》〈통증 일반〉온몸의 뼈마디가 아프고 쑤시
는 증상. 한습(寒濕), 담음(痰飲), 어혈(瘀血)이 경락을 막아서 생긴다.

지통1 (止痛)[지통]명〈통증 일반〉통증이 멈춤.

지통2 (至痛)[지통]명〈통증 일반〉고통이 매우 심함. 또는 그런 고통.

지통되다 (止痛되다)[지통되다/지통뒈다]동〈통증 일반〉통증이 멈추게 되다.

지통하다1 (止痛하다)[지통하다]동〈통증 일반〉통증이 멈추다.

지통하다2 (至痛하다)[지통하다]형〈통증 일반〉고통이 매우 심하다. ¶부모로
서 자식의 죽음을 지켜보아야 하는 것이 지통하다. / 연산에게 금삼의 피를

전하고 쓰러져야, 맺히고 맺힌 폐비의 지통한 한을 풀어 줄 것이다.

직( )[직]**명**《의학》〈학질〉1.학질 따위의 병이 발작하는 주기적인 차례. 2.(수량을 나타내는 말 뒤에 쓰여) 학질 따위의 병이 발작하는 차례를 나타내는 단위. ¶학질을 세 직째 앓는다.

직장^폴립(直腸polyp)[ ]**명**《한의》〈종기〉곧창자의 점막 상피가 이상 증식을 일으켜 곧창자 내강에 나타나는 종기. 악성화할 가능성이 크고 암으로 발달할 위험이 있는 경우도 있으며, 대개 출혈과 점혈변(粘血便) 따위가 나타난다. 〈동〉곧창자 폴립.

진단(診斷)[진단]**명**《의학》〈코로나19〉의사가 환자의 병 상태를 살펴 판단하는 일. ¶코로나19로 의사의 진단을 받았다.

진단 검사(診斷檢查)[ ]**명구**《의학》〈코로나19〉질병을 진단하기 위한 검사. 혈액 검사나 조직 검사를 통하여 진단한다. ¶전문가들은 브라질이 코로나19 진단 검사를 제대로 하고 있지 않다고 지적하고 있다.

진단 키트(診斷kit)[ ]**명구**《의학》〈코로나19〉질병을 신속하고 간편하게 진단할 목적으로 화학적 반응을 이용하여 만든 검사 기구. 코로나19 유행 기간에 일상화되었다. ¶발열 증상이 있어서 코로나19 자가진단 키트를 방금 했는데 c에만 선이 선명하게 생겼습니다.

진단하다(診斷하다)[진단하다]**동**〈코로나19〉(의사가 환자의 병 상태를) 살펴 판단하다. ¶코로나19 바이러스를 어떤 방법으로 진단하나요?

진두통(眞頭痛)[진두통]**명**《한의》〈통증 일반〉두통의 하나. 머리가 심하게 아프며 골속까지 통증이 미치고 손발이 싸늘하여진다. ¶진두통의 증상은 머리가 다 아프면서 손발의 뼈마디까지 차고 손톱이 푸르게 된다.

진드기^뇌염(진드기腦炎)[ ]**명구**《의학》진드기 뇌염 바이러스에 감염된 진드기에 쏘여 전염되는 전염병. 고열, 졸음, 혼수, 경련 따위의 증상이 나타난다.

진배송( )[진배송]**명**《민속》〈소아피부병-천연두〉토속 신앙에서, 천연두로 아이가 죽은 경우 그다음 아이에게는 천연두가 옮지 아니하도록 하기 위하여서 벌이는 푸닥거리.

진심통(眞心痛)[진심통]**명**《한의》〈통증 일반〉심장 부위에 발작적으로 생기는 심한 통증. 가슴이 답답하며 땀이 몹시 나고 팔다리가 시리면서 피부가 푸르게 변한다. ¶진심통은 현대의 심근경색으로 조선시대에는 "아침에 생기면 저녁에 죽고, 저녁에 생기면 다음 날 아침에 죽는다"는 얘기가 전해질 정도로 무서운 병이었다.

진애^감염(塵埃感染)[ ]**명구**《의학》〈전염병일반〉공기 속의 먼지에 묻은 병원체가 숨 쉴 때 흡입되거나 피부에 닿아서 일어나는 감염. 이 방법으로 전염되는 병으로는 두창(痘瘡), 결핵, 탄저병, 성홍열, 단독(丹毒) 따위가 있다. ¶환자 및 보균자의 객담, 재채기, 콧물 등으로 병원체가 감염되는 비말 감염과 먼지 등에 의한 진애 감염 등이 이루어지며, 호흡기계 감염병의 종류에는 디프테리아, 백일해, 인플루엔자, 홍역, 천연두, 결핵 등이 있다.

진인-양장탕(眞人養臟湯)[지닌냥장탕]**명**《한의》〈이질〉여러 가지 이질 증상에 쓰는 탕약.

진통1(陣痛)[진통]**명**《의학》〈통증 일반〉해산할 때에, 짧은 간격을 두고 주기적으로 반복되는 배의 통증. 분만을 위하여 자궁이 불수의적(不隨意的)으로 수축함으로써 일어난다.〈유〉산통(産痛) ¶임신부가 진통을 시작하여 병원으로 옮겼다. / 아내는 새벽부터 진통을 시작하더니 오후에 예쁜 딸을 낳았다.

진통2(鎭痛)[진:통]**명**《의학》〈통증 일반〉아픔이나 통증을 가라앉힘. ¶이 약은 진통 효과가 탁월하다. / 이 주사는 진통 효과가 있으니 곧 통증이 가라앉을 겁니다.

진통계(陣痛計)[진통계/진통게]**명**《의학》〈통증 일반〉진통의 세기를 재는 장치. 자궁 수축에 따른 단단함의 변화를 기록하는 외부 측정법과 자궁 내압(內壓)의 변화를 기록하는 내부 측정법이 있다.

진통제(鎭痛劑)[진:통제]**명**《약학》〈통증 일반〉중추 신경에 작용하여 환부

의 통증을 느끼지 못하게 하는 약. 마약성 진통제와 해열성 진통제로 나뉘
며, 수면제·마취제·진경제(鎭痙劑) 따위가 보조적으로 배합된다. ¶수술 과
정에서 진통제를 너무 많이 쓰면 회복이 더디다. / 그녀는 두통이 잦아서 항
상 진통제를 챙겨 가지고 다닌다.

진통하다(陣痛하다)[진통하다]**통**《의학》〈통증 일반〉해산할 때에 짧은 간격
으로 반복되는 배의 통증을 겪다.

질(疾)[ ]**명**《한의》〈조선시대전염병〉병(상대적으로 큰 병), 괴로움.

질려(疾癘)[질려]**명**《한의》〈조선시대전염병〉일정 기간 동안 널리 옮아 퍼지
는 병.〈유〉돌림병(--病), 유행병(流行病)(2), 윤증(輪症), 윤질(輪疾), 질역
(疾疫), 전염병(傳染病), 시역5(時疫) ¶인생은 질려(疾癘)와 형극(荊棘)의
연속이다.

질역(疾疫)[지력]**명**《한의》〈조선시대전염병〉유행하는 병. ¶그리고 본도의
기근이 날로 심해지고 질역(疾疫)이 끊이지 않아 쓰러져 있는 시체들이 즐
비하여, 그 참혹한 정상을 차마 말할 수 없을 정도입니다.

질통(疾痛)[질통]**명**〈통증 일반〉병으로 인한 아픔.

질편모충-염(膣鞭毛蟲炎)[질편모충념]**명**《의학》〈성병〉질편모충 원충(原蟲)
이 기생하여 일으키는 질염. 성병의 하나로, 대하(帶下)가 많아지거나 바깥
생식 기관의 가려움증 따위가 생긴다. 상호 감염으로 남성에게는 요도염이
일어나기 쉽다. ¶질편모충염은 맑은 물 같은 냉이 나오고 질 입구가 따끔거
리고 가려움증이 동반될 수 있습니다.

집단 감염(集團感染)[ ]**명구**《의학》〈코로나19〉감염병에 한꺼번에 많은 사람
이 감염되는 일. 장티푸스나 이질의 병원체(病原體)에 오염된 음식물로 일
시에 많은 환자가 발생하는 일 따위가 있다. ¶정부가 의료기관 집단감염 사
태를 계기로 국가건강검진을 포함한 C형 간염 예방 및 관리대책을 발표한
지 8년 만이다.

집단 면역(集團免疫)[ ]**명구**〈코로나19〉집단 내 구성원 상당수가 전염병에 대

한 면역을 갖게 되면 그 집단 전체가 면역을 가진 것처럼 보이는 현상. 감염
이나 예방접종을 통해 대다수의 구성원이 면역력을 갖게 되면, 해당 전염병
에 대한 감수성을 가진 사람들끼리 접촉하는 것이 원활하지 않기 때문에 추
가 감염자가 생기더라도 유행병으로 확산하지 못한다.

집단^검진(集團檢診)[ ]**명구**《의학》〈성병〉학교, 회사, 공장 따위에서 많은 인
원에게 일제히 실시하는 건강 진단. 주로 결핵, 기생충, 성병 따위의 조기
발견을 목표로 한다.¶집단검진을 진행하다가, 다른 일이 생겨서 진행하지
못하셨다면, 집단검진 확인을 통해서, 계속해서 진행하시면 됩니다.

징건하다( )[징건하다]**형**〈통증 일반〉(뱃속이) 먹은 것이 잘 소화되지 않아 더
부룩하다. ¶점심때 고기를 먹었더니 속이 징건해서 저녁은 생각이 없소. /
그는 속이 징건하여 아무것도 먹고 싶지 않았다.

짜르르하다( )[짜르르하다]**형**〈통증 일반〉(뼈마디나 몸의 일부, 마음이) 짜릿
한 느낌이 있다. ¶술을 한 잔 마시자 술기운이 온몸에 짜르르하게 퍼졌다.

짜릿짜릿하다( )[짜릳짜리타다]**형**〈통증 일반〉(몸이나 몸의 일부가) 피가 잘
돌지 못하여 감각이 몹시 무디고 자꾸 세게 아린 느낌이 있다. ¶나는 긴장
하면 손과 발이 짜릿짜릿하면서 간지러운 기분이 들어 안절부절못한다.

짜릿하다( )[짜리타다]**형**〈통증 일반〉(몸이나 몸의 일부가) 피가 잘 돌지 못하
거나 전기가 통하여 감각이 몹시 무디고 아린 느낌이 있다.〈참〉자릿하다,
쩌릿하다, 찌릿하다 ¶바늘처럼 날카로운 냉기가 발등을 타고 가슴속까지
짜릿하게 파고들었다.《김영현, 해남 가는 길》

짠하다( )[짜나다]**형**〈통증 일반〉안타깝게 뉘우쳐져 마음이 조금 언짢고 아
프다.〈참〉찐하다 ¶마음이 짠하다. / 나무라기는 했지만 자식은 자식이라
짠한 심정을 금할 수 없었다. / 자기의 손안에 든 먹음직스러운 과일이 다른
사람의 손으로 넘어가기 직전에 느껴지는 짠하고 억울한 생각이었다.

쩌릿쩌릿하다( )[쩌릳쩌리타다]**형**〈통증 일반〉(몸이나 몸의 일부가) 피가 잘
돌지 못하여 몹시 감각이 무디고 자꾸 아주 세게 아린 느낌이 있다.〈참〉저

릿저릿하다, 짜릿짜릿하다 ¶왼편 엉덩이 아래쪽이 뻐근하면서 그 통증이
발목까지 뻗어 내려와 발을 디딜 적마다 쩌릿쩌릿했다.

쩌릿하다 ( )[쩌리타다]휑〈통증 일반〉(몸이나 몸의 일부가) 피가 잘 돌지 못하
거나 전기가 통하여 몹시 감각이 무디고 아린 느낌이 있다. 〈참〉 저릿하다,
짜릿하다 ¶무릎을 꿇고 오래 앉아 있었더니 종아리가 쩌릿하다.

찌르르하다 ( )[찌르르하다]휑〈통증 일반〉뼈마디나 몸의 일부가 조금 저린 데
가 있다. ¶종일 들일을 하고 돌아오신 어머니는 허리가 찌르르하시다며 아
랫목에 누우셨다.

찌릿찌릿하다 ( )[찌릳찌리타다]휑〈통증 일반〉(몸이나 몸의 일부가) 피가 잘
돌지 못하여 몹시 감각이 무디고 자꾸 아주 세게 아린 느낌이 있다. ¶발과
발가락의 신경이 손상되면서 따끔거리거나 화끈거리는 느낌이 들기도 하
고 전기 충격이 오듯 찌릿찌릿하기도 한다.

찌뿌드드하다 ( )[찌뿌드드하다]휑〈통증 일반〉몸살이나 감기 따위로 몸이 무
겁고 거북하다. ¶눈 아픈 일본 글이나 영자 글을 읽다가 머리가 고달프고
몸이 찌뿌드드하면 반드시 콧소리를 하고 휘파람을 불었다.

찌뿌듯하다 ( )[찌뿌드타다]휑〈통증 일반〉(몸이) 몸살이나 감기로 약간 무겁
고 거북하다. ¶너무 오랜만에 운동을 해서 그런지 온몸이 찌뿌듯하였다.

짠하다 ( )[짠:하다]휑〈통증 일반〉안타깝게 뉘우쳐져 마음이 언짢고 아프
다. 〈참〉짠하다 ¶나무라기는 했지만 자식은 자식이라 짠한 심정을 금할 수
없었다.

찡찡하다 ( )[찡찡하다]휑〈통증 일반〉(코가) 막혀서 답답하다. ¶손수건을 꺼
내어 찡찡한 코를 풀었다.

한국어 질병 표현 어휘 사전 Ⅲ

大

착통증(錯痛症)[착통쯩]**명**《의학》〈통증 일반〉'통각 착오증(痛覺錯誤症)'의 이전 말.

찰-담쟁이( )[찰담쟁이]**명**〈성병〉고치기 어려울 만큼 아주 심한 매독에 걸린 사람을 낮잡아 이르는 말.〈참〉찰통

찰-통( )[찰통]**명**〈성병〉고치기가 아주 어려운 매독(梅毒).〈유〉찰담쟁이

참통(磣痛)[참통]**명**《한의》〈통증 일반〉눈에 모래가 들어간 것처럼 깔깔하면서 아픈 증상.

참호-열(塹壕熱)[참호열]**명**《의학》〈전염병일반〉이가 옮기는 열성 전염병. 5일 간격으로 고열을 되풀이하고 오한, 신경통을 일으킨다. 제일차 세계 대전 때에 병사들이 참호 속에서 많이 앓았던 병이라는 뜻에서 이렇게 이른다. ¶들쥐 때문에 참호열에 걸려 생고생을 했지만, 참호열 덕분에 생지옥에서 살아남았다.

창궐병(猖獗病)[창궐뼝]**명**병이 거세게 퍼지며 난폭하게 날뛰는 질병, 재표적으로 콜레라, 장티푸스등이 있다. ¶콜레라와 같이 창궐병이 전국적으로 확산된다.

창기(瘡氣)[창기]**명**《한의》〈성병〉매독(梅毒)의 기운. ¶첫 번째 증상인 창기는 보통 한 개의 궤양이 나타나며 이는 대개 통증이 없습니다.

창병(瘡病)[창뼝]**명**《의학》〈조선시대전염병〉피부나 살에 발생하는 질병을 통틀어 이르는 말.〈약〉창8(瘡); 〈유〉창질2(瘡疾) ¶한편 개의 발목(狗足)을 먹으면 임산부의 젖이 잘 나오고, 개의 쓸개를 먹으면 눈이 밝아지며, 개고기를 즐기면 못된 창병(瘡病)이 낫는다고 전해진다.

창연-제(蒼鉛劑)[창연제]**명**《약학》〈성병〉상처와 점막에 부분적으로 수렴·방부 작용을 하는 비스무트로 만든 약. 위와 장의 염증성 질환과 매독을 치료하는 데 썼으나 항생 물질이 나온 후 거의 사용하지 아니하고 있다.〈유〉비스무트제(Wismut劑)

창종(瘡腫)[창종]**명**《한의》〈조선시대전염병〉「1」헌데나 부스럼.「2」헌데가

생겨서 부은 것. ¶피부에 생겨난 창종(瘡腫)에 붙이는 약에 대한 설명에 활용한 경우다.

창진 (瘡疹)[ ] **명**《한의》〈조선시대전염병〉두창(痘瘡)을 말함.〈유〉창양(瘡瘍), 두창(痘瘡) ¶조선 전기에는 두창과 마진을 합해 瘡疹이라 불렸지만 점차 음증과 양증으로 구분하고 치법을 달리하였으며, 방역전문의서로 『두창집요』나 『마과회통』 같은 명저가 탄생하였다.

척수^매독 (脊髓梅毒)[ ] **명구**《의학》〈성병〉처음 매독에 걸린 후 15~20년 후에 척수의 뒤쪽과 척수 신경 뒤뿌리에 점차 변성이 진행되는 병. 날카롭게 쑤시는 듯한 통증과 오줌이 새며 운동의 협동이 되지 않는 따위의 증상이 나타난다.〈유〉척수로(脊髓癆) ¶3기로 진행되면 피부와 뼈, 간 등 장기로 균이 침투해 간매독과 신경매독, 척수매독 등을 일으키게 된다.

척수-로 (脊髓癆)[척쑤로] **명**《의학》〈성병〉처음 매독에 걸린 후 15~20년 후에 척수의 뒤쪽과 척수 신경 뒤뿌리에 점차 변성이 진행되는 병. 날카롭게 쑤시는 듯한 통증과 오줌이 새며 운동의 협동이 되지 않는 따위의 증상이 나타난다.〈유〉척수 매독(脊髓梅毒)

척수-병 (脊髓病)[척쑤뼝] **명**《의학》〈성병〉척수에 생기는 병을 통틀어 이르는 말. 척수 매독, 척수염 따위가 있다. ¶올바른 자세를 유지하고 운동을 통해 척추를 강화하면 척수병 변형의 위험을 줄일 수 있습니다.

천산갑 (穿山甲)[천산갑] **명**《동물》〈코로나19〉코로나19 초기에 코로나19의 매개 동물로 의심 받은 동물 중 하나. ¶천산갑을 정글의 법칙 재방 보다가 봤습니다.

천연-두 (天然痘)[처년두] **명**《의학》〈소아피부병-천연두〉천연두 바이러스가 일으키는 급성의 법정 감염병. 열이 몹시 나고 온몸에 발진(發疹)이 생겨 딱지가 저절로 떨어지기 전에 긁으면 얽게 된다. 감염력이 매우 강하며 사망률도 높으나, 최근 예방 주사로 인해 연구용으로만 그 존재가 남아 있다. ¶천연두는 바이러스에 의해 발생하는 감염병으로, 주로 직접적인 접촉과 비

大

말을 통해 전파됩니다.

천정(天丁)[천정]**명**《한의》〈종기〉1.쥐엄나무 열매의 씨. 피를 잘 돌게 하고 부은 것을 내리고 고름을 빼며 풍을 없애고 독을 푼다. 2.쥐엄나무의 가시. 성질은 따뜻하고 맛은 매우며 종기를 없애고 고름을 빼내는 데에 쓰인다.〈동〉조협자.

천행(天行)[천행]**명**《한의》〈전염병일반〉계절에 따라 발생하는 전염병.

천행-두(天行痘)[천행두]**명**《한의》〈소아피부병-천연두〉'천연두'를 한방에서 이르는 말.

천행-반창(天行斑瘡)[천행반창]**명**《한의》〈소아피부병-천연두〉온몸에 발진이 생기는 유행성 천연두의 하나.

철통(掣痛)[철통]**명**《한의》〈통증 일반〉경련이 일어 끌어당기는 듯이 아픈 증상.

청귤피(靑橘皮)[청귤피]**명**《의학》〈학질〉말린 청귤의 껍질을 한방에서 이르는 말. 기를 잘 통하게 하는 효과가 있다. 간기(肝氣)가 몰려 옆구리가 결리면서 아픈 데, 학질, 적취(積聚) 따위에 쓴다.〈동〉청피

체리(滯痢)[체리]**명**《한의》〈이질〉체증으로 생기는 이질.

체하다(滯하다)[체하다]**동**〈통증 일반〉(먹은 음식이) 잘 소화되지 아니하고 배 속에 답답하게 처져 있다. ¶점심 먹은 게 체했는지 영 속이 안 좋아요. / 체할 때면 손가락 사이에 침을 놓아 종구는 이따금 아이들 병을 보아 왔다.

초통하다(楚痛하다)[초통하다]**형**〈통증 일반〉몹시 아프고 괴롭다.

초학(初瘧)[초학]**명**《의학》〈학질〉1.처음으로 앓는 학질. 2.하루씩 걸러서 앓는 학질.〈동〉하루거리. ¶큰놈을 뱄을 때 어린것이 배 속에서 초학을 한다고 그래서 시아버지를 따라 한약방에 가서 진맥을 하고 약 한 제를 지어다 먹은….

촬통(撮痛)[촬통]**명**《한의》〈통증 일반〉졸라매는 것처럼 아픈 증상.

최통(朘痛)[최통/췌통]**명**《한의》〈통증 일반〉피부에 옷이나 손이 닿면 아

파하는 증상.

출두(出痘)[출뚜][명]〈소아피부병-천연두〉천연두의 반점이 피부 밖으로 내솟음. ¶증상으로 초열(初熱), 출두(出痘), 기창(起脹), 관농(貫膿), 수엽(收靨), 낙가(落痂) 등의 단계가 3일씩 차례대로 진행되는 독특한 경과를 보였다.

출두-하다(出痘하다)[출뚜하다][동]〈소아피부병-천연두〉천연두의 반점이 피부 밖으로 내솟다.

충개(蟲疥)[충개][명]《한의》〈옴〉'옴'을 한방에서 이르는 말.

충교심통(蟲咬心痛)[충교심통][명]《한의》〈통증 일반〉기생충으로 인하여, 명치 밑이 꾹꾹 찌르듯이 아프며 메스껍고 구토 증상이 있는 병.〈유〉충심통(蟲心痛)

충복통(蟲腹痛)[충복통][명]《한의》〈통증 일반〉회충 때문에 생기는 배앓이.〈유〉회복통(蛔腹痛), 회통(蛔痛), 횟배(蛔배), 횟배앓이(蛔배알이)

충식치통(蟲蝕齒痛)[충식치통][명]《한의》〈통증 일반〉충치로 인하여 생기는 치통.〈유〉충식통(蟲蝕痛)

충식통(蟲蝕痛)[충식통][명]《한의》〈통증 일반〉충치로 인해 아픈 증세.〈유〉충식치통(蟲蝕齒痛)

충심통(蟲心痛)[충심통][명]《한의》〈통증 일반〉기생충으로 인하여, 명치 밑이 꾹꾹 찌르듯이 아프며 메스껍고 구토 증상이 있는 병.〈유〉충교심통(蟲咬心痛)

충통(蟲痛)[충통][명]《한의》〈통증 일반〉기생충으로 인하여 배가 아픈 증상.

취합 검사법(聚合檢査法)[ ][명구]〈코로나19〉대규모의 검체에 대한 '진단검사'를 효율적으로 하기 위해 10명의 검체를 한꺼번에 묶어서 검체를 단계적으로 걸러내는 검역 검사법.〈유〉풀링 검사 ¶취합 검사법을 많이 사용하면 검사의 역량이 확대될 수 있다.

치은종통(齒齦腫痛)[치은종통][명]《한의》〈통증 일반〉잇몸이 붓고 아픈 증상.〈유〉치은통(齒齦痛)

치은통(齒齦痛)[치은통-]圀《한의》〈통증 일반〉잇몸이 붓고 아픈 증상.〈유〉
치은종통(齒齦腫痛)

치통1(痔痛)[치통-]圀〈통증 일반〉치질 때문에 생기는 통증.

치통2(齒痛)[치통-]圀《의학》〈통증 일반〉이가 아파서 통증(痛症)을 느끼는
증세.〈유〉이앓이 ¶영경이는 썩은 이 때문에 심한 치통을 앓았다. / 치통은
흔히 있는 질환으로 그것으로 생명에 치명적인 영향을 주거나, 절망적인 불
구의 몸이 될 염려는 없다.

치통수(齒痛水)[치통수-]圀《약학》〈통증 일반〉장뇌(樟腦), 박하, 페놀 따위를
알코올에 녹여 만든 물약. 진통 억제 및 살균 작용이 있어서, 작은 약솜에
묻혀 아픈 이 사이에 끼워 물어 치통을 멎게 하는 데 쓴다.

치핵(痔核)[치핵]圀《한의》〈종기〉직장의 정맥이 울혈로 말미암아 늘어져서
항문 주위에 혹과 같이 된 치질. 종기의 하나인데 임신, 변비 따위가 원인이
다.

침방울( )[침빵울]圀〈코로나19〉침의 작은 덩이.〈유〉비말 ¶주인은 내 말을
새겨들으려고 하지 않았다. 내 얼굴을 향해 침방울을 날리면서 맹렬하게 소
리를 질러 댔다.

한국어 질병 표현 어휘 사전 Ⅲ

ㅋ

컨택 센터(contact center)[ ] **명구**〈코로나19〉콜 센터의 전화 통신 기반 기능을 더욱 확장한 것으로, 편지, 팩스, 실시간 지원 소프트웨어, 소셜 미디어, 인스턴트 메시지 및 이메일을 포함한 개별 커뮤니케이션을 중앙 집중식으로 처리하는 기관. ¶보험사 컨택센터 상담원과 처음에 상담한 내용이 상이 하게 틀리는 것 같은데 녹취 내용 원본을 수정해서 들려줄 수 있는 건지 답변 기다립니다.

케이 방역(K-防疫)[ ] **명구**《의학》〈코로나19〉감염병에 대처하는 한국의 방역 체계를 일컫는 말. 코로나19의 전 세계적 확산 상황에서 사용되기 시각하였다. ¶코로나19 확진자들이 재확산되고 있는 유럽 선진국들이 케이 방역(k 방역)에 깊은 관심을 두고 있다.

케이 진단 키트(K-診斷kit)[ ] **명구**〈코로나19〉코로나19 사태 시기 간단하게 만들어서 대중들에게 널리 보급한 한국형 진단 키트.

코로나 구상권(corona 求償權)[ ] **명구**〈코로나19〉어떤 단체나 개인이 '감염병 예방 및 관리에 관한 법률'을 위반하여 코로나19에 확진되어 건강보험으로 진류를 받거나, 타인에게 전파하여 진료를 받게 한 경우, 해당 단체나 개인에게 국민건강보험법 제53조 제1항 제1호, 제57조 제1항 및 제58조 제1항에 따라 공단이 부담한 진료비에 대하여 부당이득금 환수 또는 구상금을 청구하는 일. 코로나일구 구상권 ¶코로나 구상권 청구 개인끼리도 가능한가요? / 요즘에는 코로나 구상권 청구를 학교에서 선생님들께도 하나 봐요.

코로나 레드(corona red)[ ] **명구**《사회 일반》〈코로나19〉코로나바이러스 감염증 일구의 대유행과 장기화로 인한 스트레스로 과도하게 짜증을 내거나 화를 내는 일.〈유〉코로나 분노, 코로나 앵그리 ¶국민들의 코로나 레드가 깊어지고 있다.

코로나 바이러스 감염증 일구(corona virus 感染症 一九)[ ] **명구**〈코로나19〉SARS-Co V-2 바이러스에 의해 발생하는 동물 기원의 바이러스성 호흡기 질환입니다. ¶최근에는 홍콩에서 확진자의 반려견에게서 코로나바이러스 감염증-19의 양성 반응이 나와 논란이 되고 있습니다.

코로나 분노 (corona 憤怒) [ ] 명구 〈코로나19〉 코로나바이러스 감염증 일구의 대유행과 장기화로 인한 스트레스로 과도하게 짜증을 내거나 화를 내는 일. 〈유〉 코로나 레드, 코로나 앵그리

코로나 블랙 (corona virus black) [ ] 명구 《의학》 〈코로나19〉 코로나19의 확산으로 인해 우울감보다 심한 좌절감이나 절망감 따위를 느끼는 상태. ¶코로나 블루를 넘어서는 코로나 블랙을 슬기롭게 극복하기 위해서는 가벼운 산책과 같은 외부 조금씩 가져야 할 것이다.

코로나 블루 (corona virus blue) [ ] 명구 《의학》 〈코로나19〉 코로나19 확산으로 인해 불안함이나 우울함을 느끼는 상태. ¶코로나19 확산이 장기화됨에 따라 이른바 '코로나 블루'를 호소하는 이들이 늘고 있다.

코로나 비만 (corona virus 肥滿) [ ] 명구 《삶》 〈코로나19〉 코로나19의 확산으로 활동량이 줄어들면서 생기는 비만. 〈유〉 살천지 ¶코로나 비만이 심각하다고 생각하는지에 대한 설문 문항에 긍정적인 답변을 한 사람들이 40% 정도에 달했다.

코로나 앵그리 (corona angry) [ ] 명구 〈코로나19〉 코로나바이러스 감염증 일구의 대유행과 장기화로 인한 스트레스로 과도하게 짜증을 내거나 화를 내는 일. 〈유〉 코로나 분노, 코로나 레드 ¶코로나19의 장기화로 인해 발생한 코로나 앵그리가 사람들로 하여금 일탈 행동을 하게 만들었다.

코로나 우울감 (corona virus 憂鬱感) [ ] 명구 《보건·의학》 〈코로나19〉 코로나19로 인해 외부 활동이 제한되면서 느끼는 답답하거나 언짢은 느낌을 이르는 말. ¶반강제적인 칩거 생활이 지속되면서 코로나 우울감을 호소하는 사람들이 많아지고 있다.

코로나 우울증 (corona virus 憂鬱症) [ ] 명구 《의학》 〈코로나19〉 코로나19 사태가 장기화되면서 외출 자제와 감연 불안감 등으로 인해 나타나는 우울 증세. ¶잇따라 보도로 소식을 접하면서 생기는 수면 장애나 무기력증 등은 코로나 우울증의 전형적인 사례에 해당한다.

코로나 일구 (corona 一九) [ ] **명구** 〈코로나19〉 ‘코로나 바이러스 감염증 일구’를 줄여 이르는 말

코로나 일구 거점 전담병원 (corona 一九 據點專擔病院) [ ] **명구** 〈코로나19〉 코로나19 중증 환자의 안정적 병상 배정과 충분한 병상 확보를 위해 지정되어, 코로나19 감염병의 확산을 예방하고 양질의 치료를 제공하는 병원. ¶최근 코로나19 거점 전담병원으로 지정되면서 서둘러 짓고 있는 겁니다.

코로나 포비아 (corona fhobia) [ ] **명구** 《의학》 〈코로나19〉 코로나 바이러스에 걸릴 수 있는 상황, 감염이 통제가 안되는 상황 등과 같은 코로나와 관련된 상황들을 지나치게 두려워하고 피하려고 하는 불안장애. 혹은 그러한 장애를 지닌 사람. ¶코로나 포비아가 퍼지며 하루에도 몇 차례씩 발송되는 안전 문자 메시지는 일상이 되었다.

코로나일구 구상권 (corona 一九 求償權) [ ] **명구** 〈코로나19〉 어떤 단체나 개인이 ‘감염병 예방 및 관리에 관한 법률’을 위반하여 코로나19에 확진되어 건강보험으로 진료를 받거나, 타인에게 전파하여 진료를 받게 한 경우, 해당 단체나 개인에게 국민건강보험법 제53조 제1항 제1호, 제57조 제1항 및 제58조 제1항에 따라 공단이 부담한 진료비에 대하여 부당이득금 환수 또는 구상금을 청구하는 일. 코로나 구상권 ¶법무부, 보건복지부, 질병관리청, 지방자치단체 등으로 구성된 코로나19 구상권 협의체를 활성화해 구상권 청구에 어려움을 겪는 지자체를 지원하기로 했다.

코비드 서티에잇 (Covid-thirty eight) [ ] **명구** 〈코로나19〉 ‘돌파 감염’을 달리 이르는 말. ‘코로나19×2차=코로나38’의 의미로 코로나19가 두 번 겹쳤다는 뜻이다. 해외의 사례를 소개할 때 주로 사용되고 국내적으로는 거의 사용되지 않는다.

코비드 일구 (covid 一九) [ ] **명구** 《보건일반》 〈코로나19〉 코로나바이러스가 변이를 일으켜 생긴 새로운 바이러스에 의하여 일어나는 급성 호흡기 감염병. 〈유〉코로나-일구(←coronavirus 一九), 코로나＾감염증(←coronavirus感染症), 코로나바이러스＾감염증(coronavirus感染症), 코로나바이러스＾감염증＾십구(coronavirus感染

症十九), 코로나십구ᐱ바이러스(←coronavirus十九virus), 코로나십구ᐱ바이러스ᐱ
감염증(←coronavirus十九virus感染症), 코로나일구ᐱ바이러스(←coronavirus一九
virus), 코로나일구ᐱ바이러스ᐱ감염증(←coronavirus一九viru) ¶코비드일구 영향
이 재택근무로의 전환이라는 결과를 불러왔는데 살찌기 고민까지 이르렀네요.

코비디어트 (covidiat)[ ]**명**〈코로나19〉코로나19로 인해 제대로 먹지 못해서 살
이 빠지는 일.

코플릭ᐱ반점 (Koplik斑點)[ ]**명구**《의학》〈소아피부병-홍역〉홍역 환자의 볼 안
쪽이나 잇몸 따위에 생기는 붉은 테를 두른 흰 반점. 홍역의 조기 진단에 중
요하다. 미국의 소아과 의사 코플릭(Koplik, H.)이 발견하였다. ¶코플릭 반
점은 진단적 가치가 있는 것으로, 첫째 아랫니 맞은편 구강 점막에 충혈된
나타나는데, 작은 점막으로 둘러싸인 회백색의 모래알 크기의 작은 반점이
며, 12~18시간 내에 소실된다.

코호트 격리 (Cohort Isolation)[ ]**명구**〈코로나19〉병원 등에서 감염성 질병 등의
확산을 막기 위해 특정 구역의 의료진과 환자를 한 개의 집단으로서 격리하
여 확산을 막는 조치. ¶보건복지부가 장애인 거주시설의 코로나19 감염자
대응 방안을 '코호트 격리'라고 밝혀 심각한 논란이 예산된다.

콕콕 ( )[콕콕]**부**〈통증 일반〉작게 또는 야무지게 자꾸 찌르거나 박거나 찍는
모양.〈큰〉쿡쿡 ¶닭이 모이를 콕콕 쪼아 먹는다. / 아픈 다리가 콕콕 쑤셔
서 밤새 잠을 이루지 못하였다. / 깨소금 냄새가 코를 콕콕 찌른다.

콘돔 (condom)[ ]**명**〈성병〉성교할 때에 피임, 성병 예방 따위의 목적으로 얇
은 고무로 만들어 남자의 성기에 씌우는 물건. ¶콘돔의 피임성공률은 사용
법에 따라 다르지만 일반적으로 85~98% 정도입니다.

콜레라 (cholera)[콜레라]**명**《의학》콜레라균에 의하여 일어나는 소화 계통의
감염병. 급성 법정 감염병으로 심한 구토와 설사에 따른 탈수 증상, 근육의
경련 따위를 일으키며 사망률이 높다. ¶WHO 미얀마사무소의 엘레나 부올
로 부장은 "작년에도 유행했던 콜레라가 특히 우려된다"며 " 지진 피해 지역

의 의료 시설 절반 이상이 파괴된 점도 질병 위기를 더 키운다"고 지적했다.

콜레라 독소(cholera毒素)〔명구〕《보건 일반》콜레라 증상을 나타내는 장(腸) 속의 독소. 콜레라균이 생성한다. ¶독소의 작용 콜레라 독소는 장 세포에 작용하여 클로라이드 이온과 물의 분비를 증가시킨다.

콜레라-균(cholera菌)〔콜레라균〕〔명〕《보건 일반》콜레라의 병원균. 약간 구부러진 콤마형(comma形)의 간균으로 긴 편모를 가졌다. 갠지스강 하구에 분포하는 아시아형과 동남아시아에 흩어져 있는 엘톨형이 있다. 1883년 독일의 코흐가 발견하였다. ¶그람 음성균인 콜레라균(Vibrio cholerae)이 일으키는 2급 법정 감염병이며, 콜레라균에 오염된 물이나 음식, 환자의 배설물 등으로 전파된다.

콜린(choline)〔 〕〔명〕《화학》점도가 높은 염기성 액체. 담즙·뇌·노른자위·씨 따위에 들어 있다. 세포막의 삼투압 조절, 혈압 조절, 신경 전달 따위의 여러 중요한 생리 작용에 관여한다. ¶그러다 보니 가족 모두가 건강하게 생활할 수 있도록 콜린을 한번 시도해 봐야겠다고 생각했어요.

쿡쿡( )〔쿡쿡〕〔부〕〈통증 일반〉크게 또는 깊이 자꾸 찌르거나 박거나 찍는 모양.〈작〉콕콕 ¶머리를 쿡쿡 쥐어박다. / 옆구리를 쿡쿡 찌르다. / 여자들은 쿡쿡 서로의 허리를 찌르며 웃었다.

쿡쿡거리다( )〔쿡쿡꺼리다〕〔동〕〈통증 일반〉감정이나 감각을 세게 자꾸 자극하다. ¶상처가 자꾸 쿡쿡거리며 쑤신다.

큰종기(큰腫氣)〔큰종기〕〔명〕《한의》〈종기〉작은 종기들이 한곳에 모여 생기는 큰 부스럼. 색깔이 벌겋고 가운데에 농점(膿點)이 생겨 벌집과 같은 모양이 되며, 통증과 열이 심하고 때로는 패혈증을 일으키기도 한다. 생기는 부위에 따라 등이면 '등창', 목 뒤면 '발찌'라 한다.

클로로퀸(chloroquine)〔 〕〔명〕《약학》〈코로나19〉말라리아 치료제의 하나. 말라리아 병원충의 적혈구 속에 있는 번식체에 작용하며, 콩팥염·류머티즘 따위에도 쓴다.

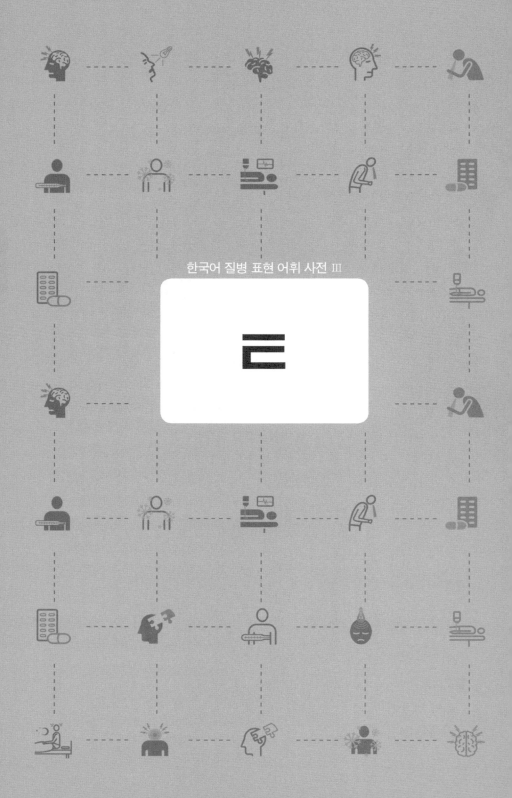

한국어 질병 표현 어휘 사전 Ⅲ

ㄹ

탁독(托毒)[탁똑] **명**《한의》〈종기〉종기나 피부병을 치료할 때에 약으로 병독
(病毒)을 한곳에 국한하거나 몰아내는 방법.

탈수(脫水)[탈쑤] **명**《의학》콜레라의 가장 흔한 증상 중 하나. 몸속의 수분이
모자라서 일어나는 증상. 몹시 땀을 흘리거나 배뇨량이 지나치게 많은 경우
에 나타나며, 심한 갈증과 전신 장애·경련 따위가 따른다. ¶탈수의 증상은
빠른 심박, 건조한 피부, 혼란 등이 있다.

탈수 증상(脫水症狀) **명구**《의학》콜레라의 주요 증상 중 하나. 몸속의 수분이
모자라서 일어나는 증상. 몹시 땀을 흘리거나 배뇨량이 지나치게 많은 경우
에 나타나며, 심한 갈증과 전신 장애·경련 따위가 따른다. ¶콜레라의 탈수
증상을 예방하기 위해 수분을 충분히 섭취해야 한다.

탈수 증세(脫水症勢)[ ] **명구**《의학》콜레라의 주요 증상 중 하나. 몸속의 수분
이 모자라서 일어나는 증상. 몹시 땀을 흘리거나 배뇨량이 지나치게 많은
경우에 나타나며, 심한 갈증과 전신 장애·경련 따위가 따른다. ¶콜레라는
갑작스러운 설사, 구토, 탈수증세를 동반할 수 있다.

탈수-증(脫水症)[탈쑤쯩] **명**《의학》콜레라의 주요 증상 중 하나. 몸속의 수분
이 모자라서 일어나는 증상. 몹시 땀을 흘리거나 배뇨량이 지나치게 많은
경우에 나타나며, 심한 갈증과 전신 장애·경련 따위가 따른다. ¶콜레라 증
상을 나타내는 사람 중 80%는 비교적 경미한 증상을 보이나, 20%는 심한
설사와 구토로 인한 탈수증이나 산혈증 및 순환기계 허탈이 발생한다.

태반^감염(胎盤感染)[ ] **명구**《의학》〈성병〉병원체가 태반을 통하여 모체로부
터 태아에게 감염하는 일. 선천 매독 따위가 있다. ¶태반 감염의 초기 경고
징후로는 일반적으로 발열, 심박수 상승, 자궁 압통, 악취 질 배출, 모성 불
편 등이 있습니다.

턱-거리( )[턱꺼리] **명**《한의》〈종기〉풍열(風熱)로 인하여 턱 아래에 생기는
종기.

테워드로스 아드하놈 거브러여수스(Tedros Adhanom Ghebreyesus)[ ] **명**《고

유_인명》〈코로나19〉코로나19 시기 세계 보건 기구(WHO)의 사무총장의
이름.¶테워드로스 아드하놈 거브러여수스 WHO 사무총장은 현지시간으
로 13일 화상 언론 브리핑에서 코로나19 긴급위원회는 최근 회의를 열고 이
번 팬데믹에 대해 국제 공중보건 비상사태를 유지하기로 만장일치로 결정
했다고 말했습니다.

토라지다 ( )[토라지다]**동**〈통증 일반〉(먹은 것이) 체하여 잘 삭지 않고 신트림
이 나다.

토-복령 (土茯笭)[토봉녕]**명**《한의》〈성병〉청미래덩굴의 뿌리. 열을 내리고
습을 없애며 독을 푼다. 매독, 헌데, 악창, 수은 중독 따위에 쓴다. ¶토복령
을 달여 먹으면 성병에 걸렸을 때 큰 효과를 볼 수 있다고 알려져 있습니다.

토-이질 (土痢疾)[토이질]**명**《한의》〈이질〉'아메바 이질'을 한방에서 이르는
말.

톡소포자-충 (Toxo胞子蟲)[ ]**명**《보건 일반》포자충류의 한 부류. 뇌염, 폐렴 따
위의 감염증을 일으키기도 한다.〈유〉톡소플라스마(toxoplasma) ¶연구 결
과, 톡소포자충에 감염된 사람은 교통사고 발생률이나 자살률이 유의미하
게 높으며 친구도 없다는 내용을 발표했다.

톡소포자충-증 (toxo胞子蟲症)[ ]**명**《보건 일반》톡소플라스마 원충(原蟲)에 의
한 인수 공통 감염병. 사람에게는 쇠고기, 돼지고기, 가축, 애완동물 따위에
서 입을 통하여 옮는다. 임산부에게 옮으면 유산하거나 태어난 아이에게 맥
락막염, 물뇌증, 작은머리증, 입술갈림증 따위의 기형과 뇌의 장애가 나타
난다.

톡소플라스마 (toxoplasma)[ ]**명**《보건 일반》포자충류의 한 부류. 뇌염, 폐렴
따위의 감염증을 일으키기도 한다.〈유〉톡소포자충(Toxo胞子蟲) ¶신경 질
환에 대한 톡소플라스마 곤디의 영향에 대한 하나의 제안된 메커니즘은 숙
주의 행동의 조작을 포함합니다.

통각기 (痛覺器)[통:각끼]**명**《의학》〈통증 일반〉피부 표면에 퍼져 있어 자극

을 받으면 아픔을 느끼는 감각점. 〈유〉통각점(痛覺點), 통점(痛點)

통각점(痛覺點)[통:각쩜]**명**《의학》〈통증 일반〉피부 표면에 퍼져 있으면서, 자극을 받으면 아픔을 느끼게 하는 점. 〈유〉통각기(痛覺器) 〈준〉통점(痛點)

통경(痛經)[통:경]**명**《한의》〈통증 일반〉여성의 월경 기간 전후에 하복부와 허리에 생기는 통증.

통고(痛苦)[통:고]**명**〈통증 일반〉아프고 괴로운 것. 〈참〉고통(苦痛).

통령-초(通靈草)[통:녕초]**명**《식물》〈성병〉인동과의 반상록 덩굴성 식물. 잎은 마주나고 긴 타원형이다. 전체에 짧은 갈색 털이 나고 꽃은 초여름에 잎 겨드랑이에서 피는데 흰색에서 노란색으로 변한다. 열매는 가을에 검은색으로 익으며 줄기·잎·꽃은 종기나 매독, 임질, 치질 치료의 약재로 쓰인다. 한국, 일본, 중국 등지에 분포한다. 〈유〉인동01「1」(忍冬) ¶우리나라와 중국·일본 등지에 넓게 분포하며 인동초·금은화·통령초 등 여러 이름을 가지고 있다.

통세(痛勢)[통:세]**명**〈통증 일반〉상처나 병의 아픈 형세.

통점(痛點)[통:쩜]**명**《의학》〈통증 일반〉피부 표면에 퍼져 있으면서, 자극을 받으면 아픔을 느끼게 하는 점. 〈본〉통각점(痛覺點)

통증(痛症)[통:쯩]**명**〈통증 일반〉몸에 아픔을 느끼는 증세. ¶통증이 오기 시작한다. / 진통제를 먹었더니 통증이 조금 가셨다.

통처(痛處)[통:처]**명**〈통증 일반〉상처나 병으로 인해서 아픈 곳.

통초하다(痛楚하다)[통:초하다]**형**〈통증 일반〉(몸이나 마음이) 몹시 아프고 괴롭다.

통태(痛胎)[통:태]**명**《한의》〈통증 일반〉임신 초기에 배가 아픈 증상.

통풍(痛風)[통:풍]**명**《의학》〈통증 일반〉대사 장애(代謝障碍)나 내분비 장애(內分泌障碍)로 요산(尿酸)이 체내에 비정상적으로 축적되어 뼈마디가 붓고 아픈 병. 성인 남자에게 많이 나타나며, 보통 엄지발가락의 심한 관절통 발작으로 시작된다. 만성화되면 요산이 조직에 침착(沈着)되어 관절이 파

괴되고 심장과 신장에 장애가 일어난다.〈참〉관절염(關節炎)¶예로부터 통
풍은 '제왕의 병'이라고 일컬어졌다.

투정-창(妬精瘡)[투정창]**명**《한의》〈성병〉매독의 초기 궤양으로서 무통·경
화성(硬化性)·부식성 구진이 감염 부위에 발생하는 것.〈유〉하감01(下疳)¶
음창(陰瘡)에는 습음창(濕陰瘡), 투정창(妬精瘡), 음식창(陰蝕瘡) 3가지가
있습니다.

투진(透疹)[투진]**명**《한의》〈소아피부병-홍역〉발진이 잘 돋게 하는 치료법.
홍역 따위의 질병에 쓴다.¶열을 내리고 투진(透疹)하며 이뇨하고 해독하
는 효능이 있다.

트레포네마^팔리덤(Treponema pallidum)[ ]**명구**《생명》〈성병〉매독의 병원
체.〈유〉매독균(梅毒菌)¶성적 접촉에 의해 전파되는 트레포네마 팔리듐균
(Treponema pallidum)이 매독의 원인균이다.

트릿하다( )[트리타다]**형**〈통증 일반〉(뱃속이) 먹은 음식이 소화가 잘되지 않
아 거북하다.¶배가 고파서 밥을 너무 빨리 먹었더니 뱃속이 트릿하다. /
오늘은 더구나 속이 트릿해서 몸이 비비 꼬이는 것 같다.

트적지근하다( )[트적찌근하다]**형**〈통증 일반〉(속이) 조금 거북하여 불쾌하
다.

특발^혈소판^감소^자색반병(特發血小板減少紫色斑病)[ ]**명구**《의학》〈간염〉
혈액 속의 혈소판이 줄어들어 출혈이 생기는 병. 간염, 지라 과다, 항암제
사용 따위가 원인으로 피부에 혈반이 나타난다.¶이런 불응성 특발성 혈소
판 감소증의 경우 면역억제요법 등을 시도해 볼 수 있으나 효과가 나타나기
까지 수개월이 소요되고 효과도 40% 내외입니다.

티아조설폰(thiazosulfone)[ ]**명**《약학》〈나병〉나병을 치료하는 데 쓰는 화학
요법제. 경구제로 쓰이나 효과는 적다.〈유〉티아조술폰.

한국어 질병 표현 어휘 사전 III

ㅍ

파근파근하다( )[파근파근하다]휑〈통증 일반〉(다리 따위가) 걸을 때마다 힘
이 빠져 노곤하고 걸음이 무겁다.

파근하다( )[파근하다]휑〈통증 일반〉(다리가) 힘이 빠져 노곤하고 걸음이 무
겁다. ¶이사 갈 집을 알아보려고 온종일 돌아다녔더니 다리가 파근하다.

파라-풍(婆羅風)[파라풍]명《의학》〈나병〉'나병'을 한방에서 이르는 말.

파종(破腫)[파ː종]명《한의》〈종기〉종기를 터뜨림.

파종하다(破腫하다)[파ː종하다]명《한의》〈종기〉종기를 터뜨리다. ¶이리 하
나가 머리에 종기가 나서 농숙하게 곪았거늘 침으로 파종하고 약을 붙여 주
고 돌아오다가 도적에게 잡히어 죽게 되었더니….

팍팍하다( )[팍파카다]휑〈통증 일반〉(다리가) 몹시 지쳐서 걸음을 내디디기
가 어려울 정도로 무겁고 힘이 없다.〈참〉퍽퍽하다 ¶장시간 등산을 해서인
지 두 다리가 팍팍했다.

패혈-증(敗血症)[패ː혈쯩]명《한의》〈종기〉곪아서 고름이 생긴 상처나 종기
따위에서 병원균이나 독소가 계속 혈관으로 들어가 순환하여 심한 중독 증
상이나 급성 염증을 일으키는 병.

팬데믹(pandemic)[ ]명〈코로나19〉사람들이 면역력을 갖고 있지 않은 질병이
전 세계로 전염·확산되는 현상. ¶코로나19 팬데믹으로 건설 현장이 제대로
돌아가지 않던 수준으로 내려간 셈이다.

퍽퍽하다( )[퍽퍼카다]휑〈통증 일반〉(다리가) 몹시 지쳐서 걸음을 내디디기
가 어려울 정도로 몹시 무겁고 힘이 없다.

페니실린(penicillin)[ ]명《약학》〈성병〉푸른곰팡이를 배양하여 얻은 항생 물
질. 화학적 구조의 차이에 따라 F·G·K·X 따위의 종류가 있는데, 세포벽의
합성을 저해하여 증식하는 세균을 죽이는 성질이 있으며, 폐렴·임질·단독
(丹毒)·패혈증·매독 따위를 치료하는 데 쓴다. ¶초기 매독의 근본적인 치
료는 페니실린 근육주사이다.

편두통(偏頭痛)[편두통]명《의학》〈통증 일반〉갑자기 일어나는 발작성의 머

리가 아픈 증세. 한쪽 머리에 주기적으로 나타나며, 원인은 두부(頭部) 혈관
의 수축에 의한 뇌의 국소적(局所的) 빈혈(貧血)이다. 구토, 귀울림, 권태 따
위를 동반하고 젊은이, 특히 여자와 두뇌 노동자에게 많다. 〈유〉변두풍(邊
頭風) ¶그녀는 가끔 편두통 증세를 호소하고는 했다. / 스트레스로 인한 편
두통에는 진통제(鎮痛劑)보다는 마음의 안정이 더욱 중요하다.

편평^콘딜로마(扁平condyloma)[ ]**명구**《의학》〈성병〉제2기 매독에서 볼 수 있
는, 피부 표면의 둥글고 편평한 모양의 구진. 흔히 항문 주위나 음부, 입안
점막 따위에 나타난다. ¶편평 콘딜로마 흔히 편평 사마귀로 불리는데요.

폐^효모균증(肺酵母菌症)[ ]**명구**《의학》진균의 하나인 효모균이 폐에 들어가
서 일으키는 증상. 주로 입안·목·폐가 손상되며, 뼈·피부·뇌수·소화 기관
에 염증이 생기기도 하고 뇌막염 증상이 생기기도 한다. ¶저자들은 10년 전
에 류마티스 관절염으로 진단 받고 1년여 동안에 걸쳐 류마티스 관절염 치
료를 위해 prednisolone, methotrexate와 cyclosporine을 사용한 환자에서,
조직학적 검사를 통해 폐효모균증을 진단한 뒤 amphotericin-B 0.5 mg/kg
을 4주간 정주하였고 이어서 항진균제인 fluconazole 400 mg을 하루 1회 8
주간 복용하여 치료되었기에 문헌 고찰과 함께 이를 보고하는 바이다.

폐-결핵(肺結核)[폐 : 결핵/폐 : 결핵]**명**《의학》〈결핵병〉폐에 결핵균이 침입하
여 생기는 만성 전염병. 처음에는 거의 증상이 없다가 병이 진행됨에 따라
기침·가래가 나오며 폐활량이 줄어들어 호흡 곤란이 나타난다. ¶그 해, 18
세에 결혼하여 집을 떠난 여동생 영애가 폐결핵으로 세상을 떠났다.

폐디스토마-증(肺distoma症)[ ]**명**《의학》폐흡충이 폐에 기생하여 생기는 병.
중간 숙주인 게 종류를 날로 먹으면 감염된다. 기침이나 혈담이 나오며, 폐
흡충이 뇌로 들어갈 경우 잭슨 간질이나 뇌종양 따위의 증상을 나타내고 반
신 마비, 언어 장애, 실명을 일으키기도 한다. 〈유〉폐흡충증(肺吸蟲症) ¶가
래가 녹슨 쇠 색깔을 띤다면 폐디스토마증인지 살펴야 한다.

폐흡충-증(肺吸蟲症)[폐 : 흡충쯩/폐 : 흡충쯩]**명**《의학》폐흡충이 폐에 기생하

ㅍ

여 생기는 병. 중간 숙주인 게 종류를 날로 먹으면 감염된다. 기침이나 혈담
이 나오며, 폐흡충이 뇌로 들어갈 경우 잭슨 간질이나 뇌종양 따위의 증상
을 나타내고 반신 마비, 언어 장애, 실명을 일으키기도 한다. 〈유〉폐디스토
마증(肺distoma症) ¶한편, 25주 이상 폐흡충증 진단이 지연된 경우는 결핵,
폐암 또는 만성폐쇄성폐질환(COPD)으로 오진한 이유인 것으로 확인됐다.

포스트 코로나 (post corona)[ ] 명구 〈코로나19〉 코로나 일구 이후의 생활을 꿈
꾸는 일. ¶설문에 따르면 기업들은 포스트 코로나를 기회로 인식하는 경향
이 강하다는 것을 알 수 있다.

포스트로나 (postrona)[ ] 명 〈코로나19〉 코로나 일구 이후의 생활을 꿈꾸는 일.

포창 (疱瘡)[포창] 명 《의학》 '콜레라'를 달리 이르는 말. 콜레라에 걸리면 온몸
에 물집이 잡히는 데서 이르게 된 말이다. 〈유〉천연두

풀링 검사 (pooling檢査)[ ] 명구 〈코로나19〉 대규모의 검체에 대한 '진단검사'를
효율적으로 하기 위해 10명의 검체를 한꺼번에 묶어서 검체를 단계적으로
걸러내는 검역 검사법. 〈유〉취합검사법

풍감-창 (風疳瘡)[풍감창] 명 《한의》 〈옴〉 1.옴에 습진이 겹쳐서 온몸으로 퍼지
는 피부병. 가렵고 진물이 난다. 2.잇몸이 붓고 아프며 문드러져 고름이 나
오는 병. 입에서 냄새가 나며 입술과 뺨이 붓고 아프다. 3.항문이 간지럽고
벌레가 나오는 병.

풍랭치통 (風冷齒痛)[풍냉치통] 명 《한의》 〈통증 일반〉 충치가 생기거나 잇몸
이 붓거나 하지 않았는데 이가 아프며 흔들리는 병. 〈준〉풍랭통(風冷痛)

풍랭통 (風冷痛)[풍냉통] 명 《한의》 〈통증 일반〉 충치가 생기거나 잇몸이 붓거
나 하지 않았는데 이가 아프며 흔들리는 병. 〈본〉풍랭치통(風冷齒痛)

풍병 (風病)[풍뼝] 명 《의학》 〈나병〉 1.중추 신경 계통에서 일어나는 현기증,
졸도, 경련 따위의 병증을 통틀어 이르는 말. 2.풍사(風邪)를 받아 생기는
병을 통틀어 이르는 말. 3.'나병'을 한방에서 이르는 말. 〈유〉풍기, 풍증, 풍
질,대풍 ¶여러 분네들이 그 기생의 하는 거동을 보고 심히 괴상하여 처음에

는 '저것이 풍병이 있거나 광증이 들렸나 보다.' 하였더니…. / 큰외삼촌은 풍병에 걸려 소록도로 떠나고, 작은외삼촌마저 총살을 당한다면….

풍심통(風心痛)[풍심통]圐《한의》〈통증 일반〉풍사(風邪)에 손상되어 심장 부위가 아프면서 양 옆구리와 배가 결리며 아픈 병.

풍열치통(風熱齒痛)[풍열치통]圐《한의》〈통증 일반〉외부의 풍사(風邪)와 내부의 열이 서로 부딪쳐 생기는 치통. 잇몸이 붓고 몹시 아프며 고름이 난다.〈준〉풍열통-(風熱痛)

풍열통(風熱痛)[풍열통]圐《한의》〈통증 일반〉외부의 풍사(風邪)와 내부의 열이 서로 부딪쳐 생기는 치통. 잇몸이 붓고 몹시 아프며 고름이 난다.〈본〉 풍열치통-(風熱齒痛)

풍요통(風腰痛)[풍요통]圐《한의》〈통증 일반〉감기로 인하여 허리가 아픈 병. 아픈 자리가 일정하지 않고 양다리가 뻣뻣하다. ¶풍요통은 허리디스크 증상과 가장 유사하다.

풍인(風人)[풍인]圐〈나병〉나병을 앓고 있는 사람. =나환자.

풍진(風疹)[풍진]圐《의학》〈소아피부병-홍역〉홍역과 비슷한 발진성 급성 피부 전염병의 하나. 흔히 어린이들에게 많으며, 엷은 붉은색 뾰루지가 얼굴이나 머리를 비롯하여 온몸에 퍼졌다가 3~4일 만에 낫는 병으로, 잠복기는 20일가량 되며 바이러스 감염으로 발생한다. ¶풍진은 임신부에게 노출될 시 신생아에게 청각장애, 심장기형, 소뇌증, 간·비장 기형 등의 선천 풍진 증후군이 발생할 수 있어 임신을 준비 중인 항체가 없는 여성의 접종이 필요하다.

풍진^백신(風疹vaccine)[ ]圐ㄱ《약학》〈소아피부병-풍진〉풍진 예방에 쓰는 백신. ¶가슴에 안고 있는 신생아를 지키기 위해 엄마는 출산 후 빨리 풍진 백신을 접종 받아야 합니다.

풍진^장애아(風疹障礙兒)[ ]圐ㄱ《의학》〈소아피부병-풍진〉임신 초기에 풍진에 걸린 모체로부터 바이러스의 감염을 받아서 생긴 선천성 장애아. 난청·

백내장·심장병·물뇌증 따위의 장애가 나타나며, 이것들이 겹치기도 한다. ¶1965년 오키나와를 휩쓴 풍진 때문에 난청을 앓는 장애아가 600명이나 태어났는데도 본토에서는 별로 관심을 가지지 않고 있다는 것입니다.

풍진^장애아(風疹障礙兒)[ ]**명구**《의학》임신 초기에 풍진에 걸린 모체로부터 바이러스의 감염을 받아서 생긴 선천성 장애아. 난청·백내장·심장병·물뇌증 따위의 장애가 나타나며, 이것들이 겹치기도 한다.

풍토-병(風土病)[풍토뼝]**명**〈일본뇌염〉어떤 지역의 특수한 기후나 토질로 인하여 발생하는 병. 열대 지방의 말라리아·황열병, 일본의 일본 뇌염 따위를 이른다.〈유〉지방병(地方病)¶그들이 여행 중에 힘들었던 것은 이름도 모르는 풍토병에 걸렸을 때였다.

풍학(風瘧)[풍학]**명**《의학》〈학질〉더위를 먹은 데다 다시 풍사(風邪)가 겹치어 생기는 학질.

풍한(風寒)[풍한]**명**《의학》〈조선시대전염병〉코나 목구멍, 기관지 등의 호흡기 계통에 생기는 질병. 주로 바이러스가 원인이 되어 일어나며, 증상은 보통 콧물, 재채기, 기침, 열이 나고 목이 아프다.〈유〉감기2(感氣), 감모2(感冒), 고뿔, 외감(外感)(1), 한질(寒疾)¶소청룡탕(小靑龍湯)은 풍한(風寒)을 소산(疏散)하고 폐기(肺氣)를 잘 통하게 하므로, 콧물이 많이 유출하면서 코가 막히기도 하는 초기 알레르기 비염(鼻炎)에 응용될 수 있는 처방이다.

풍향-지(楓香脂)[풍향지]**명**《한의》〈종기〉단풍나무의 진을 한방에서 이르는 말. 지혈하는 작용이 있고, 종기나 피부병 따위에 쓰인다.

풍협통(風脇痛)[풍협통]**명**《한의》〈통증 일반〉풍(風)으로 옆구리가 아픈 증세.〈유〉협풍통(脇風痛)

프라카스토로(Fracastoro, Girolamo)[ ]**명**《인명》〈성병〉이탈리아의 의사·자연과학자·시인(1478~1553). 유명한 의학시(醫學詩)〈시필리스 시베 모르부스 갈리쿠스(Syphilis sive morbus gallicus)〉에서 목자(牧者) 시필리스의 병의 증후와 오늘날의 수은 요법을 시사하는 치료법을 기술하였으며, 이로부터 시필리스가 매독의 어원이 되었다.

피부밑^공기증(皮膚밑空氣症)[ ]**명**《한의》〈종기〉살가죽 밑에 공기 따위의 기체가 들어가서 종기처럼 된 상태.

핀셋 방역(pincette)[ ]**명구**〈코로나19〉집단감염이 발생한 시설과 업소를 겨냥하여 딱 집어서 방역 강화 조치를 하는 일.

필터교체형 면마스크( )[ ]**명구**〈코로나19〉신종 코로나 바이러스 감염증(코로나19)으로 인한 마스크 대란으로 마스크 품귀 현상이 발생했을 때, 마스크를 재활용하기 위한 방안으로 면마스크의 안쪽에 덧대는 천 필터형 마스크. ¶상주지역 취약계층이 마스크 걱정을 덜게 됐다. 씻어서 사용할 수 있는 필터 교체형 면 마스크를 무료로 지급받기 때문이다.

한국어 질병 표현 어휘 사전 Ⅲ

ㅎ

하감(下疳)[하ː감][명]《한의》〈성병〉매독의 초기 궤양으로서 무통·경화성(硬化性)·부식성 구진이 감염 부위에 발생하는 것.〈유〉농림02(膿淋/膿痲), 변독「1」(便毒), 음식창(陰蝕瘡), 투정창(妬精瘡), 하감창(下疳瘡)

하감-창(下疳瘡)[하ː감창][명]《한의》〈성병〉매독의 초기 궤양으로서 무통·경화성(硬化性)·부식성 구진이 감염 부위에 발생하는 것.〈유〉하감01(下疳) ¶이 밖에도 감창, 종창, 적벽, 안질, 음종, 양매창, 하감창, 치창치루, 탈홍, 무명악창, 나력, 자백전풍, 풍습개창(風濕疥瘡) 등 난치성 외과질환에 대한 치료처방들이 열거되어 있다.

하루-거리( )[하루거리][명]《한의》〈학질〉하루씩 걸러서 앓는 학질.〈유〉초학

학(瘧)[학][명]《의학/한의》말라리아 병원충을 가진 학질모기에게 물려서 감염되는 법정 감염병. 갑자기 고열이 나며 설사와 구토·발작을 일으키고 비장이 부으면서 빈혈 증상을 보인다.〈유〉말라리아 ¶왜 폴리텍 핵심 관계자가 '낙하산 인사'에 소위 '학(瘧)'을 뗐는지 짐작할 수 있는 대목이다.

학교-병(學校病)[학꾜뼝][명]《의학》〈전염병일반〉주로 학생들 사이에 많이 생기거나 전염하는 병. 근시안, 머릿골 신경 쇠약, 척추 만곡, 폐결핵, 유행성 감기 따위가 있다. ¶이에 겨울 감성캠핑에 대하여 10대와 20대는 학교병(學校病)에 들고, 30대는 주지병(住持病) 450대에는 안일병(安逸病)에 걸려 있다고….

학기(瘧氣)[학끼][명]《약학》〈학질〉학질의 기운.

학려(瘧癘)[ ][명]《한의》〈조선시대전염병〉학질(瘧疾), 즉 말라리아를 가리킨다. 고열과 설사에 시달리는 전염병이다. ¶금년에는 열 중의 하나도 치유(治瘳)하지 못하는 학려(虐癘)로 백성이 역질로 죽은 자가 수효를 헤아릴 수 없으니, 내 마음의 몹시 아픈 것이 내 몸이 병들어 아픈 것과 같다.

학모(瘧母)[항모][명]《의학》〈학질〉학질을 오랫동안 앓아 옆구리 아래에 어혈이 맺혀서 덩어리가 생기는 병.

학을 떼다( )[ ][관용]괴롭거나 어려운 상황을 벗어나느라고 진땀을 빼거나, 그것에 거의 질려 버리다.〈유〉학질(을) 떼다. ¶1.나는 학창 시절에 수학이라

면 거의 학을 뗐다.

학질(瘧疾)[학찔]**명**《의학/한의》〈학질〉말라리아 병원충을 가진 학질모기에게 물려서 감염되는 법정 감염병. 갑자기 고열이 나며 설사와 구토·발작을 일으키고 비장이 부으면서 빈혈 증상을 보인다.〈동〉말라리아 ¶학질을 앓다.

학질-모기(瘧疾모기)[학찔모기]**명**《한의》〈학질〉모깃과의 중국얼룩날개모기, 잿빛얼룩날개모기, 한국얼룩날개모기 따위를 통틀어 이르는 말. 날개에 검은색과 흰색의 얼룩무늬가 있으며, 앉을 때 뒷다리와 몸의 뒷부분을 들어올린다.〈유〉말라리아모기, 시반문, 아노펠레스.

한국식 코로나 방역 모델( )[ ]**명구**〈코로나19〉코로나19 감염병에 대처하는 한국형 방역 체계에 기반한 방역 모델을 일컫는 말. ¶정부에서는 한국형 코로나 방역 모델의 국제 표준화를 추진하고 있다.

한리(寒痢)[할리]**명**《한의》〈이질〉몸이 차고 습하여 생긴 이질. 배가 아프고 곱똥이 나오며 뒤가 땅긴다.〈유〉냉리

한복통(寒腹痛)[한복통]**명**《한의》〈통증 일반〉추위로 인해 배가 상하거나 배를 차게 했을 때 생기는 배앓이.

한센(Hansen, Armauer Gerhard Henrik)[ ]**명**《인명》〈나병〉노르웨이의 의학자(1841~1912). 나병균을 발견하였다.

한센-병(Hansen病)[ ]**명**《의학》〈나병〉'나병'을 달리 이르는 말. 나병균을 발견한 한센의 이름에서 유래한 명칭이다.

한센-인(Hansen人)[ ]**명**〈나병〉'나환자'를 달리 이르는 말. 나병균을 발견한 한센의 이름에서 유래한 명칭이다.

한심통(寒心痛)[한심통]**명**《한의》〈통증 일반〉명치 부위가 은은히 아프면서 그 통증이 등에까지 뻗치고 손발이 찬 병.〈유〉냉심통(冷心痛)

한역(寒疫)[하녁]**명**《한의》〈전염병일반〉추위로 인하여 유행하는 전염병. 오한, 발열, 두통 따위의 증상이 있다. ¶삼인방에서는 기후이변으로 잠복해 있던 사기로 인해 봄에 온역(溫疫), 여름에 조역(燥疫), 가을에 한역(寒

疫), 겨울에 습역(濕疫)이 나타난다고 보았다.

한요통(寒腰痛)[하뇨통]**명**《한의》〈통증 일반〉찬 기운으로 인하여 허리가 아
　픈 증상. ¶한요통의 대표적인 증상은 허리에 통증과 함께 시린 느낌이 든다
　는 것이다.

한창(汗瘡)[한ː창]**명**《한의》〈종기〉1.'땀띠'를 한방에서 이르는 말. 2.여름에
　땀을 많이 흘리고 씻지 아니하여서 피부에 생기는 여드름 모양의 종기. 살
　이 찐 사람에게 많다.

한통(寒痛)[한통]**명**《한의》〈통증 일반〉찬 기운으로 인하여 아픈 것.

한-하운(韓何雲)[한하운]**명**《인명》〈나병〉시인(1919~1975). 본명은 태영(泰
　永). 나병이 재발하자 방랑 생활을 하면서 시작 활동을 하였다. 작품에 시
　〈전라도 길〉, 〈보리 피리〉, 자서전《나의 슬픈 반생기》가 있다.

한학(寒瘧)[한학]**명**《의학》〈학질〉몸속에 찬 기운이 잠복하고 있는데 다시
　풍사(風邪)를 받아서 생기는 학질.

항종(項腫)[항ː종]**명**《한의》〈종기〉목에 생긴 큰 종기.

항체 치료제( )[ ]**명구**《약학》〈코로나19〉세균이나 바이러스 등에 감염된 후 이
　에 대항하여 만들어낸 항체 중 특정 병원체를 가장 효과적으로 무력화 할
　수 있는 것을 선별하여 만든 치료제.

항체^혈청(抗體血淸)[ ]**명구**《의학》〈전염병일반〉어떤 병원체에 대응하는 항
　체가 들어 있는 혈청. 이 혈청을 주사하면 몸속에 항체가 생겨 인공 면역이
　형성되므로 전염병, 세균병의 예방에 널리 사용한다. ¶감기 코로나바이러
　스에 의해 형성된 항체도 기존 코로나19 항체 혈청검사로 검출될 수 있어
　혈청학적 유병율을 원래보다 높게 평가할 수 있기 때문에 코로나19 항체 혈
　청검사의 항원 선정에 신중해야 한다는 의견이 제기됐다.

해백(薤白)[해백]**명**《한의》〈이질〉산부추의 비늘줄기를 한방에서 이르는 말.
　기(氣)를 잘 통하게 하여, 가슴이 저리고 아픈 데나 이질을 앓고 난 뒤끝이
　거뜬하지 아니한 데 쓰인다.

해수 (咳嗽) [해수] **명** 《한의》 〈조선시대전염병〉 '기침'을 한방에서 이르는 말. 〈유〉기침, 해소 ¶양쪽 관맥(關脈)이 세(細)하게 나타났으니 이것은 비위허(脾胃虛)한 것으로 토(土)가 금(金)을 생(生)하지 못하여 그 사기가 중완(中脘)에 머물러 있어서 이로 인하여 해수(咳嗽)가 생긴 것이다.

해외 감염병 경보 ( ) [ ] **명구** 〈코로나19〉 총 4단계의 감염병 위기관리 매뉴얼의 위기단계는 가장 심각성이 낮은 '관심'(Blue)부터 '주의'(Yellow), '경계'(Orange), '심각'(Red) 등 총 4단계로 구분된다.

해학 (痎瘧) [해학] **명** 《의학》 〈학질〉 학질의 하나. 이틀을 걸러서 발작하며, 좀처럼 낫지 않는다. 〈유〉 이틀거리.

허리 (虛痢) [허리] **명** 《한의》 〈이질〉 기혈이 허하여 나타나는 이질. 〈유〉 활리.

허리앓이 ( ) [허리아리] **명** 《의학》 〈통증 일반〉 허리와 엉덩이 부위가 아픈 증상. 척추 질환, 외상, 척추 원반 이상, 임신, 부인과 질환, 비뇨 계통 질환, 신경·근육 질환 따위가 원인이다. 〈유〉 요통

허리증 (허리症) [허리쯩] **명** 《의학》 〈통증 일반〉 신경통으로 인하여 허리가 아픈 증상. 갑자기 쿡쿡 찌르는 것처럼 아프거나 오랫동안 지속적으로 아프기도 한데, 일어나서 앉거나 서기가 힘들다.

허친슨 (Hutchinson, Sir Jonathan) [ ] **명** 《인명》 〈성병〉 영국의 의학자(1828~1913). '허친슨 삼 징후'와 같은 선천 매독의 징후를 밝히는 업적을 남겼다.

허친슨^삼^징후 (Hutchinson三徵候) [ ] **명구** 《의학》 〈성병〉 선천 매독에서 나타나는 세 가지 증상. 허친슨 이, 각막 실질염, 속귀 난청을 이른다.

허친슨^이 (Hutchinson이) [ ] **명구** 《의학》 〈성병〉 선천 매독에서 나타나는 허친슨 삼 징후의 하나. 영구치의 위 안쪽 앞니가 짧고 씹는 면이 반달 모양의 결손부를 이룬다.

헛배가 부르다 ( ) [ ] **형구** 〈통증 일반〉 음식을 먹지 않았는데도 이유 없이 배가 부르다 ¶소화 기관에 울혈이 생겨 헛배가 부르고 변비가 계속되었다. / 담창이 생겼는지 자꾸 헛배가 부르다.

혀-농양(혀膿瘍)[혀농양] 명 《의학》〈전염병일반〉혀에 생기는 고름증. 급성 전염병에 걸린 뒤 바로 나타나거나 충치, 곤충에 물린 독, 입안염, 혀뿌리나 편도의 고름 따위가 있을 때 발생하고, 심하면 삼킴곤란·언어 장애 및 호흡 장애를 일으키기도 한다. ¶혀농양을 빨리 치료하는 방법

현옹(懸癰)[혀:농] 명 《한의》〈종기〉목구멍의 안쪽 뒤 끝에 위에서부터 아래로 내민 둥그스름한 살. 〈동〉목젖.

혈관^파열(血管破裂)[ ] 명구 《의학》〈성병〉외상성 혈관 경화, 매독성 변성 따위로 인하여 혈관이 터지는 일. ¶혈압이 높으면 혈관에 가해지는 힘이 커져 혈관벽의 손상이 발생해 최종적으로 혈관 파열이 나타날 수 있습니다.

혈심통(血心痛)[혈씸통] 명 《한의》〈통증 일반〉어혈(瘀血)로 명치 부위가 아픈 증상.

혈액(血液)[혀랙] 명 〈장티푸스〉사람이나 동물의 몸 안의 혈관을 돌며 산소와 영양분을 공급하고, 노폐물을 운반하는 붉은색의 액체. 〈유〉피 ¶상처 주변을 너무 꽉 묶으면 오히려 혈액순환을 방해해 심한 부종이 생길 수 있고, 압력이 강한 케이블타이 등을 이용할 경우 혈액의 흐름을 막아 상처 아래 부위가 괴사될 수도 있다.

혈액^전염병(血液傳染病)[ ] 명구 《의학》〈전염병일반〉병원체가 혈액을 통하여 증식하고 감염하는 병을 통틀어 이르는 말. 환자나 보균자의 피를 빨아 먹은 모기, 이, 진드기 따위의 매개 곤충에 의하여 전염되며 발진티푸스, 재귀열, 말라리아, 뇌염, 출혈열, 페스트 따위가 있다. ¶모기에 의해서 에이즈 같은 혈액전염병이 전염될 수 있나요?

혈어통(血瘀痛)[혀러통] 명 《한의》〈통증 일반〉어혈로 인하여 생기는 통증.

혈장 치료제( )[ ] 명구 《약학》〈코로나19〉완치된 환자에 형성된 항체가 포함된 혈장을 다른 환자에 투여해 바이러스와 싸우는 항체 형성을 돕도록 만든 치료제.

혈청^간염(血淸肝炎)[ ] 명구 《의학》〈간염〉에이치비 바이러스의 감염에 의한 간

ㅎ

염. 성인은 성교나 수혈을 통해서 감염되고 일과성 감염의 경과를 거치지만,
신생아나 소아는 지속적으로 감염되는 일이 많다.〈유〉비형 간염(B型肝炎)

혈청^진단(血淸診斷)[ ]**명구**《의학》〈성병〉환자의 혈청을 검사하여 병의 상태
를 진단하는 일. 매독의 바서만 반응이나 장티푸스의 비달 반응 따위가 있다.

혈행^전염(血行傳染)[ ]**명구**《의학》〈전염병일반〉혈액 속에 병원균이 들어가
서 병을 일으키는 전염.

협통(脇痛)[협통-]**명**《한의》〈통증 일반〉갈빗대 있는 곳이 결리고 아픈 병.

협풍통(脇風痛)[협풍통-]**명**《한의》〈통증 일반〉풍(風)으로 옆구리가 아픈 중
세.〈유〉풍협통(風脇痛)

호구-만명(戶口萬明)[호:구만명]**명**《민속》〈소아피부병-천연두〉천연두로 죽
은 사람의 귀신.

호구-별성(戶口別星)[호:구별썽]**명**《민속》〈소아피부병-천연두〉집집마다 찾
아다니며 천연두를 앓게 한다는 여신. 강남(즉 중국)에서 특별한 사명을 띠
고 주기적으로 찾아온다고 한다. ¶그리고 사도세자는 어렸을 때 천연두를
앓았는데 전통 무가(巫歌)에서는 사도세자를 호구별성(戶口別星)이라고 부
른다. 여기서 '호구'는 마마신을 의미하고 '별성'은 원한을 품고 죽은 남성 신
격을 뜻한다.

호귀-별성(胡鬼別星)[호귀별썽]**명**《민속》〈소아피부병-천연두〉집집마다 찾
아다니며 천연두를 앓게 한다는 여신. 강남에서 특별한 사명을 띠고 주기적
으로 찾아온다고 한다.

호역1(戶疫)[호:역]**명**《한의》〈소아피부병-천연두〉'천연두'를 한방에서 이르
는 말. 오랑캐 호 자를 써서 호역(胡疫)으로 쓰다가 청과의 관계가 호전되면
서 한자를 살짝 바꿔 호역(戶疫)으로 표기했다.〈유〉천연두 ¶천연두(天然
痘)·손님·마마·포창(疱瘡)·호역(戶疫) 등 많은 병명으로 불려왔다.

호역2(虎疫)[호:역]**명**《의학》콜레라균에 의하여 일어나는 소화 계통의 감염
병. 급성 법정 감염병으로 심한 구토와 설사에 따른 탈수 증상, 근육의 경련

따위를 일으키며 사망률이 높다. ¶1949년 7월 7일에는 호역(虎疫 : 콜레라)기사를 다루어 서울시 당국의 고발로 정인익·정진석 등이 구금되기도 하였다.

호열랄 (虎烈剌)[ ] **명**《의학》'콜레라'를 한자로 쓴 일본식 한자어 음역어. '호열자(虎列剌)'의 원래말이다. ¶일본에서 '콜라라'를 한자로 음차한 호열랄(虎烈剌)이란 표현이 들어왔다.

호열자 (虎列剌)[호:열짜] **명**《의학》'콜레라'를 한자로 쓴 일본식 한자어 음역어 '虎裂剌'의 '剌[매울 랄]'을 '剌[찌를 자]'로 잘못 읽어서 사용하게 된 말. ¶조선에선 콜레라를 '호열자'(虎列剌)라 불렀다.

호흡^부정맥 (呼吸不整脈)[ ] **명구**《의학》숨을 들이쉴 때에는 빠르고 작게, 내쉴 때에는 느리고 크게 뛰는 맥박. 숨을 들이쉴 때의 맥박이 내쉴 때의 맥박의 두 배가 되면 병적인 것으로 보는데, 어린아이에게 흔히 볼 수 있으며 수막염·뇌종양·신경증·열병의 회복기에 자주 나타난다. ¶그 외에 호흡부정맥이라고 부르는, 잠잘 때 발생하는 부정맥도 있는데 전혀 걱정할 필요가 없습니다.

호흡기 감염병 (呼吸器感染病)[ ] **명구**〈코로나19〉비말, 가래, 콧물 등으로 배출되거나 직접 접촉하여 호흡기계에 감염된다. ¶호흡기 감염병의 확산을 예방하기 위해서는 개인 위생 관리와 함께 정기적인 백신 접종이 필수적입니다.

혼합^하감 (混合下疳)[ ] **명구**《의학》〈성병〉매독균과 연성 하감균에 함께 감염되어 일어나는 성병. 처음에 무른궤양으로 시작하여 차츰 굳은궤양으로 바뀌어 간다. ¶혼동하기 쉬운 것으로 혼합하감(混合下疳)이라는 것이 있는데, 이것은 매독과 연성하감이 함께 걸렸을 경우를 말합니다.

혼합^하감 (混合下疳)[ ] **명구**《의학》〈성병〉매독균과 연성 하감균에 함께 감염되어 일어나는 성병. 처음에 무른궤양으로 시작하여 차츰 굳은궤양으로 바뀌어 간다.

홍-모기 (紅모기)[홍모기] **명**《동물》모깃과의 곤충. 흔히 볼 수 있는 모기로 몸길이는 5.6mm 정도이며, 엷은 붉은 갈색에 붉은 무늬가 있다. 성충 암컷은

뇌염 따위의 병을 옮긴다. 한국, 일본, 중국 북부에 산다.〈유〉빨간집모기

홍분(汞粉)[홍분]**명**《한의》〈성병〉'염화 수은'을 한방에서 이르는 말. 매독, 매독성 피부병, 변비 치료제 및 외과 살충제, 안정제로 쓰인다.〈유〉경분 01(輕粉)

홍사-창(紅絲瘡)[홍사창]**명**《한의》〈전염병일반〉피부의 헌데나 다친 곳으로 세균이 들어가서 열이 높아지고 얼굴이 붉어지며 붓게 되어 부기(浮氣), 동통을 일으키는 전염병.¶금사창(金絲瘡)은 일명 홍사창(紅絲瘡)이라고도 하는데 그 증상은 핏줄이 올라가는 것이 크고 가는 것이 일정치 않다.

홍역(紅疫)[홍역]**명**《의학》〈소아피부병-홍역/조선시대전염병〉홍역 바이러스가 비말 감염에 의하여 일으키는 급성 전염병. 1~6세의 어린이에게 많고 봄철에 많다. 잠복기는 약 10일로, 감기와 비슷한 증상으로 시작하여 입안 점막에 작은 흰 반점이 생기고 나중에는 온몸에 좁쌀 같은 붉은 발진이 돋는다. 한번 앓으면 다시 걸리지 않는다.¶홍역은 홍역 바이러스에 의한 감염으로 발생하며 전염성이 강하여 감수성 있는 접촉자의 90% 이상이 발병한다.

홍역(을) 치르다( )[ ]**관용**〈소아피부병-홍역〉몹시 애를 먹거나 어려움을 겪다.¶큰아들의 가출로 온 집안이 홍역을 치렀다.

홍역^내공(紅疫內攻)[ ]**명구**《의학》〈소아피부병-홍역〉홍역 때에 돋은 발진이 갑자기 사라지면서 나타나는 합병증. 고열, 안면 창백, 호흡 곤란 따위가 생기고 심장의 박동이 고르지 못하며 맥박이 떨어져 위독한 상태까지 된다. 폐렴, 구루병 따위가 있거나 해열제를 잘못 쓸 때에 일어난다.

홍역^바이러스(紅疫virus)[ ]**명구**《생명》〈소아피부병-홍역〉홍역을 일으키는 바이러스.¶홍역은 홍역 바이러스로 인해 발생하는 병으로, 2급 감염병으로 분류된다.

홍역^백신(紅疫vaccine)[ ]**명구**《약학》〈소아피부병-홍역〉홍역을 예방하기 위한 백신. 예방 접종은 제1회에 불활성화(不活性化) 백신을 근육 또는 피부 밑에, 제2회는 4~6주 후 약독(弱毒) 생균(生菌) 백신을 피부밑에 접종하는

데, 주로 1~3세의 아이에게 행한다. ¶보고서는 홍역 백신 접종률이 정체되면서 거의 3천500만 명의 아동이 전혀 보호받지 못하거나 부분적으로만 보호받는다고 설명했다.

홍역-꽃(紅疫꽃)[홍역꼳]圐《의학》〈소아피부병-홍역〉홍역 환자의 피부에 좁쌀같이 작고 불그스레하게 돋는 발진. ¶전구기에 생기는 홍역 꽃은 환자의 피부에 좁쌀같이 작고 불그스레하게 돋는 발진(붉은 반점의 꽃)을 이르는데 이때가 전염력이 가장 강한 시기다.

홍역은 평생에 안 걸리면 무덤에서라도 앓는다( )[ ]圐담〈소아피부병-홍역〉홍역은 누구나 한 번은 치러야 하는 병이라는 말.

홍진(紅疹)[홍진]圐《한의》〈소아피부병-홍역〉'홍역'을 한방에서 이르는 말. ¶영조는 빈궁에게 홍진(紅疹)이 생기자 "별일 없을 것"이라고 버티다 신하들의 경고로 거처를 옮겼다.

화끈거리다( )[화끈거리다]圐〈통증 일반〉(몸이나 쇠 따위가) 뜨거운 기운을 받아 자꾸 갑자기 달아오르다.〈유〉화끈대다, 화끈화끈하다 〈참〉후끈거리다 ¶나의 발은 동상과 물집으로 부어오르고 얼굴은 전체가 불에 데인 듯 화끈거린다. / 감기 기운인지 온몸이 자꾸 화끈거린다.

화끈대다( )[화끈대다]圐〈통증 일반〉(몸이나 쇠 따위가) 뜨거운 기운을 받아 자꾸 갑자기 달아오르다.〈유〉화끈거리다, 화끈화끈하다 〈참〉후끈대다 ¶뜨거운 햇볕에 등짝이 화끈댔다. / 삔 허리에 파스를 붙였더니 화끈댔다.

화끈화끈하다( )[화끈화끈하다]圐〈통증 일반〉(몸이나 쇠 따위가) 뜨거운 기운을 받아 자꾸 갑자기 달아오르다.〈유〉화끈거리다, 화끈대다 〈참〉후끈후끈하다 ¶지금 나는 오한 때문에 온몸이 화끈화끈하여 꼼짝도 할 수 없어. / 덴 곳은 화기로 화끈화끈하더니 잠시 후 물집이 생겼다.

화농^수막염(化膿髓膜炎)[ ]圐구《의학》세균이 뇌 수막에 침범하여 생기는 염증.〈유〉고름 수막염(고름髓膜炎)

화농성 염증(化膿性炎症)[ ]圐《한의》〈종기〉고름이 생기는 염증. 많은 양의

다핵(多核) 백혈구가 스며 나오는 염증인데 코곁굴염, 고름집, 연조직염, 종
기, 큰종기 따위에서 볼 수 있다. 〈유〉고름염

화류-병 (花柳病)[화류뼝]명〈성병〉'성병02'을 달리 이르는 말. ¶보기에도 더
럽고 지겨운, 화류병 환자까지 와서, 치료를 해 달라고 엎디어 손이 발이 되
도록 비는 데는 진땀이 났다.

확산 (擴散)[확싼]명〈코로나19〉흩어져 널리 퍼짐. ¶바이러스성 질병 확산을
효과적으로 막기 위한 대처 방안을 2가지 이상 알고 싶습니다.

확산^바깥귀길염 (擴散바깥귀길炎)[ ]명《한의》〈종기〉화학적·기계적 자극으
로 인하여 바깥귀길에 붉은 종기가 생겨 전체에 퍼지는 병. 종기가 곪고 만
성화되었을 때 살점이 불거져 나오며 나쁜 냄새와 분비물도 나온다.

확산세 (擴散勢)[확싼쎼]명〈코로나19〉흩어져 널리 퍼지는 기세. ¶지금 코로
나19 확산세가 세서 아직도 1000명대인데 언제 안정될까요?

확진 환자 (確診患者)[ ]명구《의학》〈코로나19〉질환의 종류나 상태를 확실하
게 진단받은 환자. ¶유난히 20~30대 홍역 확진 환자가 많은 이유가 무엇인
가요?

확진자 (確診者)[확찐자]명《의학》〈코로나19〉어떤 병에 걸렸음을 확실하게
진단받은 사람. ¶요즘 코로나 확진자가 몇명 정도 나오고 있나요? / 보건
당국은 감염병 확진자들을 격리 시설로 옮겨 치료하도록 했다.

확진자 증가세 (確診者增加勢)[ ]명구〈코로나19〉확진자가 증가하고 있는 기
세. ¶언제쯤 확진자 증가세가 감소세로 줄어들까요?

확찐자 ( )[ ]명〈코로나19〉코로나19 사태로 인해 바깥으로 다니지 못하고 실
내에서 먹고 자고를 반복하다 살이 확 쪄 버린 사람을 가리키는 말. '확진자'
의 말놀이에서 온 말이다. 〈참〉살천지 ¶코로나19로 곳곳에서 확찐자들이
늘어났다.

환염 (患染)[화념]명《한의》〈조선시대전염병〉조선시대에 '전염병'을 달리 이
르던 말.

환종(患腫)[환종:]명《한의》〈조선시대전염병〉종기를 달리 이르는 말.

황달^출혈병(黃疸出血病)[ ]명구《의학》〈전염병일반〉스피로헤타의 일종인 황달 출혈성 렙토스피라에 의한 급성 전염병. 쥐의 오줌에 있는 병원체가 피부나 점액을 통하여 전염되며, 처음에는 높은 열이 나고 점차 황달, 심부전 따위의 증상을 보인다. 1886년 독일의 바일(Weil, A.)이 처음으로 보고하였다.

황열(黃熱)[황열]명《의학》〈전염병일반〉아프리카 서부와 남아메리카에서 볼 수 있는 악성 전염병. 황열 바이러스가 주로 간과 콩팥을 침범하는데, 고열이 나고 피가 섞인 검은색의 구토와 황달을 일으키며 사망률이 높다.

회반(回斑)[회반/훼반]명《한의》〈소아피부병-홍역〉홍역 따위의 병으로 몸에 돋았던 반점이 없어짐.

회반-하다(回斑하다)[회반하다/훼반하다]동《한의》〈소아피부병-홍역〉홍역 따위의 병으로 몸에 돋았던 반점이 없어지다.

회백^연고(灰白軟膏)[ ]명구《약학》〈성병〉수은에 돼지기름, 쇠기름, 무수 라놀린 따위를 섞어 만든 회색이나 검은 회색의 연고. 소염제나 매독 치료의 도찰제, 사면발니를 구제할 때 썼으나 수은 중독 때문에 지금은 쓰지 않는다.〈유〉수은 연고(水銀軟膏)

회백수-염(灰白髓炎)[회백쑤염/훼백쑤염]명《의학》〈전염병일반〉폴리오바이러스의 감염으로 인한 급성 전염병. 입을 통하여 바이러스가 들어가 척수에 침범하여 손발의 마비를 일으키는데, 어린이에게 잘 발생한다. ¶그러나 말초신경계를 침범한 경우에는 운동신경계를 손상시키고 척수와 대뇌 등을 훼손하고 급성회백수염을 일으켜 소아마비의 대표적인 증상인 하지 마비와 근육 위축증 등을 유발한다.

회복통(蛔腹痛)[회복통/훼복통]명《한의》〈통증 일반〉회충 때문에 생기는 배앓이.〈유〉거위배, 충복통(蟲腹痛), 횟배(蛔배), 횟배앓이(蛔배앓이)〈준〉회통(蛔痛)¶회복통에는 장을 따뜻하게 하는 안회탕을 먼저 써서 안정시킨 후 구충제를 쓰는 것이 순서다.

ㅎ

회통(蛔痛)[회통/훼통-]**명**《한의》〈통증 일반〉회충으로 인한 배앓이.〈유〉거위배, 충복통(蟲腹痛), 횟배(蛔배), 횟배앓이(蛔배앓이)〈본〉회복통(蛔腹痛)

횟배앓이(蛔ㅅ배앓이)[회빼아리/휃빼아리]**명**《한의》〈통증 일반〉회충으로 인한 배앓이.〈유〉거위배, 충복통, 회복통, 회통〈준〉횟배(蛔배)

후끈거리다( )[후끈거리다]**동**〈통증 일반〉(몸이나 쇠 따위가) 뜨거운 기운을 받아 자꾸 몹시 달아오르다.〈유〉후끈후끈하다, 후끈대다 ¶불에 덴 자리가 후끈거린다. / 모닥불이 최고로 타오를 때는 온몸이 후끈거려 뒤로 물러나야 했다.

후끈대다( )[후끈대다]**동**〈통증 일반〉(몸이나 쇠 따위가) 뜨거운 기운을 받아 자꾸 몹시 달아오르다.〈유〉후끈거리다, 후끈후끈하다〈참〉화끈거리다, 화끈대다.

후끈후끈하다( )[후끈후끈다]**동**〈통증 일반〉(몸이나 쇠붙이 따위가) 뜨거운 기운을 받아 자꾸 몹시 달아오르다.〈유〉후끈거리다, 후끈대다〈참〉화끈화끈하다

후벼파다( )[후벼파다]**동**〈통증 일반〉날카로운 끝으로 넓고 깊게 긁어내거나 돌려 파내다

후복통(後腹痛)[후:복통-]**명**《한의》〈통증 일반〉해산한 뒤에 생기는 배앓이.〈유〉훗배앓이(後배앓이)

후비(喉痺)[후비]**명**《한의》〈종기〉목구멍 속에 종기가 나거나, 목 안이 벌겋게 붓고 아프며 막힌 감이 있는 병.〈유〉후폐.

후아(喉蛾)[후아]**명**《한의》〈종기〉인후(咽喉)에 종기가 나서 목구멍, 입천장, 편도가 벌겋게 붓고 아픈 병증.〈동〉유아.

후유-증(後遺症)[후:유쯩]**명**《의학》어떤 병을 앓고 난 뒤에도 남아 있는 병적인 증상. 뇌중풍에서의 손발 마비, 뇌염에서의 정신적·신체적 장애 따위이다.

후중(後重)[후:중]**명**《한의》〈이질〉이질의 증상. 배변하기 전에는 배가 아프

고 급하여 참기 어려우며 일단 배변을 하더라도 시원하게 되지 않고 뒤가 묵직한 느낌이 있다.

후진통 (後陣痛)[후 : 진통] **명** 《의학》〈통증 일반〉해산한 다음에 이삼일 동안 가끔 오는 진통. 임신으로 커진 자궁이 줄어들면서 생긴다.〈유〉산후통(産後痛), 산후진통(産後陣痛)

후천^매독 (後天梅毒)[ ] **명구** 《의학》〈성병〉태어난 다음에 성행위나 그 밖의 원인으로 감염된 매독.

후천성^매독 (後天性梅毒)[ ] **명구** 《의학》〈성병〉'후천 매독'의 전 용어. ¶사람들이 감염된 후 10년에서 30년이 지난 시점에 나타날 수 있는 후천성매독은 치료되지 않은 매독 감염 중 일부분에서 발전합니다.

후폐 (喉閉)[후폐/후폐] **명** 《한의》〈종기〉목구멍 속에 종기가 나거나, 목 안이 벌겋게 붓고 아프며 막힌 감이 있는 병.〈동〉후비.

훈염 (薰染)[후념] **명** 《한의》〈조선시대전염병〉좋은 감화를 주거나 받음. ¶고토 세이이치(1893~1984)가 조각한 '훈염(薰染)'의 상체는 흔히 에밀레종이라고 불리는 성덕대왕신종의 비천상과 판박이 같다.

훈염-하다 (薰染하다)[후념하다] **동** 좋은 감화를 주거나 받다.

훗배알이 (後배앓이)[후 : 빼아리/훋 : 빼아리] **명** 《한의》〈통증 일반〉해산한 뒤에 생기는 배앓이.〈유〉후복통(後腹痛)

휴식리 (休息痢)[휴싱니] **명** 《한의》〈이질〉증상이 좋아졌다 나빠졌다 하면서 오래 끄는 이질.

흉막-염 (胸膜炎)[흉망념] **명** 《의학》〈결핵병〉외상이나 결핵균의 감염 따위로 가슴막에 생기는 염증. 급성과 만성이 있으며 옆구리에 심한 통증을 느낀다. 열과 기침이 동반되며 심해지면 호흡이 어려워진다. ¶가슴 통증을 유발하는 원인은 다양하다. 그중 숨을 들이마시거나 기침할 때 날카롭고 찔리는 듯한 통증이 가슴 또는 옆구리에 생긴다면 흉막염을 의심할 수 있다.

흉복통 (胸腹痛)[흉복통] **명** 《의학》〈통증 일반〉가슴속이 쓰리고 켕기며 아픈

ㅎ

병. 위염이나 신경 쇠약 따위로 일어난다.〈유〉가슴앓이 ¶유배 이후 섭생이 부실하고 활동이 적다 보니, 어쩌다 술을 마시거나 고기라도 먹게 되면 꼭 체증이 와서 흉복통이 뒤따랐다.

흉비(胸痞)[흉비]**명**《한의》〈통증 일반〉가슴이 그득하고 답답한 병. ¶동의보감에 의하면 흉비는 음복양축(陰伏陽畜), 즉 음양의 기운이 잘 소통되지 않기 때문에 생긴다고 한다.

흉통(胸痛)[흉통]**명**《한의》〈통증 일반〉가슴의 경맥 순환이 안 되어 가슴이 아픈 증상. ¶피부와 사지에 부스럼이 있을 뿐 아니라 복통과 두통과 흉통과….

흉협통(胸脇痛)[흉협통]**명**《한의》〈통증 일반〉가슴과 옆구리가 아픈 증상.

흑두-병(黑痘病)[흑뚜뼝]**명**《한의》〈전염병일반〉피부에 검은 반점이 생기고 목이 잠기는 전염병. ¶1895년 칠면조의 흑두병 병원체를 각각 발견하였다.

흑사-병(黑死病)[흑싸뼝]**명**《의학》〈전염병일반〉페스트균이 일으키는 급성 전염병. 오한, 고열, 두통에 이어 권태, 현기증이 일어나며 의식이 흐려지게 되어 죽는다. 폐페스트의 경우에는 피부가 흑자색으로 변한다. ¶과거 유럽을 휩쓴 흑사병은 당시엔 치료가 어려운 병이었으나 최근엔 항생제로 치료가 가능해졌다.

흑안통(黑眼痛)[흐간통]**명**《한의》〈통증 일반〉눈의 검은자위가 아픈 증상.

흑정창(黑疔瘡)[흑쩡창]**명**《한의》〈종기〉털구멍 속에 빛이 검고 단단한 종기가 나는 피부병.

흑함(黑陷)[흐캄]**명**《한의》〈소아피부병-천연두〉천연두에 걸려 생긴 발진이 곪을 때에 두창의 독이 밖으로 나오지 못하고 안으로 함몰되어 고름집 속에서 피가 나고 빛깔이 검어지는 증상.

흡충-증(吸蟲症)[흡충쯩]**명**《의학》디스토마가 들어 있는 민물고기를 먹었을 때 생기는 기생충 감염증. 주로 간, 폐, 뇌 따위에서 일어난다.〈유〉디스토마증(distoma症) ¶식품 매개 흡충증은 기생충의 유충이 붙어 있는 날생선이나 갑각류, 채소 섭취를 통해 감염되며 간이나 폐에 심각한 질환을 발생시킨다.

흥통(興痛)[흥통]명《한의》〈통증 일반〉염증으로 곪으면서 아픈 증상.

희끈거리다( )[히끈거리다]동〈통증 일반〉(사람이나 그 머리, 정신이) 현기증이 나서 자꾸 정신을 잃고 까무러칠 듯하게 되다.〈유〉희끈대다, 희끈희끈하다 ¶며칠을 굶었더니 머리가 희끈거리고 힘이 없다.

희끈대다( )[히끈대다]동〈통증 일반〉(사람이나 그 머리, 정신이) 현기증이 나서 자꾸 정신을 잃고 까무러칠 듯하게 되다.〈유〉희끈거리다, 희끈희끈하다

희끈희끈하다( )[히끈히끈하다]동〈통증 일반〉(사람이나 그 머리, 정신이) 현기증이 나서 자꾸 정신을 잃고 까무러칠 듯하게 되다.〈유〉희끈거리다, 희끈대다

희끗거리다( )[히끋꺼리다]동〈통증 일반〉(사람이나 그 머리, 정신이) 현기증이 몹시 심하게 나서 자꾸 까무러칠 듯하게 되다.〈유〉희끗대다, 희끗희끗하다 ¶부패한 시신을 본 정우는 토악질이 올라오면서 희끗거렸다.

희끗대다( )[히끋때다]동〈통증 일반〉(사람이나 그 머리, 정신이) 현기증이 몹시 심하게 나서 자꾸 까무러칠 듯하게 되다.〈유〉희끗거리다, 희끗희끗하다

희끗희끗하다( )[히끄티끄타다]동〈통증 일반〉(사람이나 그 머리, 정신이) 현기증이 몹시 심하게 나서 자꾸 까무러칠 듯하게 되다.〈유〉희끗거리다, 희끗대다

희뜩거리다( )[히뜩꺼리다]동〈통증 일반〉(사람이나 그 머리, 정신이) 현기증이 몹시 심하게 나서 자꾸 까무러칠 듯하게 되다.〈유〉희뜩대다, 희뜩희뜩하다.

희뜩대다( )[히뜩때다]동〈통증 일반〉(사람이나 그 머리, 정신이) 현기증이 몹시 심하게 나서 자꾸 까무러칠 듯하게 되다.

희뜩희뜩하다( )[히뜨키뜨카다]동〈통증 일반〉(사람이나 그 머리, 정신이) 현기증이 몹시 심하게 나서 자꾸 까무러칠 듯하게 되다.

한국어 질병 표현 어휘 사전 Ⅲ

부록

부록1 / 출처

〈사전류〉

고려대한국어대사전(2009) https://dic.daum.net/index.do?dic=kor

네이버 지식백과 간호학대사전

암용어사전(2019), 국립암센터

우리말샘 https://opendic.korean.go.kr/main

의학대사전

표준국어대사전(2008) https://stdict.korean.go.kr/main/main.do

한국민족문화대백과사전 http://encykorea.aks.ac.kr/

〈기타 인용 매체〉

MSD매뉴얼일반인용- https://www.msdmanuals.com/ko-kr/%ED%99%88

https://www.amc.seoul.kr/asan/healthinfo/easymediterm/easyMediTermSub
        main.do

건강다이제스트 http://www.ikunkang.com/

과학문화포털 사이언스올 https://www.scienceall.com/

https://terms.naver.com/list.naver?cid=60408&categoryId=55558

뉴스1 https://www.news1.kr/

대한부정맥학회 https://www.k-hrs.org:4433/main.asp

대한심장학회 https://www.circulation.or.kr:4443/

대한한의학회 표준한의학용어집2.1 https://cis.kiom.re.kr/terminology/search.do

데일리메디 https://www.dailymedi.com/

동아일보 https://www.donga.com/

디지털타임스 http://www.dt.co.kr/

매경헬스 http://www.mkhealth.co.kr/

매일경제 https://www.mk.co.kr/

머니투데이 https://www.mt.co.kr/

메디컬 옵저버 http://www.monews.co.kr/

메디컬타임즈 https://www.medicaltimes.com/Main/

메디컬투데이 http://www.mdtoday.co.kr/

문화일보 http://www.munhwa.com/

민족문화연구원 말뭉치 http://riksdb.korea.ac.kr/

베리타스알파 http://www.veritas-a.com/

서울대학교병원 의학정보 http://www.snuh.org/intro.do

서울아산병원 의료정보 알기 쉬운 의학용어

세계일보 https://www.segye.com/

약업신문 https://www.yakup.com/

약학정보원 https://www.health.kr/

연세말뭉치 https://ilis.yonsei.ac.kr/corpus/#/search/TW

연합뉴스 https://www.yna.co.kr/

부록2 / 질병 표현 어휘 관련 논저 목록(가나다 순)

강현숙(1983), 「복부통증환자의 동통어휘 및 동통평가척도를 위한 조사 연구」, 서울대학교 석사학위논문.

권복규(1999), 「조선전기 역병의 유행에 대하여」, 서울대 의과대학 석사학위논문.

권복규(2000) 「조선시대 전통의서에 나타난 질병관」, 서울대 의과대학 박사학위 논문.

김간우(1998), 「관절통을 경험한 도서지역 여성의 체험연구」, 『류마티스건강학 회지』 5(2), 265-285.

김경원, 나우권(2021), 「조선의 역병 연구(1)-허준의 『신찬벽온방』을 중심으로」. 『도교문화연구』 55, 9-43.

김근애·김양진(2022). 「한국어 통증표현 어휘의 낱말밭 연구」, 『한국사전학』 40, 한국사전학회, 140-169.

김선자(1985), 「수술환자의 통증지각정도에 관한 연구」, 이화여자대학교 석사학 위논문.

김양진(2021) 「〈조선왕조실록〉 속 의료 관련 어휘군 연구」, 『우리말연구』 66, 우 리말학회, 51-76.

김양진(2023). 『질병 표현 어휘 사전-주요 사망원인 질병을 중심으로』, 모시는 사람들.

김양진·곽자현·박연희(2024). 『질병표현어휘사전II-한국인이 자주 걸리는 질병 관련 표현』, 모시는사람들.

김양진·염원희(2020), 『화병의 인문학-전통편』, 모시는 사람들.

김재현(2016), 「한국어 통증 표현 어휘 콘텐츠 구축 및 제시 방안 연구」, 배재대 학교 석사학위논문.

김정선(1991), 「소화성궤양환자의 통증표현양상에 관한 연구」, 이화여자대학교 석사학위논문.

김준희(2019), 「국어의 통증 표현 연구」, 『한말연구』52, 81-109.

박명희·백선희·김남초·송혜향(2002), 「호스피스병동에 입원한 말기 암 환자의 암성 통증 표현 양상」, 『임상간호연구』8-1, 81-109.

변정환(1984), 「조선시대의 역병에 관련된 질병관과 의료시책에 관한연구」, 서울대 석사논문.

송미영(2020). 「제중원 한글 의학 교과서에 나타난 전염병 관련 어휘에 대한 고찰-두창(痘瘡)과 콜레라를 중심으로」, 『국어사연구』 31, 233-263.

송미영. 2020. 「한국인의 주요 전염병과 그 명칭에 대한 통시적 고찰-'장티푸스, 말라리아, 한센병' 등을 중심으로」, 『어문론총』 84, 중앙어문학회. 7-43.

송승훈 외 4인(2014), 「다양한 신경병증통증에서 보이는 한국어 통증 표현」, 『대한통증·자율신경학회지』3-2, 78-82.

신동원(2013), 『호환 마마 천연두』.

신안식(2020). 「역사이야기 전통시대의 전염병, 역병」. 월간 『공공정책』 175, 98-101.

유경희(1985), 「흉부외과환자를 대상으로 한국어어휘통증척도의 타당도 검증에 관한 연구」, 서울대학교 석사학위논문.

윤귀옥·박형숙(1996), 「악성종양 환자의 통증 및 통증관리에 관한 연구」, 『기본간호학회지』3-2, 299-316.

이선우 외(2013), 「통증 표현 형용사의 낱말밭 연구」, 『의미자질 기반 현대 한국어 낱말밭 연구』, 한국문화사, 232-265.

이숙희(1986), 「일반인에게서 국어 어휘를 이용한 통증척도의 타당성 조사」, 서울대학교 석사학위논문.

이승민(1988). 「고려시대 유행한 전염병의 史的 연구」, 서울대 보건대학원 박사논문.

이승희(2018). 「19세기 『학봉종가 한글편지』에 나타난 질병 관련 어휘에 관한 고찰」, 『한국문화』 82, 113-140.

이은옥 외(1987), 「요통환자의 통증행위에 대한 조사 연구」, 『간호학회지』 17-3, 184-194.

이은옥 외(1988), 「관절통 환자의 통증정도와 통증연관행위에 관한 연구」, 『간호학회지』 18-2, 197-210.

이은옥(1981), 「한국인의 동통양상 및 완화방법」, 『대한간호』 20-5, 33-38.

이은옥·송미순(1983b), 「동통 평가도구 개발을 위한 연구-한국 통증 어휘별 강도 순위의 유의도 및 신뢰도 검사」, 『대한간호학회지』 8-1, 106-118.

이은옥·윤순녕·송미순(1983a), 「동통반응평가도구 개발을 위한 연구(Ⅰ)」, 『최신의학』 26-8, 1111-1138.

이은옥·윤순녕·송미순(1984), 「통증어휘를 이용한 통증비율척도의 개발연구」, 『대한간호학회지』 14-2, 93-113.

이은옥·이숙희(1986), 「정상성인에서의 한국어 어휘를 이용한 통증척도의 타당도 연구」, 『간호학회지』 16-2, 13-26.

이혜연(2014), 「여성결혼이민자를 위한 병원·약국 어휘망 구축」, 상명대학교 석사학위논문.

장세권 외(2003), 「표준형성인 암성통증 평가도구 개발을 위한 암성통증어휘 조사」, 『한국호스피스완화의료학회지』 6-1, 1-10.

장순연(2006), 「수술 후 통증표현어휘와 통증강도 ; 산부인과 수술환자를 중심으로」, 고려대학교 교육대학원 석사학위논문.

전효심(1987), 「국어 어휘통증척도의 타당도 연구」, 한양대학교 석사학위논문.

정영조·김영훈(1981), 「정신과환자의 통증호소에 관한 임상적 고찰」, 『최신의학』 24-3, 65-69.

조금숙(1984), 「수술환자의 통증양상에 관한 탐색적 연구」, 연세대학교 교육대학원 석사학위논문.

최호철(2013), 『의미 자질 기반 현대 한국어 낱말밭 연구』, 한국문화사.